놀이로 배우는

컴퓨터과학

컴퓨터교육수업지침서

이원규·김자미 편역

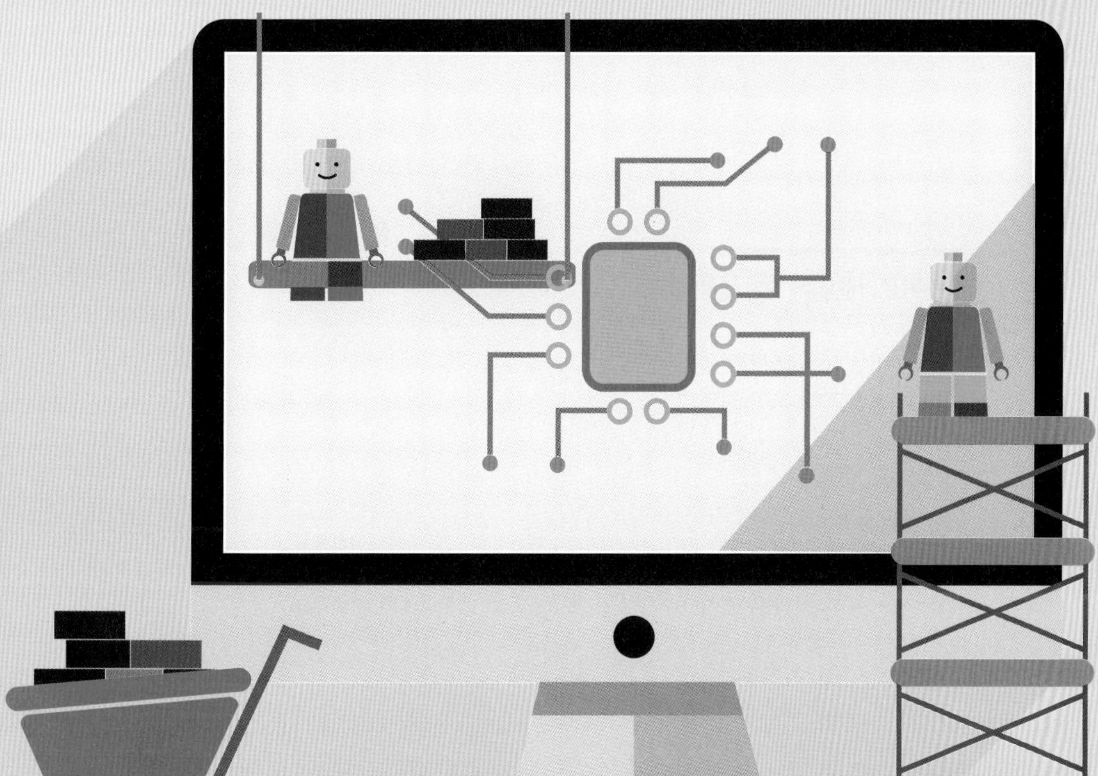

Computer Science Unplugged

Human Science
휴먼싸이언스

정가 20,000원

놀이로 배우는 컴퓨터과학

2016년 6월 16일 초판 인쇄
2016년 6월 20일 초판 발행

편 역 자 : 이원규 · 김자미
표지·삽화 : 신윤경
발 행 자 : 박주옥
발 행 처 : 휴먼싸이언스
주　　소 : 서울시 도봉구 시루봉로 291 B1
(도봉동 613-14 숙진빌딩)
등록번호 : 제2008-20호
등 록 일 : 2008. 10. 13
전　　화 : (02) 955-0244
팩　　스 : (02) 955-0245

e-mail : humansci@naver.com
I S B N : 978-89-93712-75-9 93560

역자와의
협의하에
인지생략

이 도서의 국립중앙도서관 출판시도서목록(CIP)은 서지정보유통지원시스템 홈페이지(http://seoji.nl.go.kr)와 국가자료공동목록시스템(http://www.nl.go.kr/kolisnet)에서 이용하실 수 있습니다. (CIP제어번호 : CIP2016015541)

서문

정보교육의 필요는 사회 변화의 요구에 기인합니다. 즉, 과학기술 중심사회의 구축에 따르는 고급 정보 인재 양성에 대한 요구, IT 강국에서 SW 강국으로의 변화 필요, 더 이상 비전이 없는 제조업의 몰락 등은 사회의 변화가 교육의 변화를 이끌고 있는 하나의 예라 할 수 있습니다. 정보교육의 한 분야인 프로그래밍 교육의 강화 등은 고부가가치 산업 발전을 주도하는 SW산업에 대한 인재양성을 목적으로 하고 있습니다. 프로그래밍 교육의 강화는 모든 학생들이 정보사회를 살아가는데 필요한 기본소양을 길러주기 위한 것, 향후 자신의 전문 분야에서 정보시스템을 관리, 유지할 수 있도록 하는 것, 과학기술 입국의 초석이 될 프로그래머를 양성하는 것 등 세 가지의 방향을 고려한 것입니다. 그리고 정보교육을 통해 모든 학생들이 인프라에 관계없이 컴퓨터과학의 원리를 접할 수 있게 놀이로 가르칠 수 있는 언플러그드는 미래의 사회구성원들이 즐겁게 컴퓨터과학의 원리를 배울 수 있도록 하는데 기여합니다.

컴퓨터과학에서 언플러그드는 1990년대 중반, 뉴질랜드에서 Tim Bell, Mike Fellows 그리고 Ian Witten에 의해 시작되었습니다. 컴퓨터과학과 교수와 2명의 교사가 수업 경험을 토대로 교실에서 Computer Science(CS)의 원리와 개념을 쉽고 재미있게 가르치기 위한 방법으로 소개되었습니다. 1998년 6월 9일 20개의 활동이 소개되었고, 그로부터 12년이 흐른 2010년 3월, 처음 소개 된 20개의 활동 중, 교사들을 위해 그 중 12개의 활동을 모아 'Teacher edition Ver 2.0'을 발행하였습니다.

놀이와 같은 활동을 통해 컴퓨터과학의 원리를 쉽고 지루하지 않게 전달하는데 효과적인 역할을 하고 있는 언플러그드는 현재, 뉴질랜드와 한국을 비롯하여, 미국, 일본, 스웨덴, 오스트레일리아, 중국, 대만, 캐나다 등에서 널리 사용되고 있습니다.

한국의 경우, 2006년 7월, 정보교육을 위한 수업 지침서의 형태로 처음 소개되었습니다. 어린 학생들이 컴퓨터과학의 원리를 재미있고, 쉽게 배울 수 있는 교육방법을 고민하던 중, 'Unplugged'가 초·중등학교 정보교육에 매우 적합한 교재라고 생각되어 고려대학교 InC(Informatics and Computing) 연구실 대학원생들과 번역하여 한국에 소개하게 되었습니다. 처음에는 12개의 활동을 소개하였고, 이후 2010년에 개정판을 통해 20개의 활동 모두를 소개하였습니다.

P/R/E/F/A/C/E

2006년 7월의 초판이나 2010년 개정판과 달리 이번에 발간하는 언플러그드는 부재와 같이 교사들이 수업을 진행하는데 있어서, 본 저서만을 갖고 학생들과 활동할 수 있도록 구성하였습니다. 즉, 각 활동들에 대하여 세부적인 진행절차를 제시함으로써 부담없이 언플러그드 활동을 실행할 수 있으며, 컴퓨터과학의 원리를 학생들에게 설명할 수 있을 것입니다.

2015 개정 교육과정이 발표되고, 정보교육 내용 중 하나인 프로그래밍이 강조되면서 초등학교와 중학교에서 '정보'는 필수교과가 되었습니다. 개정 교육과정에서는 초등학교에서 '정보'를 가르치는데 있어서 학생들에게 동기를 부여하고 재미있는 교육을 위해 언플러그드 활동을 강조하였습니다.

2006년에 초판을 발행할 때에는 독자들에게 '언플러그드'가 생소하게 느껴질 것을 고려하여, '놀이로 배우는'이라는 수식어를 사용하여 독자들의 이해를 돕고자 하였습니다. 그러나 최근 '언플러그드'에 대한 관심이 높아짐에 따라 학교 현장에서의 사용이 많아지면서 가끔 언플러그드에 대한 오해가 발생하기도 합니다. 예를 들어, 언플러그드 활동에 대해서 '언플러그드 컴퓨팅', 프로그래밍의 절차나 방법 등을 알려주는 활동에 대해서는 '언플러그드 프로그래밍' 등과 같은 용어를 사용하기도 합니다. 즉, 언플러그드의 개념에서 언급한 바와 같이 언플러그드로 컴퓨터과학의 내용요소를 학습하는 것을 '언플러그드 ○○○'라고 컴퓨터과학의 내용과 함께 표현하는 경우입니다. 컴퓨터과학의 개념, 내용, 그리고 원리 등과 같이 모든 측면에서 언플러그드를 사용한다 하더라도 언플러그드의 목적과 방법은 변하지 않습니다. 언플러그드의 목적은 컴퓨터과학의 개념을 쉽게 이해할 수 있도록 하는 것이며, 방법은 교재나 활동지를 이용하여 활동하는 것이라는 점입니다.

언플러그드는 누구나 다 알고 있는 것처럼 "Computer Science without a Computer"라는 의미가 가장 기본적인 것이라 할 수 있습니다. 언플러그드라는 용어를 컴퓨터과학에서 어떻게 사용해야 하는지를 나타냅니다. "Unplugged"의 사전적 의미는 '플러그를 뽑다'이고 '전자적 장치를 사용하지 않는다'는 의미로, 컴퓨터과학 분야에서는 컴퓨터를 사용하지 않고, 컴퓨터과학의 원리나 개념을 배우거나 가르치는 것으로 사용되고 있습니다. 즉, "언플러그드"라는 용어는 고유명사처럼 활용되고 있습니다.

컴퓨터과학의 개념이나 원리를 가르치기 위해 언플러그드 활동을 사용할 때는 '언플러그드'라고만 지칭할 필요가 있습니다. 언플러그드로 컴퓨팅 관련 개념이나 원리를 가르치거나, 프로그래밍에서 활용되는 알고리즘 등에 대한 활동을 할 경우에는 모두 '언플러그드' 활동이라고 하는 것이 오개념을 피하는 방법입니다. 컴퓨터과학의 원리와 개념을 쉽게 이해할 수 있도록 교재를 이용하여 활동하도록 하는 교수학습방법이 '언플러그드'이기 때문입니다.

언플러그드는 컴퓨터과학의 원리나 개념을 쉽게 이해할 수 있도록 교재를 이용하여 배우는 활동으로, 컴퓨터과학 분야의 교수학습방법이라 할 수 있습니다. 그리고 이때, 언플러그드 활동은 컴퓨터를 비롯한 각종 하드웨어와 소프트웨어들을 필요로 하지 않습니다. 언플러그드는 구체적인 조작활동을 통해 학습함으로써 컴퓨터과학의 원리를 배울 수 있는 NPR(Non Programming Resource)의 하나이기도 합니다. 학교 현장에서 교사가 컴퓨터가 갖추어지지 않은 상태에서 CS의 원리나 개념을 알려줄 수 있는 교수학습방법이 언플러그드입니다. 따라서 본 교재를 활용하여, 보다 많은 학교 현장에서 학생들에게 CS의 원리나 개념에 대한 학습이 이루어질 수 있기를 희망합니다.

본 서는 2006년 초판 발행이후, 개정판을 거쳐 지금에 이르렀습니다. 본 교재의 초판과 개정판 작업은 김용, 유승욱, 염용철, 김종혜, 권대용, 전수진, 한희섭 박사님의 도움이 없었다면, 힘들었을 것입니다. 고려대학교 정보대학 정보컴퓨팅연구실의 김송미, 차승은, 장혜선, 윤일규, 최숙경, 김승범, 장정아, 이환철, 장윤재, 심재권 학생의 도움으로 개정판까지의 작업이 이루어졌습니다. 그리고 본 편역작업에서 꼼꼼한 교정으로 원고를 다듬어 준 고려대학교 교육대학원 컴퓨터교육전공 양혜지, 황준영, 박혜성 학생에게도 감사의 말을 전합니다.

2016년 6월

편저자 일동

차례

CHAPTER

01 데이터: 원시자료

정보를 컴퓨터에 어떻게 저장할까요?

컴퓨터(Computer)라는 용어는 '계산하다' 또는 '합치다'를 의미하는 라틴어 'Computare'에서 유래되었습니다. 현대사회의 컴퓨터는 단순한 계산기의 기능뿐만 아니라, 상황에 따라 도서관이 될 수 있고, 문서작성을 도와줄 수 있으며, 우리에게 필요한 정보를 제공해주고, 음악을 들려주며, 영화까지 보여줍니다. 컴퓨터는 어떻게 이러한 많은 정보를 저장할 수 있는 것일까요? 놀랍게도 컴퓨터는 이진수로 표현되는 숫자 「0」과 「1」만을 사용하여 이 모든 작업을 수행합니다.

데이터(Data)와 정보(Information)는 무엇이 다를까요?

컴퓨터는 「데이터」를 우리가 이해할 수 있는 글자나 숫자, 사진과 같은 「정보」로 변환시켜 줍니다.

숫자, 문자, 사진이 어떻게 숫자 「0」과 「1」로 변환될까요?

이 단원에서는 다음과 같은 내용을 배울 것입니다.

❶ 이진수(Binary Numbers)
❷ 그림을 표현하는 방법(Image Representation)
❸ 문자 압축(Text Compression)
❹ 에러 검색 및 수정(Error Detection and Correction)
❺ 저장하고자 하는 정보의 양을 측정하는 방법(Information Theory)

01 학습활동 카드의 점 개수 세어보기 — 이진수

_Binary Number

요약

컴퓨터 내부에서는 데이터를 이진수 0과 1의 형태로 저장하고 전달합니다. 컴퓨터는 어떻게 이진수 0과 1만으로 글자와 숫자를 표현할 수 있을까요?

관련교과

- **2015 중학교 정보 교육 과정**
  - 자료와 정보영역(핵심개념: 자료와 정보의 표현)

활동 및 수업활용 예시

- **활동 1 :** 숫자 표현하기
- **활동 2 :** 이진수 활용하기
  - ▸ 심화활동
- **활동 3 :** 비밀 메시지 전달하기
  - ▸ CS 핵심원리 : 비트, 바이트
- **활동 4 :** 문자로 표현하기
  - ▸ 심화활동(암호문 활용)
- **활동 5 :** 빛과 소리로 표현하기
  - ▸ 심화활동(인코딩, 디코딩)
- **활동 6 :** 데이터 전송하기

* 자세한 준비물은 각 활동에 제시된 '준비물' 내용을 참고하세요.

활동 1 숫자 표현하기

학생들에게 물어보세요.!
컴퓨터가 숫자를 어떻게 헤아린다고 생각하는지?
한글과 영어 뿐 아니라, 중국어, 프랑스어 등에는 어떻게 그렇게 능통하다고 생각하는지?
도대체 어떤 원리로 컴퓨터는 글, 그림, 사진, 숫자, 영화, 소리 등을 표현할 수 있는지?
이번 차시에는 이상의 물음에 대한 해답으로 컴퓨터가 데이터나 정보를 저장할 때, 사용하는 방법이 매우 특이하다는 것을 알게 하는 활동을 진행하겠습니다.

수업 설계하기

■ 학습목표

- 카드놀이를 통해 이진수를 설명할 수 있다
- 이진수를 십진수로 바꾸어 표현할 수 있다.

■ 학습내용

- 컴퓨터의 표현 방법
- 카드놀이
- 컴퓨터과학의 원리(0과 1)

■ 핵심키워드

이진수, 십진수, 정보, 데이터, 비트, 바이트

용어정리

* 비트(bit): 컴퓨터에서 처리하는 정보는 문자를 단위로 하여 표시합니다. 정보표현의 최소 단위가 비트입니다. 비트 하나로는 0과 1의 두 가지 표현만 가능합니다.

* 바이트(byte): 컴퓨터가 처리하는 정보의 기본단위로, 하나의 문자를 표현하는 단위입니다. 컴퓨터에서 정보를 표현하는 최소 단위가 비트였다면 여러 개의 비트를 모아놓은 형태가 바이트입니다. 컴퓨터는 바이트 단위로 데이터를 저장하거나 명령어를 실행시키도록 설계되어 있습니다. 예를 들면, 8개 혹은 9개의 비트를 묶어서 표현하며, 1바이트는 한 개의 문자(character)를 표현할 수 있기 때문에 1바이트를 1캐릭터라고도 합니다.

수업활용 예시

1. 우리 주변의 사례[현실에서 CS(Computer Science : 컴퓨터과학) 원리 찾기]

TIP 주변의 내용 찾기: 수업을 시작할 때, 교사는 그날 가르칠 컴퓨터과학의 원리를 숙지하고, 학생들에게 유사한 사례들을 먼저 설명합니다.

매트릭스 영화를 보면, 0과 1이 나열된 화면들이 올라갑니다. 컴퓨터와 관련된 화면들은 모두 0과 1로만 표현됩니다.

왜 그럴까요?

컴퓨터는 어떻게 그렇게 많은 정보를 한꺼번에 저장하고 있을까요? 컴퓨터는 그림, 글자, 숫자, 영상, 소리 등을 어떻게 기억할까요?

자,

지금부터 이상의 내용들을 설명할 수 있는 원리를 학생들에게 어떻게 가르쳐야 하는지 알아보도록 하겠습니다.

그림 1.1 0과 1로 표현된 화면들(예시)

2. 준비물 및 대상 (수업에 활용하기 위하여)

TIP 학습에 앞서, 학생들에게 다음과 같은 능력이 있어야 합니다.

1. 숫자 세기 능력
2. 같은 것끼리 연결할 수 있는 능력
3. 순서대로 나열할 수 있는 능력

준비할 것

준비물: 숫자가 쓰여진 카드, 유성펜, 필기 도구, 가위

점이 하나, 둘, 넷, 여덟, 열여섯 개 찍어진 카드를 준비합니다.

교사가 먼저 준비할 수도 있지만, 백지를 준비하고, 학생들과 함께 점을 찍어서 사용할 수도 있습니다.

모든 학생들이 이진수 카드를 한 세트씩은 갖고 있어야 합니다.

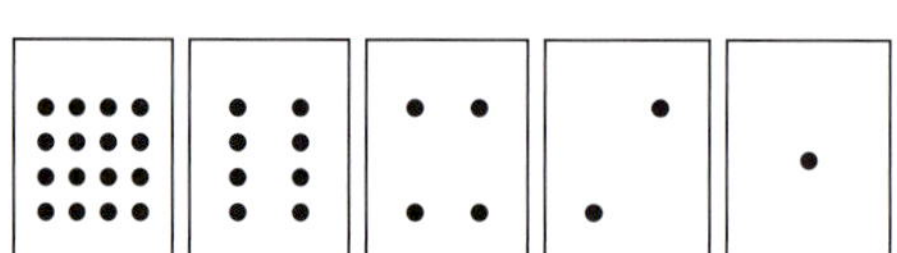

그림 1.2 이상의 카드를 '보충자료' 혹은 '학습자료'로 제공합니다.

숫자를 세는 새로운 방법을 설명합니다. 학생들은 컴퓨터가 데이터를 저장할 때는 0과 1만으로 표현한다는 것을 알고 있을까요? 컴퓨터에서 보고 들을 수 있는 글, 사진, 숫자, 영화, 소리 등과 같은 모든 정보는 오직 2개의 숫자(0과 1)만을 사용하여 저장됨을 활동으로 알려줍니다.

3. 수행절차(수업의 단계)

❖ 수업을 위한 절차는 다섯가지 활동으로 이루어 집니다.

활동 1: 학생들이 이진수에 익숙하게 하는 활동을 합니다.
활동 2: 이진수를 활용할 수 있도록 합니다.
활동 3: 이진수와 십진수를 자유롭게 사용하게 합니다.
활동 4: 학생들이 자신만의 메시지를 표현할 수 있게 합니다.
활동 5: 컴퓨터의 표현 방식으로 표현하는 게임을 진행합니다.
활동 4와 활동 5는 함께 진행할 수도 있습니다.

4. 각 단계별 수행 과정(활동 전개)

❶ 활동 1(이진수 익히기)

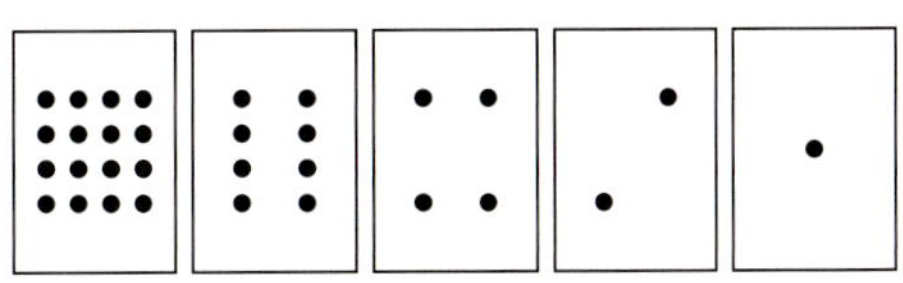

그림 1.3

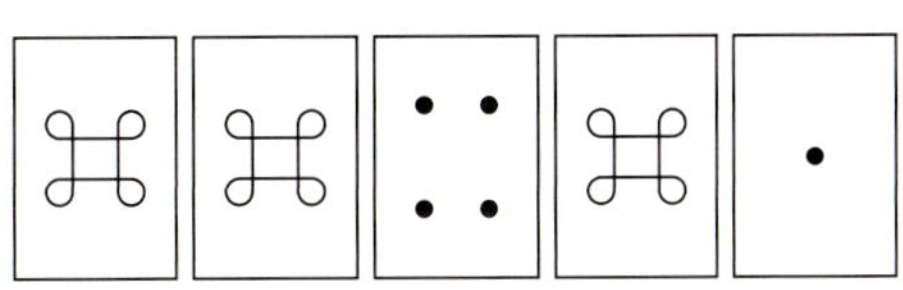

그림 1.4

예를 들어 교사가 '5' 했을 때는 그림 1.4와 같이 보이게 합니다.

질문 1: 5장의 카드를 이용해서 만들 수 있는 가장 큰 수는 무엇일까요? 가장 작은 수는 무엇일까요?

정 답: 네. 정답은 31과 0입니다.

질문 2: 가장 큰 수와 가장 작은 수(즉 31과 0) 사이에 만들 수 없는 숫자가 있나요?

정 답: 없습니다.

각 활동들의 단계는 수업에서 다음과 같이 이루어 집니다.

1단계: 이진수 카드를 오려서 순서대로 큰 수가 맨 왼쪽에 오게 배열합니다.

2단계: 교사가 숫자를 제시하면, 학생들이 그 숫자만 보이게 다른 카드는 뒤집어 놓도록 합니다.

3단계: 학생들에게 점 7개, 점 13개, 점 20개가 보이게 뒤집어 보라고 합니다.

4단계: 학생들에게 질문합니다.

5단계: 0부터 1, 2, 3, 4, 5 등을 순서대로 만들어 보게 합니다. 숫자가 하나씩 증가할수록 카드가 뒤집히는 패턴이나 규칙을 발견할 수 있도록 유도합니다(그림 1.5).

6단계: 아이들과 함께 게임을 구성해 보세요.

1. 한 학급의 학생들을 두 팀으로 구분합니다.
2. 각 팀에서 5명의 학생들을 나오게 합니다.
3. 5명의 아이들에게 각각 카드를 가슴에 붙여 줍니다. (16, 8, 4, 2, 1로 된 카드를 오려서 붙여 줍니다.), 학생들이 앞을 보면, 그 숫자가 나타나고, 뒤로 돌면 0이 됩니다. 즉, 9라고 하면, 8을 붙인 학생과 1을 붙인 학생만 앞을 보고, 다른 학생들은 뒤를 보고 서 있어야 합니다.
4. 준비가 다 되었다면, 게임을 시작합니다.
5. 교사는 학생들이 자신들의 숫자를 기억하게 하기 위해 0부터 31까지를 부릅니다. (0, 1, 2, 3, 4, ... 31). 이때 학생들은 교사가 부르는 숫자에 맞춰 앞과 뒤를 보게 연습합니다.
6. 상대팀에서 숫자를 부르면, 다른 팀이 숫자에 맞게 나열하는 활동을 합니다.
7. 활동에서 이긴 팀에게 교사는 보상을 합니다. (보상은 사탕이나 쿠키, 혹은 문구류면 좋겠죠!)

그림 1.5

그림 1.6

❷ 활동 2(이진수 활용하기)

0 1 0 0 1 = 9

그림 1.7

질문: 10101은 어떤 수를 의미하나요?
정답: 21입니다.
질문: 11111은 어떤 수를 의미하나요?
정답: 31입니다.

그림 1.8

그림 1.7은 9를 의미합니다.
자! 이해가 되셨나요? 그럼 단계별로 진행해 보겠습니다.

1단계: 학생들에게 다음의 내용을 설명합니다.

컴퓨터가 인식하는 수의 체계에서는 뒷면이 보이는 카드는 0을 의미하고, 점이 보이는 카드는 1을 의미합니다.
그리고 그림 1.7을 보여줍니다.
앞에서 활동을 했기 때문에 이제 이진체계에 대한 것만 설명을 하면 됩니다.

즉, 1로 보이는 것의 점의 수를 헤아리게 합니다.
그림 1.7을 예로 하면
01001입니다. 여기에서 앞에 있는 1에는 점이 8개, 뒤에 있는 1에는 점이 1개 이므로 8+1을 해서 9가 된다는 것을 알려줍니다.
즉, 이진 체계에서의 01001은 숫자 9를 의미한다는 것을 알려주는 것이지요.

2단계: 그림 1.8과 같이 질문합니다.
이 정도면, 선생님께서도 이해가 되셨나요?
선생님의 생일을 이진수로 적어보세요.

3단계: 학생들에게 자신의 생일과 친구의 생일을 이진수로 적게 합니다.

4단계: 학생들에게 그림 1.9를 제시하고, 십진수를 이진수로 표현하게 합니다.

❷-1 활동 2 계속(이진수 활용하기)

질문합니다.

질문: 5장의 카드로 31까지는 모두 표현할 수 있었습니다. 그럼 35는 어떻게 표현해야 할까요?

학생들이 규칙을 알게 되었다면, 5장의 카드로는 31까지만 헤아릴 수 있고, 다음 6번째 카드가 필요하다고 응답해야 할 것입니다.

여섯 번째 카드는 점이 몇 개 일까요?

네. 32개의 점이 찍혀야 하지요. 바로 5비트로는 31까지만 표현했다면, 35를 표현하기 위해 6비트가 필요한 것입니다.

이러한 활동들을 하는 이유!

왜냐구요?
컴퓨터가 인식하는 수의 세계를 안내하기 위해서입니다.

TIP 학생들에게 다음과 같은 자료를 제시하고, 학습을 하게 합니다.
학습자료입니다. 그림1.9 (카드의 앞면은 1, 카드의 뒷면은 0이라고 쓰면 됩니다.)

십진수	이진수 점의 수				
점의 수	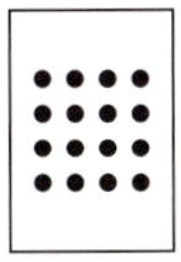	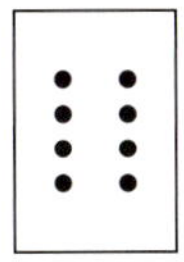	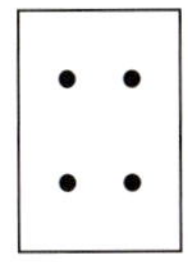	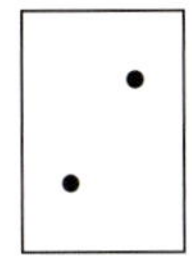	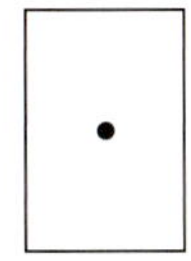
0	0	0	0	0	0
1	0	0	0	0	1
2					
3					
.					
.					
.					
14					
15					
16					

그림 1.9

TIP 카드를 활용할 수 없다면 어떻게 해야 할까요?

학생들에게 위치와 크기를 갖고 있다는 가정하에 (즉, 학생들이 서 있는 순서대로 1, 2, 4, 8, 16 등의 숫자를 의미한다는 가정입니다.) 다음과 같이 진행하셔도 됩니다.

1. 앉는 것은 1, 서는 것은 0으로 표현합니다.
2. 손을 올리면 1, 손을 내리면 0입니다. (앞으로 나란히 형태이거나, 손을 귀에 붙이는 것이거나 어떤 형태로 좋습니다.)
3. 앞을 보면 1, 뒤를 보면 0입니다.

활동 2 이진수 활용하기

카드의 앞면과 뒷면을 이용하여 이진 체계의 0과 1을 나타낼 수 있습니다. 그림 1.10과 같이 뒤집어 놓은 카드는 0을 의미하고, 점이 보이는 카드는 1을 의미합니다.

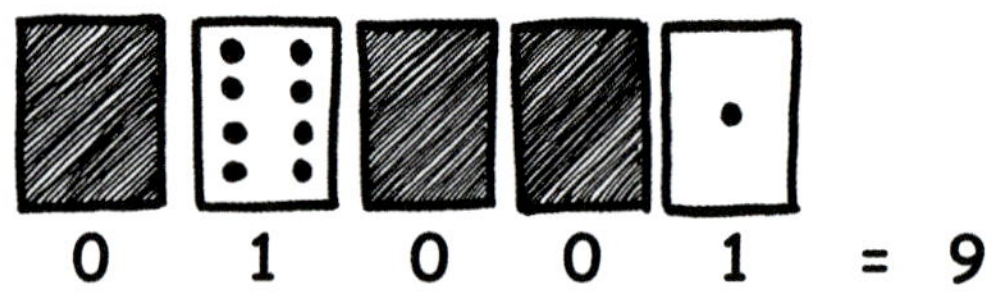

그림 1.10 이진 체계

- 10101은 어떤 수를 의미하나요? 또한 11111은 어떤 수를 의미하는 것일까요?
- 자신의 생일을 이진수로 적어봅시다. 친구의 생일도 이진수로 적어봅시다.

수업활용 예시

❸ 활동 3(이진수와 십진수 바꾸기)

제시된 다양한 암호를 풀어봅시다. 정답은 2진수와 10진수로 작성하세요.

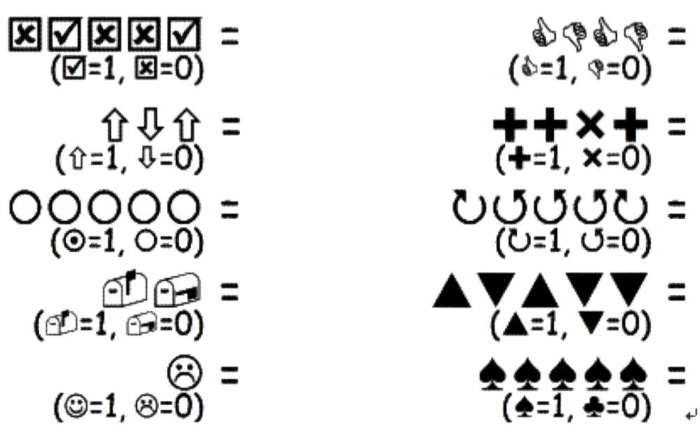

그림 1.11

이제 이진수와 십진수를 자유롭게 활용할 수 있도록 하겠습니다.
그림 단계별로 수업에서의 진행을 시작해 보겠습니다.

1단계: 그림 1.11을 제시하고, 학생들에게 설명합니다.

☒☑☒☒☑
(☑=1, ☒=0)

에 대한 설명입니다.
✓는 1을, ✗는 0을 의미합니다.
그림

☒☑☒☒☑
(☑=1, ☒=0)

은 이진수로 01001이지요. 십진수로는 9가 됩니다.

2단계: 그림 1.11의 내용들을 순서대로 제시하며, 모두 익히게 합니다.

3단계: 학생들에게 숫자를 암호로 어떻게 표현했는지, 설명합니다.

4단계: 학생들에게 자기만의 기호를 사용해서 이진수와 십진수를 만들게 합니다.
예를 들어

= 1, @ = 0으로 해서

자신의 암호를 만들고, 짝궁에게 풀도록 합니다.
@@##@은 이진수로 표현하면 00110입니다. 십진수로는 6이 됩니다.

4단계의 내용을 학생들이 충분히 익혀야, 다음 활동이 흥미롭기 때문에 학생들에게 충분히 익힐 수 있는 시간을 제공하는 것이 중요합니다.

TIP 학생들 중, 전체의 80% 정도가 이해했다고 느껴지면 다음 활동으로 넘어갑니다.

심화 활동

- 길이가 1, 2, 4, 8, 16 단위인 막대기들을 이용하여 길이 31단위인 막대기를 만들어 봅시다.

활동 3 비밀 메시지 전달하기

크리스마스이브에 백화점으로 선물을 사러 갔던 철수는 폐점 시간을 놓쳐 백화점에 갇히게 되었습니다. 당황한 철수는 사람을 불러보고 소리도 질러보았지만 주위에는 아무도 없었습니다. 그때, 철수는 길 건너편 건물에서 컴퓨터로 일하는 사람을 보고 좋은 생각을 떠올렸습니다. 철수는 백화점 크리스마스 트리의 전구에 플러그를 꽂아 그림과 같이 크리스마스 트리를 배치하였습니다. 이 신호의 의미는 무엇일까요?

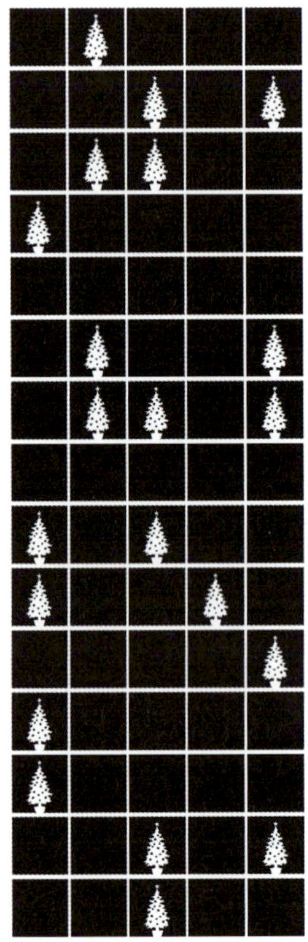

1	2	3	4	5	6	7	8	9	10	11	12	13
A	b	c	D	E	F	g	h	i	j	k	l	m
14	15	16	17	18	19	20	21	22	23	24	25	26
N	o	p	Q	R	S	t	u	v	w	x	y	z

수업활용 예시

❹ 활동 4(자신만의 메시지 표현하기)

1	2	3	4	5	6	7	8	9	10	11	12	13	14	15						
ㄱ	ㄴ	ㄷ	ㄹ	ㅁ	ㅂ	ㅅ	ㅇ	ㅈ	ㅊ	ㅋ	ㅌ	ㅍ	ㅎ	빈칸						
16	17	18	19	20	21	22	23	24	25	26	27	28	29	30	31	32	33	34	35	36
ㅏ	ㅐ	ㅑ	ㅒ	ㅓ	ㅔ	ㅕ	ㅖ	ㅗ	ㅘ	ㅙ	ㅚ	ㅛ	ㅜ	ㅝ	ㅞ	ㅟ	ㅠ	ㅡ	ㅢ	ㅣ

그림 1.12

학생들에게 자신만의 메시지를 표현할 수 있도록 하는 활동을 시작하도록 하겠습니다. 이번 활동은 그림 1.12의 자료를 활용합니다.

그럼 예를 들어보겠습니다.

그림 1.12 자료를 활용해서 '컴퓨터'를 표현한다면 어떻게 할까요? 생각해 보세요. (참고로, 11, 20, 5의 조합이 '컴', 13, 33의 조합이 '퓨', 12, 20의 조합이 '터'입니다.)

정답은

⋯▸ '001011 010100 000101
/ 001101 100001 000000
/ 001100 010100 000000'입니다.

즉, 6비트를 사용합니다.

여기에서 주의할 점은 '퓨'와 '터'는 받침이 없지만, '컴'이 받침이 있으므로,

⋯▸ '001011 010100 000101
/ 001101 100001 000000
/ 001100 010100 000000'

와 같이 세 개의 구획으로 하되, 받침이 없으니, 000000으로 표현한 것입니다.

❹-1 활동 4 계속(자신만의 메시지 표현하기)

주의 메시지를 만들 때 글자를 지정해 줍니다. 글자가 길어지면, 맞추는 사람들도 흥미를 잃을 수 있기 때문에 학생들의 수준을 고려해서 글자의 길이를 지정해 주도록 하세요.

▣ 평가 기준

1. 정확히 맞추면 : 4점
2. 먼저 맞추면 : 3점
3. 절차를 정확히 했으면 : 3점

4. 틀리면, 한 구획 당 1점씩 감점
5. 시간은 30초 당 1점씩 감점

이와 같은 규칙을 학생들에게 알려 주세요. 그리고 점수를 산출하여 승리한 팀을 가려냅니다.

이때, 절차는 다음과 같습니다.

1. 메시지를 한글로 표현합니다.
2. 한글을 문자판에서 10진수로 바꾸게 합니다.
3. 10진수를 2진수로 바꾸게 합니다.

이해가 되셨나요?
그럼 학생들과의 활동을 단계별로 진행해 보겠습니다.

1단계: 학생들에게 그림 1.12와 같이 한글도 숫자로 표현할 수 있음을 알려줍니다.

2단계: 컴퓨터와 같은 단어의 예시를 들어줍니다.

(예시에서 중요한 것은 5비트의 표현 뿐 아니라 6비트의 표현도 있음을 알려주는 것입니다. 그리고 표현을 할 때는 모두 같은 구획 즉, 3개나 4개의 구획을 사용해야 한다는 것을 알려줍니다.)

3단계: 학생들을 두 팀으로 구분 합니다. (팀이 아니라 옆에 짝과 팀을 나누어 활동해도 좋습니다.)

4단계: 자신들만의 메시지를 만들게 합니다. 이때, 글자 수를 지정해 줍니다. (3~5개 정도로 지정합니다.)

5단계: 상대팀이 맞출 수 있도록 합니다. 이때, 평가 기준이 필요합니다.

6단계: 평가 기준과 절차에 맞춰서 평가하고, 이긴 팀에게 보상을 합니다.

7단계: 숫자를 이용해서 활동이 완성되었다면, 소리를 이용해서 활동을 할 수도 있습니다.

1. 0을 빠, 1을 뿌로 표현할 수 있습니다.
2. 컴퓨터를 소리로 표현해 봅니다.
(빠빠뿌빠뿌뿌, 빠뿌빠뿌빠빠, 빠빠빠뿌빠뿌........)

아, 힘드네요. '컴' 이었습니다.

TIP 0을 바, 1을 비로 표현해도 됩니다. 0을 아, 1을 오로 표현할 수도 있습니다.
선생님들께서 학생들과 의논하여 규칙을 정하시면 됩니다.
학생들에게 '소리'를 이용하여 서로 인사할 수 있게 해 보세요. '안녕', '잘 지냈어' 등과 같은 단어들을 소리를 활용해 표현해 보도록 하세요.

❹-2 활동 4 계속(자신만의 메시지 표현하기)

지금까지
비트를 활용하는 법
이진수로 메시지 정하는 법
소리를 이용해서 메시지 표현하기
등과 같이 팀 활동 등을 진행했습니다.

학생들이 영어를 알고 있다면
그림 1.13을 활용해서 암호나 메시지를 만들게 할 수도 있습니다.

1	2	3	4	5	6	7	8	9	10	11	12	13
a	b	c	d	e	f	g	h	i	j	k	l	m
14	15	16	17	18	19	20	21	22	23	24	25	26
n	o	p	q	r	s	t	u	v	w	x	y	z

그림 1.13

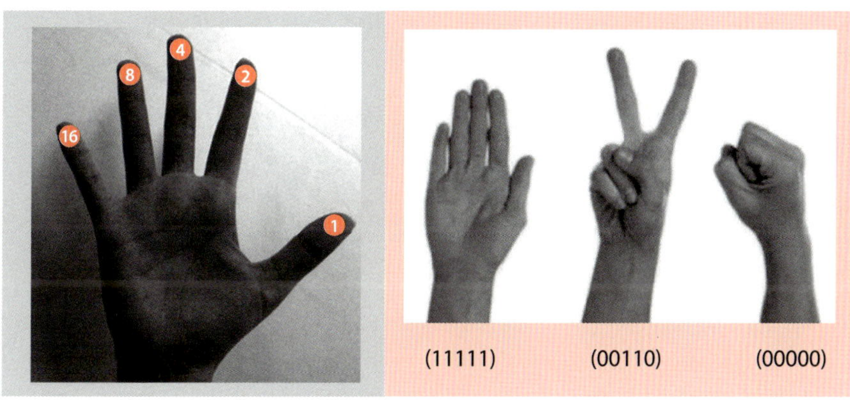

그림 1.14

❺ 활동 5(게임하기)

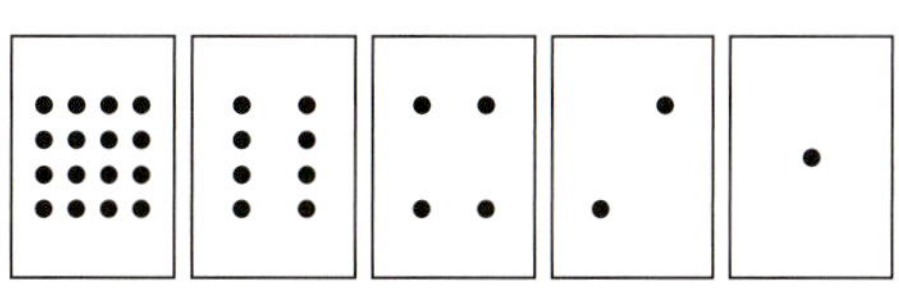

그림 1.15

이제 손가락을 활용하여 이진수를 나타내도록 하겠습니다.
우리는 다섯 개의 손가락으로 숫자를 얼마까지 표현할 수 있을까요?

보통은 0부터 5까지만 표현이 가능합니다.
왜냐면 4와 6은 구분이 안되기 때문입니다.

하지만, 컴퓨터가 숫자를 저장하고 표현하는 방식으로 하면, 다섯 개의 손가락으로 얼마까지 표현이 가능할까요?

그림 1.15를 참고하세요. 즉, 그림 1.3의 카드와 같은 원리입니다.
손가락을 펴면 카드의 앞면과 같습니다. 손가락을 펴면서 어떤 규칙이 나타나는 지 생각해 봅니다.
손가락은 새끼 손가락부터 16, 8, 4, 2, 1의 숫자가 있다고 해 봅시다.
가위, 바위, 보를 이진수로 표현할 수 있습니다.
가위, 바위, 보를 이진수로 나타내 봅시다.

학생들과 게임을 구성해서 이진수와 십진수를 배우게 할 수 있는 내용들을 정리해 보겠습니다

1단계: 이진수 익히기 단계에서 5명의 학생을 5비트로 구성해서 16, 8, 4, 2, 1를 표현하게 할 수 있었습니다.

2단계: 자신들만의 암호를 만들어서 상대팀이 맞추도록 하는 게임을 구성할 수 있었습니다.

3단계: 영어의 알파벳을 코드로 사용해서 비밀 메시지를 사용할 수 있었습니다.
아, 참! 소리를 이용하는 놀이도 있었습니다.

4단계: 5개의 손가락으로 0부터 31까지를 표현하게 했습니다. 그럼 10개의 손가락으로는 얼마까지 헤아릴 수 있을까요?

❖ 지금까지의 활동에 숨어있는 컴퓨터과학의 원리

지금까지 학생들과 다양한 활동을 하셨을 것입니다.
학생들은 선생님과의 많은 활동에 재미있어 했을 것입니다.
하지만, 우리는 학생들에게 흥미만을 제공하기 위한 것은 아니었습니다.
활동에 숨어있는 컴퓨터과학의 원리를 설명하기 위해서 였지요.
그럼, 학생들에게 이렇게 설명해 보세요.

컴퓨터과학의 원리에 대한 내용입니다.

정보를 컴퓨터에 어떻게 저장할까요?

지금까지 0과 1을 사용해서 모든 숫자나 문자를 표현할 수 있었던 것처럼, 컴퓨터는 모든 숫자나 문자를 표현하고, 계산한 것이라는 점을 알려주세요.

더 알아보기

이진수에서 생각해봐야 하는 점은 숫자의 오른쪽에 0을 붙이면 어떻게 되느냐입니다. 십진수 10을 생각해 보면, 10의 오른쪽에 0을 붙이면 10이 곱해진 수가 됩니다. 예를 들면, 9는 90이 되고 30은 300이 됩니다. 그렇다면 이진수의 오른쪽에 0을 붙이면 어떻게 될까요? 다음의 예를 생각해 봅시다.

1001 ®	10010
(9)	(?)

스스로 생각했던 가정이 맞는지 확인할 수 있도록 다른 예제도 만들어봅시다.

규칙을 찾았나요? 왜 그런 규칙이 나왔을까요?

❖ 현실에서의 이진수 사용

현실에서 컴퓨터에 이진수를 활용해 볼까요?

- 이진수 카드 8개로 만들어진 컴퓨터는 8비트 컴퓨터
- 이진수카드 16개로 만들어진 컴퓨터는 16비트 컴퓨터
- 이진수카드 32개로 만들어진 컴퓨터는 32비트 컴퓨터입니다. 그리고 각각 2배씩 처리 속도가 빠르게 됩니다.

지금의 학생들은 32비트 컴퓨터가 컴퓨터냐고 할지도 모릅니다. 하지만, 32비트 컴퓨터가 인기를 얻던 시대도 있었지요.

그림 1.16

그림 1.17

자. 야구팀에서 투수와 포수는 서로 사인을 무엇으로 주고 받나요? 포수는 그림 1.16과 같이 손가락으로 사인을 주고 받습니다.

이진수로 사인을 보낸다면, 포수는 투수에게 31이라는 숫자를 보여주고 있습니다.

물론 의미는 그들만의 규칙에 의해 알 수 있겠지요?

10진수로 표현하면, 손가락으로 0부터 5까지 6개의 메시지만을 전달 할 수 있습니다.

하지만 2진수로 표현하면 0부터 31까지 32가지의 메시지를 전달할 수 있으니, 투수와 포수는 이진수로 메시지를 주고 받지 않을까요?

또 하나! 웃어볼까요?

2010년 남아프리카 공화국에서 19회 월드컵이 있었습니다.

그때, 최고의 흥행 카드였던 점쟁이 문어 '파울'을 기억하시나요(그림 1.17). 독일 서부 오버하우젠 해양생물박물관에 있던 문어 파울은 남아프리카공화국 월드컵에서 독일이 앞서 벌인 다섯 경기의 승패를 정확히 맞춘 것으로 유명합니다. 이렇게 잘 맞추는 비결은 어디에 있을까요? 문어가 다리 하나를 내리면 0을 뜻하고 올리면 1을 뜻한다고 가정하면 문어는 발이 8개이므로 0에서 255까지 256까지의 경우를 셀 수 있습니다. 다양한 경우의 수에 대한 계산이 가능하니, 당연한 결과가 아니었을까요?

이렇게 컴퓨터과학의 원리에 숨어있는 이진수는 우리의 생활에서 웃음의 키워드로도 사용할 수 있답니다.

아이들은 손가락만 움직여도 머리가 좋아진다고 합니다. 두뇌뿐 아니라 집중력과 끈기도 길러진다고 합니다. 이제 아이들에게 컴퓨터가 정보를 받아들이고 표현하는 것과 같이 이진수로 숫자를 헤아리게 해 볼까요? 컴퓨터과학의 원리로 우리 아이들의 머리가 좋아지고, 집중력과 끈기를 기를 수 있지 않을까요?

CS 핵심원리 : 비트, 바이트

우리는 일상생활에서 10진수를 사용합니다. 그러나 컴퓨터는 이진 체계를 사용하여 정보를 표현합니다. 2개의 디지트(Digit)를 사용하기 때문에 이진 체계라고 부릅니다. 2개의 디지트는 각각 비트(Bit)라고 불리는 0과 1을 이용합니다. 켜지고 꺼지게 하는 트랜지스터로 만든 메인 메모리 또는 축전지(Capacitor)를 비트로 구현할 수 있습니다.

데이터가 전화선이나 라디오선으로 전달될 때 고음과 저음을 1과 0으로 사용합니다. 플로피 디스크(Floppy disk)나 하드디스크(Hard disk)와 같은 마그네틱 디스크(Magnetic disk)와 테이프(Tape)에서는 디스크 표면에 마그네틱 필드의 방향(위에서 아래로 또는 아래에서 위로)에 따라 비트를 나타냅니다.

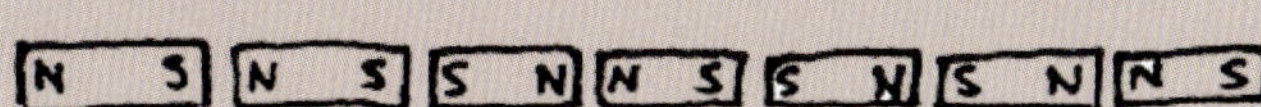

오디오 CD, CD-ROM, DVD는 비트를 광학적(Optical)으로 저장합니다. 비트가 저장된 표면의 특정 부분이 빛을 반사하거나 반사하지 않는 방식으로 정보를 표현합니다.

한 개의 비트는 많은 것을 나타낼 수 없기 때문에 8개 비트를 묶어 사용합니다. 8개의 비트는 0부터 255까지 나타낼 수 있습니다. 이 때 8개의 비트 묶음을 바이트(Byte)라고 부릅니다.

컴퓨터 속도는 한 번에 처리할 수 있는 비트 개수에 영향을 받습니다. 예를 들어, 32비트 컴퓨터는 한 번에 32개의 비트를 처리한다는 의미입니다. 반면에 16비트 컴퓨터는 32비트의 수를 쪼개서 처리해야 하기 때문에 속도가 느립니다. 즉, 비트와 바이트는 컴퓨터가 숫자, 문자 등과 같은 모든 정보를 저장하고 전달하는 데 사용됩니다.

학습교구 : 이진수 카드

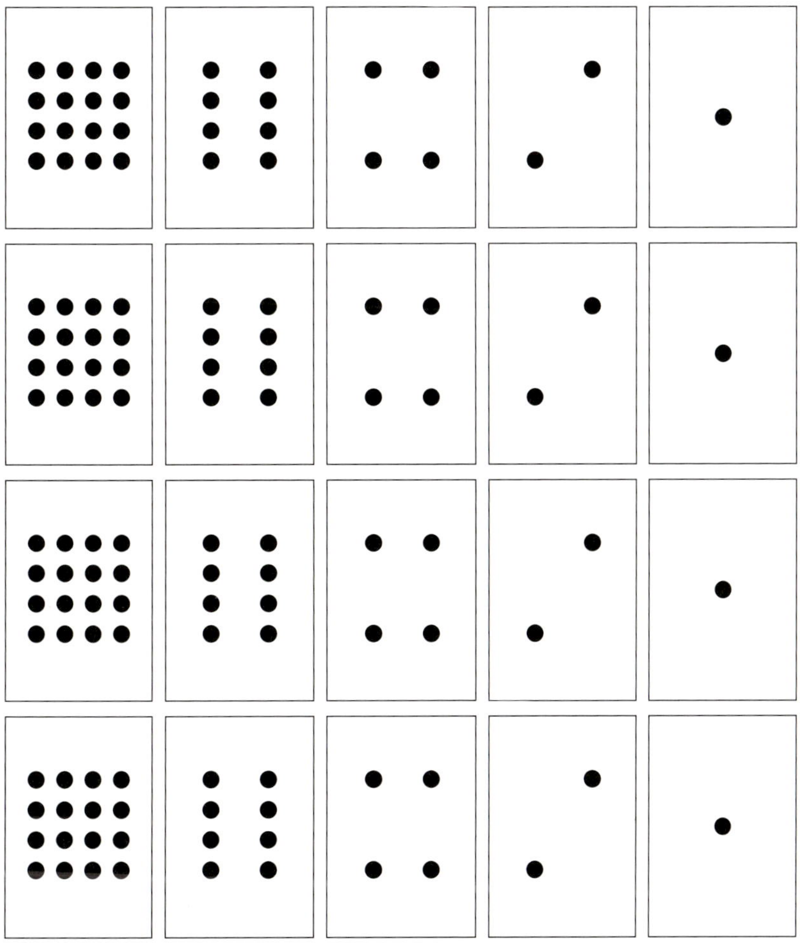

활동 4 문자로 표현하기

수업 설계하기

■ 학습목표

- 자신만의 암호문을 0과 1로 표현할 수 있다.
- 0과 1을 이용하여 문자를 표현하는 방식을 설명할 수 있다.
- 문자를 표현하는 수업을 진행할 수 있다.

■ 학습내용

- 문자를 0과 1로 표현하기
- 다양한 문자들을 0과 1을 이용하여 문장 만들기

■ 핵심키워드

문자 표현, 0과 1, 비트와 바이트

이미 앞에서 한번 배웠지만 다시 확인하겠습니다.

용어정리

* **비트(bit):** 컴퓨터에서 처리하는 정보는 문자를 단위로 하여 표시합니다. 정보표현의 최소 단위가 비트입니다. 비트 하나로는 0과 1의 두 가지 표현만 가능합니다.

* **바이트(byte):** 컴퓨터가 처리하는 정보의 기본단위로, 하나의 문자를 표현하는 단위입니다. 컴퓨터에서 정보를 표현하는 최소 단위가 비트였다면 여러 개의 비트를 모아놓은 형태가 바이트입니다. 컴퓨터는 바이트 단위로 데이터를 저장하거나 명령어를 실행시키도록 설계되어 있습니다. 예를 들면, 8개 혹은 9개의 비트를 묶어서 표현하며, 1바이트는 한 개의 문자(character)를 표현할 수 있기 때문에 1바이트를 1캐릭터라고도 합니다.

수업활용 예시

수업활용 예시 1 도입하기

이번 활동은 컴퓨터가 숫자뿐만 아니라 다양한 문자들도 0과 1을 활용해서 표현할 수 있다는 것을 알아보는 활동입니다.

0과 1을 이용한 다양한 문자의 표현은 2차 세계대전에서 암호문을 만드는 데 사용되었으며, 다양한 암호문을 만드는 데도 활용될 수 있다는 것을 알려주는 활동입니다.

학생들은 제 2차 세계대전이나 전쟁 등에서 암호문을 만들고, 적군이 이를 알지 못하도록 하는 데 효과적인 방법이었음을 알 수 있을 것입니다. 특히 다른 친구들과의 암호 놀이를 직접 해 봄으로써 0과 1에 대한 내용뿐 아니라 비트와 바이트에 대한 개념도 분명하게 배울 수 있습니다.

문자를 표현하기 위해서 우리는 숫자를 표현하는 것을 먼저 배웠습니다. 학생들을 지도할 때에도 숫자의 표현을 먼저 알려주고, 문자 표현방법을 알려주는 것이 학생들의 이해를 돕는 데 더 효과적일 것입니다.

이번 활동은 반드시 활동 1~3의 내용을 충분히 이해시킨 이후에 진행하는 것이 좋습니다. 문자 표현에 대해 이야기할 때는 크게 두 가지를 이야기하고 시작하는 것이 좋겠습니다.

첫째, 문자 표현을 이야기 하기에 앞서, 앨런 튜링(Alan Turing: 1912–1954)에 대해 이야기해 줍니다.

튜링은 42세의 짧은 인생을 살았지만, 그의 업적은 컴퓨터의 발전에 큰 기여를 하게 됩니다. 즉, 그가 만든 튜링머신은 기억장치, 입출력, 중앙처리장치의 현대적 컴퓨터 모델의 토대가 되기 때문입니다.

앨런 튜링이 만든 기계는 실제로 계산이 가능한 기계이며, 단순히 만든 것에만 의의를 두는 것이 아니라 제 2차 세계대전 당시 독일군의 에니그마 암호를 해독하고 연합군 승리의 주역이 되었다는 점을 이야기해 줍니다.

참고로 앨런 튜링에 대해 인류의 역사를 바꾼 천재 수학자를 테마로 한 영화(이미테이션 게임)가 있음을 알려줄 수도 있습니다. 그리고 앨런 튜링의 생애를 그린 전기적인 영화에서 제시하는 '아무것도 아니라고 생각했던 사람이 아무도 생각하지 못한 일을 해낼 수도 있다.'라는 대사를 통해 '사람에게는 누구나 놀라운 가능성이 존재한다.'는 것을 제시하고 있음을 이야기해 줄 수 있습니다.

즉, 학생들에게 '스스로를 아무것도 아니라고 생각할 지 모르지만, 누구에게나 세상의 역사를 바꿀 수 있는 주역으로서의 가능성이 존재한다.'는 점을 이야기 해 주는 것도 좋겠습니다.

둘째, 2차 세계대전에서 연합군을 힘들게 했던 '에니그마'라는 기계에 대한 것입니다. 독일어로 에니그마(Enigma)는 '수수께끼'라는 뜻을 가진 암호 기계의 한 종류로 암호의 작성과 해독이 가능하며, 보안의 정도에 따라 다양한 모델이 존재합니다.

TIP 에니그마는 기계적 하부체계와 전기적 하부체계로 이루어져 있습니다.
기계적 하부체계에는 26개의 알파벳으로 구성된 키보드가 있습니다(배전판의 윗 부분을 참고하세요).
키보드의 키는 하나 이상의 명령으로 수행됩니다.

전기적 하부체계의 구성요소는 자판(Tastatur), 회전자(Rotor), 플러그판(Steckbrett), 전구판(Lampenfeld), 입력축, 램프, 스크램블러, 반사판, 배전판입니다.

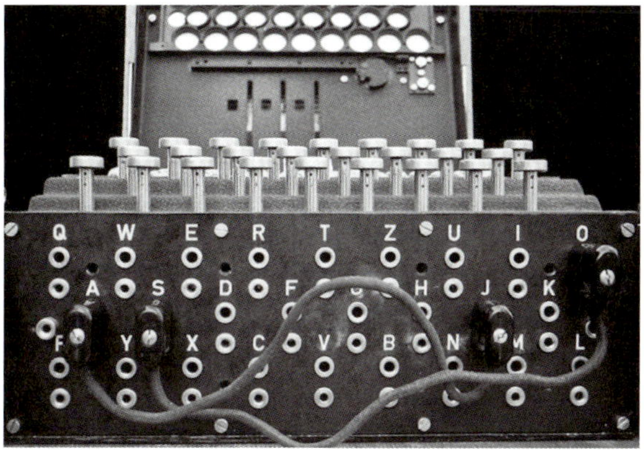

그림 1.18 에니그마 배전판.

그림 1.19 에니그마의 회전자

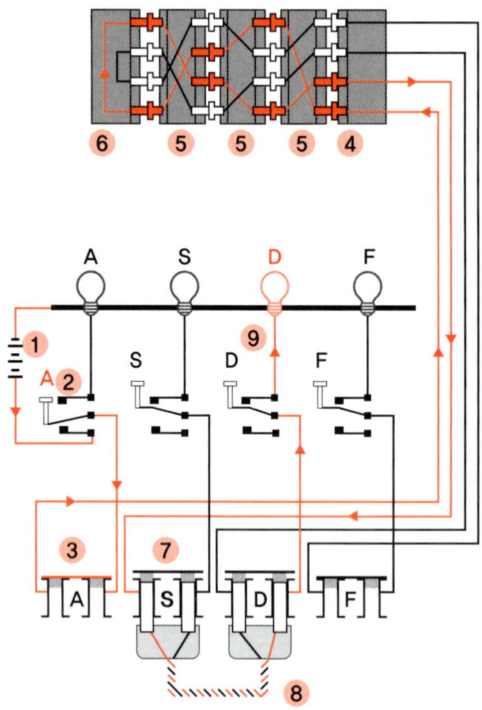

그림 1.20 에니그마의 작동 다이어그램입니다. 키를 누를 때부터 램프의 불이 켜질 때까지 어떻게 전류가 흐르는지를 화살표와 1부터 9까지의 숫자가 보여주고 있습니다.

1918년 독일의 아르투르 슈르비우스에 의해 처음 고안되어 상업적 목적으로 사용되었으나, 제 2차 세계 대전 중 독일이 군기밀을 암호화 하는 데 사용되었습니다. 그리고 깨어질 것 같지 않던, 독일의 암호문은 27세의 앨런 튜링이 창안한 튜링 머신에 의해 깨어지게 됩니다. 즉, 세계최초의 컴퓨터로 알려진 에니악보다 먼저 나온 것이죠. 그리고 노르망디 상륙 작전 개시 전, 적의 암호를 수신자 보다 먼저 해독했다고 전해집니다.

모든 암호는 결국, 문자를 나타내기 위한 것이며, 문자를 어떻게 숫자로 잘 표현해 내느냐에 따라 다른 암호가 나올 수 있다는 것을 알 수 있습니다.

학생들에게 다음과 같이 활동 스토리를 소개합니다.

시작 스토리

전쟁에서는 적군이 알지 못하는 방법으로 아군에게 메시지를 전달해야 합니다. 특히 적진으로 들어가야 하는 날짜를 이야기할 때나, 모든 군대가 한 곳으로 집결해야 할 필요가 있을 때는 집결 날짜와 더불어 집결 장소가 적군에게 알려져서는 안되는 상황이 됩니다.

혹시 적군에게 암호가 들킬 것을 염려하여, 매일 매일 암호의 배열을 바꾸기도 하고, 새로운 암호 표현 방식을 개발하기도 합니다. 그리고 그 암호는 모두 숫자형태로 전달되지만 궁극적으로 전달하고자 하는 메시지는 문자인 것입니다.

문자가 되어야 읽을 수 있기 때문이겠죠?

그런데 모든 나라들이 공통으로 사용하는 아라비아 숫자(1, 2, 3, 4, 5 ……)는 모두 동일하지만, 문자는 각 나라가 다른 문자 체계를 갖고 있습니다. 즉, 숫자를 표현하는 것은 하나의 규칙이면 가능했지만, 문자를 표현하기 위해서는 다양한 규칙이 존재해야 하는데, 세계적으로 많은 문자들을 어떻게 표현할 수 있을까요?

여러분들이 해야할 일은 세계의 많은 나라들에서 암호로 사용할 수 있는 문자에 대한 규칙을 개발하는 것입니다.

여기서 잠깐

우리들이 사용하고 있는 1, 2, 3, 4, 5……를 아라비아 숫자라고 하지만, 사실 처음에는 인도에서 만들어졌습니다. 지금부터 약 1400여 년 전에 인도에서는 1에서 9까지의 9개 숫자 외에 0이라는 새로운 숫자를 생각해 내어 이들 10개의 숫자로 어떤 수라도 나타낼 수 있었습니다.

아라비아인들은 상업에 능하여 멀리 중국이나 인도에 까지 가서 여러 물건과 함께 중국으로부터 종이 만드는 법이나 인도의 편리한 숫자 등을 배워가고 이를 사용하였습니다. 즉, 처음에 개발한 사람들은 인도사람들이지만, 이 숫자를 널리 전파한 사람들이 아라비아 상인들이기 때문에 사람들은 이를 아라비아 숫자라고 하게 되었습니다.

왜냐하면, 유럽에서는 당시에, I, II, III, IV, V……로 표현되는 로마자를 사용하고 있었습니다. 유럽에서도 아라비아 상인들이 사용하는 1, 2, 3, 4, 5……와 같은 숫자가 표현하기 편하기 때문에 사용하면서, 아라비아 상인이 사용한 숫자라는 의미로 아라비아 숫자라고 하게 된 것입니다.

수업활용 예시 2 활동하기

처음 활동에서 교사는 영어의 알파벳을 통하여 자신을 표현하는 활동을 진행합니다.

❶ 활동 1(자신을 표현하기)

교사가 준비할 것

준비물: 알파벳 표시 카드, 전달할 메시지, 0과 1로 표현할 숫자판

● 교사가 알아야 할 것

1. 학생들이 영어로 최소한의 문장을 표현할 수 있어야 합니다.
2. 학생들이 영어로 문장을 만들 수 없다면, 기본적인 문장을 제시해 주어야 합니다.
3. 0과 1로 다양한 숫자를 표현할 수 있어야 합니다. 즉, 이진수에 대한 이해가 충분히 이루어져야 합니다.

● **활동 준비**

1. 교사는 알파벳 카드를 준비합니다. 교사는 아래에 제공하는 알파벳 카드를 출력해서 제시하거나, 전체 칠판에 모든 학생들이 볼 수 있도록 제시할 수 있어야 합니다.
2. 학생들에게 영어로 표현할 수 있는 문장을 작성하도록 합니다. (만약에 학생들이 문장을 정확히 작성할 수 없다면, 교사가 유사한 내용의 사례를 제시해 주는 것이 좋습니다.)
3. 0과 1을 통해 다양한 숫자를 표현하도록 했던 것을 다시 한 번 상기시킵니다.
4. 즉, 모든 문자도 숫자로 다시 한 번 표현되어야 한다는 것을 언급해 주어야 합니다. 왜냐하면, 모든 문자들에 숫자를 부여하고, 그 숫자들로 문자가 표현되기 때문입니다.
5. 다양한 숫자들을 0과 1로 자유롭게 표현할 수 있는지를 확인하고, 문자에 대한 설명을 제시합니다.

활동 순서는 다음과 같습니다.

1. 학생들을 2명씩 짝을 지웁니다. (A와 B로 구분하는 것도 좋습니다.) 짝은 서로 보거나 의사소통 할 수 없도록 분리해서 앉아야 합니다. 두 개의 방으로 분리하는 것이 가장 좋지만, 교실에서 학생들이 양 측면에 앉도록 해도 충분합니다.
2. 짝 중 한 명에게 다른 짝에게 전달할 메시지를 줍니다. (예를 들면, I'm here, I'm home 등과 같이 쉬운 문장에서 시작하여 I go to park 등과 같이 조금 더 복잡한 문장으로 발전시켜 나갑니다.)
3. 여기에서 교사가 제시한 문장을 사용할 수도 있고, 학생들이 문장을 만들 수도 있도록 합니다. A쪽에 있는 학생이 문장을 만들어서 B쪽에 있는 학생에게 전달합니다. 이때, A쪽의 학생은 숫자를 사용해서 문장을 만들어야 합니다. 예를 들어, I go to park 이라고 하면, 아래의 카드를 고려할 때, 영어의 알파벳을 숫자로 표현하면, 9, 7, 15, 20, 15, 16, 1, 18, 11이 됩니다.

1	2	3	4	5	6	7	8	9	10	11	12	13
a	b	c	d	e	f	g	h	i	j	k	l	m
14	15	16	17	18	19	20	21	22	23	24	25	26
n	o	p	q	r	s	t	u	v	w	x	y	z

4. 여기에서 A쪽 학생은 9, 7, 15, 20, 15, 16, 1, 18, 11을 1과 0으로 표시할 수 있어야 합니다.

   따라서 A쪽 학생은

   01001 (i = 9)

   00111 01111 (g = 7, o = 15)

   10100 01111 (t = 20, o = 15)

10000 00001 10010 01011 (p = 16, a = 1, r = 18, k = 11)

의 형태로 표시합니다.

5. 이렇게 표시된 내용을 보고, B쪽에 있는 학생이 A쪽의 학생이 어디에 있는지를 맞추는 게임입니다.
6. 처음에는 교사가 동일한 문장을 A에 있는 학생들에게 줄 수도 있지만, 두 번째나 세 번째에는 A쪽 학생들이 각각 자신들의 문장을 표현할 수 있도록 독려합니다.

교사 TIP 이 활동을 위해서는 적어도 2명 이상의 학생이 필요합니다. 가능하면 많은 학생들이 참여하는 것을 권장합니다. 따라서 팀을 2개로 나눌 수도 있지만, 1명이 암호를 만들고, 다른 학생들이 그 암호를 푸는 형태로 진행해도 좋습니다. 즉, 1 : 1의 게임도 가능하며, 1: 多, 多 : 多의 게임이 모두 가능하다는 것입니다.

❷ 활동 2(토론하기)

교사가 준비할 것

준비물: 한글 표시 카드, 공통으로 사용할 메시지(3개 이상)

● 교사의 평가 기준

1. 학생들이 자음과 모음을 충분히 표현한 문자표를 완성하였는가?
2. A에서 완성한 메시지는 교사가 제시한 메시지와 동일한가?
3. B에 속한 학생들은 A에서 제시한 메시지를 정확히 해석하였는가?

학생들과 활동을 마친 후, 교사는 다음 질문을 학생들에게 물어볼 수 있습니다.

1. 1:1 혹은 1: 多, 多:多의 게임을 1회나 2회 정도를 진행하고 나서 학생들에게 질문할 수 있습니다. 이 활동에서의 중요한 점이 무엇인지를 토론하는 것입니다. 학생들은 어떤 점을 토론의 주제로 정할 수 있을까요?

학생들이 가진 첫 번째 논의사항으로 서로의 약속이라는 것일 수 있습니다.

A쪽의 학생과 B쪽의 학생은 동일한 숫자의 알파벳 문자판을 갖고 있어야 한다는 점입니다. 만약에 A와 B가 서로 다른 알파벳 문자판을 갖고 있다면, 다른 문자가 나올 수 있기 때문입니다.

만약에 학생들이 동일한 숫자의 알파벳 문자판을 갖고 있어야 한다는 사실을 알지 못한다면, 교사는 학생들에게 다음의 질문을 할 수 있습니다.

2. A쪽 학생과 B쪽 학생이 다른 숫자로 된 알파벳 문자판을 갖고 있었다면 어떻게 될까요?

아마 모든 학생들이 응답할 수 있을 것으로 기대됩니다. 다른 알파벳 문자판으로는 상대의 문장을 알기 어려울 것이라는 점을 이야기할 수 있을 것입니다.

이번 활동은 자음과 모음이 있는 것을 효과적으로 전달할 수 있도록 어떻게 문자표를 만들까에 대한 것입니다. 이번 활동에서는 두 가지로 학생들에게 질문할 수 있습니다.

❸ 활동 3(한글로 문장 만들기)

교사가 준비할 것

준비물: 한글 표시 카드, 공통으로 사용할 메시지(3개 이상)

- **교사의 평가 기준**

1. 학생들이 자음과 모음을 충분히 표현한 문자표를 완성하였는가?
2. A에서 완성한 메시지는 교사가 제시한 메시지와 동일한가?
3. B에 속한 학생들은 A에서 제시한 메시지를 정확히 해석하였는가?

활동 순서는 다음과 같습니다.

1. 처음에는 5명 정도 모둠을 구성합니다.
2. 각 모둠별로 한글의 문자표를 만들어 보도록 합니다. 이 때, 교사는 한글은 자음과 모음이 있음을 암시해 줍니다.
3. 각 모둠별로 하나의 문자표를 완성하도록 하고, 5명을 2 : 3으로 A와 B로 구분합니다. 이때 같은 모둠의 학생들은 동일한 문자표를 갖고 있도록 합니다.
4. 교사가 준비한 메시지를 A에 속한 학생들에게 제공합니다.
5. A에 속한 학생들은 교사가 나누어준 메시지를 0과 1로 표현합니다.
6. 0과 1로 표현된 숫자를 B에 속한 학생들에게 건네주고, A에 속한 학생들이 보낸 메시지를 해석하도록 합니다.
7. 각 모둠별로 A에 속한 학생들이 보낸 메시지를 B에 속한 학생들이 해석한 후에 각 모둠별로 메시지를 보내고, 해석하는 데 걸린 시간과 정확성을 비교합니다.

- **이상의 활동을 마친 후**

교사는 각 모둠에서 제시한 문자표를 모든 학생들과 함께 공유합니다.

학생들이 만든 문자표(한글 표시 카드)가 학생들의 문장을 잘 표현할 수 있는지 확인합니다.

학생들이 만든 문자표가 혹시 잘못된 것은 없는지 모두 함께 확인합니다.

그리고 가장 잘 표현된 문자표는 어떤 것인지도 평가할 수 있습니다.

마지막으로 교사는 다음과 같이 문자표(한글 표시 카드)를 준비해서 보여줍니다.

1	2	3	4	5	6	7	8	9	10	11	12	13	14	15						
ㄱ	ㄴ	ㄷ	ㄹ	ㅁ	ㅂ	ㅅ	ㅇ	ㅈ	ㅊ	ㅋ	ㅌ	ㅍ	ㅎ	빈칸						
16	17	18	19	20	21	22	23	24	25	26	27	28	29	30	31	32	33	34	35	36
ㅏ	ㅐ	ㅑ	ㅒ	ㅓ	ㅔ	ㅕ	ㅖ	ㅗ	ㅘ	ㅙ	ㅚ	ㅛ	ㅜ	ㅝ	ㅞ	ㅟ	ㅠ	ㅡ	ㅢ	ㅣ

학생들과 활동을 마친 후, 교사는 다음 질문을 학생들에게 물어볼 수 있습니다.

1. 문자표를 작성하는 데 어떤 점이 어려웠나요?
2. 자음과 모음이 있는 문자표와 알파벳 문자표는 어떤 차이가 있었나요?

이번 활동에서는 다른 팀의 학생들이 알아보지 못하도록 하는 암호를 전달하는 암호문을 직접 만들어 보는 것입니다.

❹ 활동 4(암호문 만들기)

교사가 준비할 것

준비물: A4 종이(모둠별로 2장 이상)

모둠별로 암호문을 만드는 데 작성할 A4 용지를 제공합니다.

지금까지는 문자표를 만들거나, 문자를 표현하는 방법에 대해 활동을 진행했습니다.

그러나 지금부터는 학생들에게 조금 더 어려운 단계를 생각해 보도록 하기 위한 것입니다.

활동 순서는 다음과 같습니다.

5명의 학생을 하나의 모둠으로 구성하고, 모둠별로 암호를 만들도록 합니다. 예를 들어, 다른 학생들에게 공개되어도 다른 모둠의 학생들이 알아보지 못할 정도의 형태를 이야기합니다. 자기 모둠만이 해석할 수 있는 암호에 대한 것임을 설명합니다.

1. 모둠별로 자기 모둠만이 알아볼 수 있는 암호를 만들도록 합니다. 이때 주의할 점은 암호를 해석할 때의 규칙은 있어야 함을 알려줍니다.
2. 모둠별로 암호를 만든 후, 다른 모둠에게 암호문을 공개하게 합니다. 숫자로 표현된 암호문이 될 것입니다. 최종적으로는 문자를 표현한 것이겠지만, 컴퓨터가 알아볼 수 있는 방법은 1과 0이기 때문입니다.
3. 5명을 하나의 모둠으로 약 6개 정도의 모둠이 만들어 졌다면, 각 모둠들은 본인들이 만든 암호문을 공개합니다. 그리고 다른 모둠에서는 각 모둠에서 공개한 암호문의 내

용이 무엇인지를 맞추도록 하는 것입니다.

4. 가장 먼저 다른 모둠의 암호문을 맞춘 모둠에게 높은 점수를 부여하도록 합니다. 그리고 암호문을 맞춘 모둠은 어떤 규칙을 적용해서 암호를 맞추었는지 설명하도록 합니다.
5. 이때 각 모둠별로 암호문을 맞추는 데 걸린 시간과 정확성을 비교합니다.

학생들과 활동을 마친 후, 교사는 학생들에게 다음과 같이 질문할 수 있습니다.

1. 다른 모둠에서 만들어 낸 암호문을 풀 수 있었던 규칙은 무엇는지?
2. 그리고 상대적으로 우리 모둠에서는 어떤 규칙에 의해 암호문을 만들었는지에 대한 것을 질문합니다.

교사 TIP

교사는 가장 오래된 암호로 로마의 줄리어스 시저가 사용한 시저 암호(Caeser Cipher)혹은 카이사르 암호에 대해 설명합니다. 가장 대표적인 대치 암호(substitution cipher)로 평문을 일대일로 다른 문자에 대응시켜 새로운 암호문을 만들어 내는 방식입니다.

즉, a = 1, b = 2, c = 3, d = 4였던 것을 대치시켜, a = 0, b = 1, c = 2, d = 3 등으로 표현하는 방법입니다.

예를 들어

C : 암호문
M : 복호문
P : 평문
K : KEY

라고 하면 암호문을 만들기 위해 입력한 비밀키 K만큼 평문의 문자를 K칸씩 이동시킵니다.

a = 1, b = 2, c = 3, d = 4였던 것을 대치시켜, a = 0, b = 1, c = 2, d = 3이 되는 것은 C = P – 1이 되는 것입니다. 즉, K가 –1칸씩 가는 형태로 대치시켰기 때문입니다.

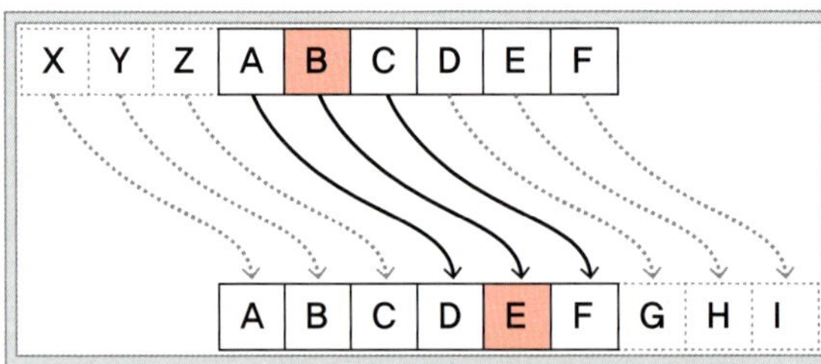

카이사르 암호는 각각의 알파벳을 일정한 거리만큼 밀어 글자를 치환하는 방식으로 암호화합니다. 위 예제에서는 3글자씩 밀어서 암호화하기 때문에 B는 E로 치환합니다.

치환 암호의 일종인 시저 암호의 경우,
알파벳을 3글자씩 밀어내는 형태라면, come to me는 frph wr ph가 되는 것입니다.

교사 TIP

시저 암호는 규칙을 발견하면 쉽게 해독되는 문제가 있습니다.

즉, 모든 알파벳을 일률적으로 밀려 쓰는 방식이기 때문에 1개씩 밀려서 써보고 문장이 되지 않으면, 2개, 3개, 4개의 순서로 밀어서 써 봅니다. (영어라면) 26까지 밀어서 써볼 경우, 그 중 하나는 의미있는 문장이 나오게 될 것입니다.

그래서 이런 단점을 해결한 것이 '트리테미우스(Trithemius) 암호입니다.

트리테미우스는 암호표가 필요합니다.

아래의 암호표를 사용하면, 암호표에 있는 알파벳은 줄이 바뀜에 따라 왼쪽으로 한 자리씩 이동하게 됩니다.

즉, 맨 왼쪽에 있던 글자(A)는 맨 오른쪽에 위치하게 됩니다.

두 번째 줄에서는 첫 번째 줄의 A가 두 번째 줄의 맨 오른쪽에 위치함을 알 수 있습니다.

	A	B	C	D	E	F	G	H	I	J	K	L	M	N	O	P	Q	R	S	T	U	V	W	X	Y	Z
1	A	B	C	D	E	F	G	H	I	J	K	L	M	N	O	P	Q	R	S	T	U	V	W	X	Y	Z
2	B	C	D	E	F	G	H	I	J	K	L	M	N	O	P	Q	R	S	T	U	V	W	X	Y	Z	A
3	C	D	E	F	G	H	I	J	K	L	M	N	O	P	Q	R	S	T	U	V	W	X	Y	Z	A	B
4	D	E	F	G	H	I	J	K	L	M	N	O	P	Q	R	S	T	U	V	W	X	Y	Z	A	B	C
5	E	F	G	H	I	J	K	L	M	N	O	P	Q	R	S	T	U	V	W	X	Y	Z	A	B	C	D
6	F	G	H	I	J	K	L	M	N	O	P	Q	R	S	T	U	V	W	X	Y	Z	A	B	C	D	E
7	G	H	I	J	K	L	M	N	O	P	Q	R	S	T	U	V	W	X	Y	Z	A	B	C	D	E	F
8	H	I	J	K	L	M	N	O	P	Q	R	S	T	U	V	W	X	Y	Z	A	B	C	D	E	F	G
9	I	J	K	L	M	N	O	P	Q	R	S	T	U	V	W	X	Y	Z	A	B	C	D	D	F	G	H
10	J	K	L	M	N	O	P	Q	R	S	T	U	V	W	X	Y	Z	A	B	C	D	E	F	G	H	I
11	K	L	M	N	O	P	Q	R	S	T	U	V	W	X	Y	Z	A	B	C	D	E	F	G	H	I	J
12	L	M	N	O	P	Q	R	S	T	U	V	W	X	Y	Z	A	B	C	D	E	F	G	H	I	J	K
13	M	N	O	P	Q	R	S	T	U	V	W	X	Y	Z	A	B	C	D	E	F	G	H	I	J	K	L
14	N	O	P	Q	R	S	T	U	V	W	X	Y	Z	A	B	C	D	E	F	G	H	I	J	K	L	M
15	O	P	Q	R	S	T	U	V	W	X	Y	Z	A	B	C	D	E	F	G	H	I	J	K	L	M	N
16	P	Q	R	S	T	U	V	W	X	Y	Z	A	B	C	D	E	F	G	H	I	J	K	L	M	N	O
17	Q	R	S	T	U	V	W	X	Y	Z	A	B	C	D	E	F	G	H	I	J	K	L	M	N	O	P
18	R	S	T	U	V	W	X	Y	Z	A	B	C	D	E	F	G	H	I	J	K	L	M	N	O	P	Q
19	S	T	U	V	W	X	Y	Z	A	B	C	D	E	F	G	H	I	J	K	L	M	N	O	P	Q	R
20	T	U	V	W	X	Y	Z	A	B	C	D	E	F	G	H	I	J	K	L	M	N	O	P	Q	R	S
21	U	V	W	X	Y	Z	A	B	C	D	E	F	G	H	I	J	K	L	M	N	O	P	Q	R	S	T
22	V	W	X	Y	Z	A	B	C	D	E	F	G	H	I	J	K	L	M	N	O	P	Q	R	S	T	U
23	W	X	Y	Z	A	B	C	D	E	F	G	H	I	J	K	L	M	N	O	P	Q	R	S	T	U	V
24	X	Y	Z	A	B	C	D	E	F	G	H	I	J	K	L	M	N	O	P	Q	R	S	T	U	V	W
25	Y	Z	A	B	C	D	E	F	G	H	I	J	K	L	M	N	O	P	Q	R	S	T	U	V	W	X
26	Z	A	B	C	D	E	F	G	H	I	J	K	L	M	N	O	P	Q	R	S	T	U	V	W	X	Y

그림 1.21 트리테미우스 암호를 적용하기 위한 표

트리테미우스 암호에서 'program'을 표현해 봅시다. (본 활동에서는 대문자와 소문자의 구분이 없습니다.)

여기에서는 맨 윗단의 알파벳이 기준이 됩니다.

1. 첫 번째 글자인 'p'는 첫 번째 줄의 'p'가 그대로 적용됩니다.
2. 두 번째 글자인 'r'은 두 번째 줄의 'r' 자리에 있는 's'가 적용됩니다.
3. 세 번째 글자인 'o'는 세 번째 줄의 'o' 자리에 있는 'q'가 적용됩니다.
4. 모든 글자에 이런 법칙을 적용하면, 최종적으로

Program → psqjvfs로 표현할 수 있습니다.

심화 활동 — 암호문 활용

숫자를 0과 1로 표현할 때와 마찬가지로 문자도 모두 표현할 수 있음을 알 수 있었습니다. 그리고 문자의 표현은 보다 더 복잡하게 다양한 암호문으로까지 발전하게 되었음을 알았습니다.

문자로는 Program을 트리테미우스 암호에서는 psqjvfs와 같이 표현했다면, 컴퓨터가 알 수 있도록 어떻게 숫자로 표현해야 할까요?

1	2	3	4	5	6	7	8	9	10	11	12	13
a	b	c	d	e	f	g	h	i	j	k	l	m
14	15	16	17	18	19	20	21	22	23	24	25	26
n	o	p	q	r	s	t	u	v	w	x	y	z

위의 문자표를 활용해서 치환해 보겠습니다.
Program을 숫자로 표현하면

16, 18, 15, 7, 18, 1, 13

이 됩니다.

우리는 이것을 표현하기 위해 몇 비트가 필요할까요?
최대 숫자가 26이기 때문에 우리는 5비트만으로도 표현할 수 있음을 알 수 있습니다.

표현해 볼까요?
Program을 나타내는 16, 18, 15, 7, 18, 1, 13은

10000, 10010, 01111, 00111, 10010, 00001, 01101

과 같이 표현합니다.

하지만 이것을 다시
트리테미우스의 암호로 바꾸면 psqjvfs이었고
Psqjvfs을 숫자로 나타내면, 16, 19, 17, 10, 22, 6, 19가 됩니다.
이진수로 바꾸어 볼까요.

10000, 10011, 10001, 01010, 10110, 00110, 10011로 표현할 수 있습니다.

즉, 트리테미우스 암호에서는 program을 표시할 때,

10000, 10011, 10001, 01010, 10110, 00110, 10011로 표시했다는 것을 알 수 있습니다. 물론, 한글과 같이 더 많은 숫자를 필요로 한다면, 비트를 계속 추가해 주면 될것입니다.

수업활용 예시 3 주의 사항

문자 정보를 컴퓨터가 알아볼 수 있도록 표현하는 것은 컴퓨터가 문자를 인식하는 방법에 대한 기초입니다. 즉, 문자 정보를 컴퓨터가 인식할 수 있도록 다양하게 표현할 수 있는 것은 다양한 표현력을 기르는 것뿐 아니라 학생들만의 암호를 만드는 데도 도움이 되는 활동입니다.

목적 달성을 위해 고려할 점

본 활동의 목적은 비트와 바이트에 대해 이해하고, 자신이 표현하고 싶은 문자를 나타내기 위해 몇 비트가 필요한 지를 이해하는 것입니다.

따라서 학생들이 비트와 바이트의 원리를 이해하고, 자신만의 문자 표현을 위해 몇 비트가 필요한지를 알아볼 수 있도록 하는 것이 중요합니다. 특히 숫자로 표현되는 다양한 문자는 메시지 보내기에 도움이 될 뿐 아니라 '암호'를 만들어 내는 데도 크게 기여했음을 설명해 주는 것이 좋습니다.

교사가 만든 문자표를 제시해 주는 것도 좋지만, 학생들 스스로 한글과 관련된 문자표를 만들어 볼 수 있도록 하는 것도 도움이 될 것입니다. 그리고 학생들이 자신들만의 메시지를 만들고 보낼 수 있도록 하는 활동을 실시하는 것이 학생들 스스로 학습에 몰입할 수 있도록 하는 데 더욱 효과적일 것입니다.

활동 진행 과정에서 고려할 점

본 활동을 진행하기 위해 고려해야 할 점은 3가지가 있습니다.

첫째, 모둠을 통해 많은 학생들이 참여할 수 있도록 하는 것이 좋습니다. 문자표를 만드는 과정이나, 암호를 만드는 과정에 대해 학생들이 절차를 정확히 이해하고 활동할 수 있도록 하면 좋습니다. 모든 학생들이 활동에 참여할 수 있도록 교사는 활동 과정에서 학생들을 격려해야 합니다.

둘째, 학생들이 메시지를 만들거나 문자표를 만들 때, 학생들의 수준을 고려하여 다양한 힌트를 제공하면 좋습니다. 새로운 문자표를 만드는 과정은 어렵기 때문에 문자표를 만들거나, 메시지를 동시에 만들어야 하는 등의 활동을 할 때, 학생들이 문자표를 구상할 수 있도록 하거나, 메시지를 만드는 데 도움이 되는 질문을 던지는 것이 좋습니다.

셋째, 모둠별로 만든 다양한 문자표들을 비교하는 과정에서 서로 비난하지 않고, 긍정적인 피드백을 줄 수 있도록 유도하는 것이 중요합니다. 모둠활동은 경쟁하는 것이 아니라 다양한 문자표를 생성할 수 있음을 나타내주기 위한 것입니다. 특히 좋은 문자표를 만드는 공동 목표를 달성하기 위한 활동임을 설명하는 것이 중요합니다.

수업 설계

문자로 표현하기는 숫자로 표현하기에 이어 1차시 분량의 수업을 계획할 수 있습니다.

주의할 점은 먼저 숫자로 표현하기를 진행한 이후에 학생들이 2진법을 충분히 습득했는지 확인하고, 문자를 표현할 수 있도록 하는 활동을 진행해야 합니다.

만약 2진법에 대해 충분히 습득하지 못했을 경우에 학생들은 혼란을 겪게 되며, 문자를 표현하는 것에 집중하기 보다는 포기할 수 있다는 점을 상기해야 합니다.

꼭 전체 학생들이 0과 1로 숫자를 충분히 표현할 수 있는 활동 이후에 진행하도록 합니다.

차시별 수업 내용 예시

1차시

- 도입
- 숫자를 0과 1로 표현하기에 대한 선수학습 확인
- 문자표 만들기 활동 진행
- 메시지 보내기 활동 진행 및 토론하기
- 수업 정리하기
- CS 원리 설명

더 알아보기

본 학습활동에서 사용한 이진수 카드는 컴퓨터의 '비트'('Bit'='Binary Digit')를 의미합니다.

알파벳 기호는 다섯 장의 카드를 통해서 나타낼 수 있고 비트로 나타낼 수도 있습니다. 하지만 컴퓨터는 알파벳 기호가 대문자인지 소문자인지 구분하고 숫자, 문자기호, $나 ~과 같은 특수문자도 인식할 필요가 있습니다.

키보드에 몇 개의 문자가 있는지 알아봅시다. 컴퓨터에 문자들을 저장하려면 몇 비트가 필요할까요? 일반적으로 123개의 문자를 사용합니다.

대부분의 컴퓨터는 아스키코드(ASCII: American Standard Code for Information Interchange)를 사용합니다. 1963년 미국표준협회(ANSI: American National Standard Institute)에 의해 결정되어 미국의 표준부호가 되었습니다. 아스키는 128개의 가능한 문자조합을 제공하는 7비트(bit) 부호로, 처음 32개의 부호는 인쇄와 전송 제어용으로 사용됩니다. 보통 기억장치는 8비트(1바이트, 256조합)이고, 아스키는 단지 128개의 문자만 사용하기 때문에 나머지 비트는 패러티 비트나 특정문자로 사용됩니다.

일반적으로 컴퓨터는 데이터를 8개의 비트 단위로 묶어 한 번에 처리합니다. 비트는 2진법의 0과 1 가운데 하나를 나타내는 단위입니다. 즉, 1비트는 0이 될 수도 있고, 1이 될 수도 있습니다.

비트 8개를 모아 놓은 것을 바이트(byte)라고 부릅니다.

그러므로 1바이트로 표시할 수 있는 최대 문자의 수는 256조합이 됩니다. 따라서 컴퓨터에서는 8비트씩을 묶어 처리하는 것이 가장 효율적이라고 할 수 있습니다.

예컨대 7개 비트 이하로 묶을 경우에는 표현 가능한 수가 128개 이하입니다. 따라서 이 숫자로는 세계 여러 나라에서 사용하는 모든 숫자 · 국가언어 · 기호 등을 충분히 표현할 수 없었습니다. 하지만, 9비트 이상일 경우에는 512개 이상이나 되어 필요 없는 영역이 많이 생기게 됩니다.

어떻게 해야 할까요?

그래서 256가지의 영역마다 어떤 원칙에 의해 표현 가능한 모든 숫자·문자·특수문자를 하나씩 정해 놓은 아스키코드를 만들게 된 것입니다.

아스키 코드(ASCII: American Standard Code for Information Interchange)

컴퓨터에서 문자 하나마다 2진수의 문자코드를 정해서 사용하는 방식 중 하나로, 7비트로 구성되어 있습니다. 아스키 코드는 a~z(26개), A~Z(26개), 숫자 0~9(10개), 그 외 특수문자를 포함한 128종류의 문자를 표현합니다.

정리하기

- 0과 1로 표현하기

모든 숫자를 0과 1의 이진수로 표현했던 것과 마찬가지로, 모든 문자도 0과 1로 표현이 가능합니다.

학생들이 문자를 0과 1로 표현할 수 있는 방법을 습득할 수 있도록 지도할 수 있습니다.

- 문자 표시 방법을 만들고 평가하기

어떤 문자든 0과 1로 표시하기 위해서는 문자를 표시하는 방법을 만들어야 합니다.

한글이나 영어를 표시할 수 있는 문자 표시 방법을 만들도록 합니다.

그리고 만들어진 문자 표시 방법을 이용하여 자신들만의 메시지를 만들도록 합니다.

- 문자 표시 활동 수업 설계

문자를 1과 0으로 표현하는 방법을 알려주는 수업을 1차시~2차시 분량으로 계획할 수 있습니다.

2차시 분량으로 진행할 경우, 1차시 분량으로 '문자 표시 방법'과 '0과 1로 표현하기'를, 2차시 분량으로 '자신들만의 암호를 만들고 메시지를 보내는 방법'을 수업으로 진행합니다.

학습교구 : 알파벳 표시 카드, 한글 표시 카드

1. 알파벳 표시 카드

1	2	3	4	5	6	7	8	9	10	11	12	13
a	b	c	d	e	f	g	h	i	j	k	l	m
14	15	16	17	18	19	20	21	22	23	24	25	26
n	o	p	q	r	s	t	u	v	w	x	y	z

1	2	3	4	5	6	7	8	9	10	11	12	13
a	b	c	d	e	f	g	h	i	j	k	l	m
14	15	16	17	18	19	20	21	22	23	24	25	26
n	o	p	q	r	s	t	u	v	w	x	y	z

1	2	3	4	5	6	7	8	9	10	11	12	13
a	b	c	d	e	f	g	h	i	j	k	l	m
14	15	16	17	18	19	20	21	22	23	24	25	26
n	o	p	q	r	s	t	u	v	w	x	y	z

2. 한글 표시 카드

1	2	3	4	5	6	7	8	9	10	11	12	13	14	15						
ㄱ	ㄴ	ㄷ	ㄹ	ㅁ	ㅂ	ㅅ	ㅇ	ㅈ	ㅊ	ㅋ	ㅌ	ㅍ	ㅎ	빈칸						
16	17	18	19	20	21	22	23	24	25	26	27	28	29	30	31	32	33	34	35	36
ㅏ	ㅐ	ㅑ	ㅒ	ㅓ	ㅔ	ㅕ	ㅖ	ㅗ	ㅘ	ㅙ	ㅚ	ㅛ	ㅜ	ㅝ	ㅞ	ㅟ	ㅠ	ㅡ	ㅢ	ㅣ

1	2	3	4	5	6	7	8	9	10	11	12	13	14	15						
ㄱ	ㄴ	ㄷ	ㄹ	ㅁ	ㅂ	ㅅ	ㅇ	ㅈ	ㅊ	ㅋ	ㅌ	ㅍ	ㅎ	빈칸						
16	17	18	19	20	21	22	23	24	25	26	27	28	29	30	31	32	33	34	35	36
ㅏ	ㅐ	ㅑ	ㅒ	ㅓ	ㅔ	ㅕ	ㅖ	ㅗ	ㅘ	ㅙ	ㅚ	ㅛ	ㅜ	ㅝ	ㅞ	ㅟ	ㅠ	ㅡ	ㅢ	ㅣ

1	2	3	4	5	6	7	8	9	10	11	12	13	14	15						
ㄱ	ㄴ	ㄷ	ㄹ	ㅁ	ㅂ	ㅅ	ㅇ	ㅈ	ㅊ	ㅋ	ㅌ	ㅍ	ㅎ	빈칸						
16	17	18	19	20	21	22	23	24	25	26	27	28	29	30	31	32	33	34	35	36
ㅏ	ㅐ	ㅑ	ㅒ	ㅓ	ㅔ	ㅕ	ㅖ	ㅗ	ㅘ	ㅙ	ㅚ	ㅛ	ㅜ	ㅝ	ㅞ	ㅟ	ㅠ	ㅡ	ㅢ	ㅣ

활동 5 빛과 소리로 표현하기

수업 설계하기

■ 학습목표

- 인코딩과 디코딩의 개념을 설명할 수 있다.
- 메시지를 인코딩하고 디코딩하는 이유를 설명할 수 있다.
- 빛과 소리로 메시지 주고받기 활동 수업을 효과적으로 진행할 수 있다.

■ 학습내용

- 빛으로 메시지 주고받기
- 소리로 메시지 주고받기
- 종이(천공카드)로 메시지 주고받기

■ 핵심키워드

인코딩, 디코딩

용어정리

* **인코딩(encoding):** 인코딩은 부호화라고도 하며 정보의 형태나 형식을 변환하는 처리나 처리 방식입니다. 그 중에서 문자 인코딩(character encoding)은 문자나 기호들의 집합을 컴퓨터에서 저장하거나 통신에 사용할 목적으로 부호화하는 방법을 가리킵니다. 문자 인코딩을 통해 부호화되어, 복호화하면 본래의 문자나 기호를 뜻하게 되는 부호를 문자 코드라고 합니다.

  문자 인코딩의 대표적인 예로 전건을 길게, 또는 짧게 두드려서 라틴 알파벳을 나타내는 모스 부호가 있으며, 라틴 알파벳, 숫자, 특수 문자 등을 정수와 그에 대응되는 7비트 이진수로 표현하는 방법인 아스키(ASCII)가 있습니다.

  컴퓨팅 초기에는, 아스키(ASCII, 1963년), EBCDIC(1964년)과 같은 문자열 세트가 표준으로 자리 잡았습니다. 이러한 문자열 세트의 제한은 명백했으며 수많은 애드혹(ad hoc) 방식이 개발되었습니다.

* **디코딩(decoding):** 디코딩 또는 복호화는 부호화된 정보를 부호화되기 전으로 되돌리는 처리 혹은 그 처리 방식을 말합니다. 보통은 부호화의 절차를 역으로 수행하면 복호화가 됩니다.

  한편 복호기 또는 디코더(decoder)는 복호화를 수행하는 장치나 회로, 컴퓨터 소프트웨어, 알고리즘 또는 사람을 말합니다.

수업활용 예시

수업활용 예시 1 도입하기

컴퓨터는 다양한 정보들 예를 들면, 문자, 그림, 숫자 등을 이진수로 바꾸거나 그 반대의 과정을 통해 정보의 형태를 다양하게 변환하여 사용하고 있습니다. 문자를 저장하기 위해 사용하는 다양한 문자 코드에는 아스키 코드나 유니 코드 등이 있습니다.

그림은 RGB, CMKY 등의 색 정보를 이진수 형태로 저장하고 있습니다.

모든 정보는 이진수로 저장됩니다.

왜 이진수를 사용하여 저장할까요?

앞에서 배웠듯이 "컴퓨터는 모든 것을 0과 1로만 표현하기 때문" 입니다.

하지만 단순히 컴퓨터가 0과 1로만 표현하기 때문에 모든 정보의 형태를 0과 1로 바꿔야 할까요?

다른 형태로 바꿀 수는 없을까요?

또한 왜 표현 방법이 0과 1로만 되었을까요?

0과 1을 사용하는 이유는 단지 숫자이고 계산하기 편리하기 때문일 것입니다.

옛날부터 사용했던 설형문자, 상형문자, 모스부호, 수기신호, 점자와 현재에 많이 사용되는 바코드나 QR코드도 모두 정보를 포함하고 있습니다. 그런데 왜 컴퓨터가 사용하는 표현 방법과는 다를까요?

빛과 소리로 표현하기 활동은 다양한 코드와 전송 매체를 사용하여 메시지를 주고받는 활동입니다.

각 그룹별로 다른 모든 그룹들에게 메시지를 전송하기 위해 빛과 소리를 사용합니다.

사용된 코드는 디지털(이산 기호 기반)과 부분적으로 이진수(2개 기호 기반)가 포함되지만, 모든 코드가 0과 1을 사용하지는 않습니다.

코드는 다르지만 모두 이진 숫자로 표현될 수 있습니다.

본 활동을 통해 학생들이 정보의 표현과 디지털 이진 표현에 익숙해지도록 합니다.

동시에, 메시지 전송과 관련된 활동은 각 코드에서 사용하는 기호의 역할에 대한 것과 정보를 보내거나 저장하는 데 사용되는 물리적 전달 매체의 역할에 대한 내용을 소개합니다.

수업활용 예시 2 활동하기

❶ 활동 1(빛으로 메시지 주고받기)

이번 활동은 손전등을 이용하여 빛으로 메시지를 주고받는 활동입니다.

메시지는 전송할 수 있는 형태로 인코딩되어 전송되고, 전송된 메시지는 디코딩하여 원래의 메시지로 되돌릴 수 있습니다.

> **교사가 준비할 것**
> **준비물:** 인코딩-디코딩 활동지, 손전등, 모스부호표

준비물은 모둠별 1개씩 준비하면 됩니다.

교실에서 활동할 경우, 교실 가운데를 비우고 양쪽 벽에 학생들을 모이게 한 후, 모둠을 구성해서 서로 메시지를 주고 받도록 하면 좋습니다.

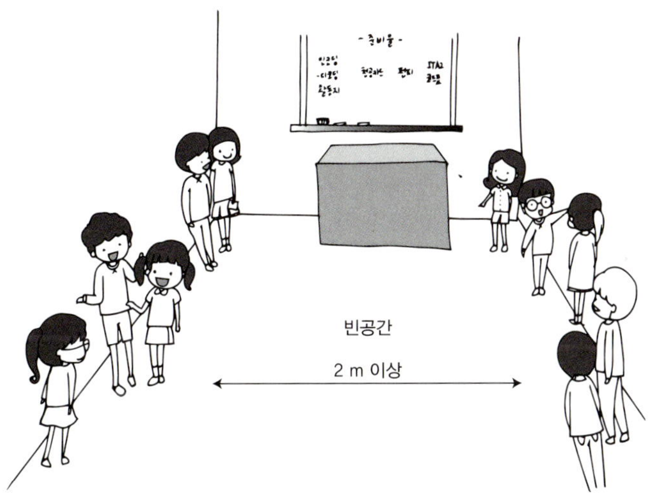

그림 1.22

활동 순서는 다음과 같습니다.

1. 4명의 학생을 한 모둠으로 구성하고, 각각의 모둠이 서로 일정 간격 이상 벌어지도록 배치합니다.
2. 보낼 메시지를 선택합니다.
   A. 메시지는 너무 짧거나 길지 않은 메시지(6~10글자 정도)를 선택하는 것이 좋습니다.
   B. “hello”나 “good morning” 같이 쉽게 추측할 수 있는 메시지는 제외하는 것이 좋습니다.

C. 주어진 코드표를 보고 보낼 메시지를 인코딩 합니다. 그리고 모둠 내에서 인코딩이 제대로 되었는지 검증합니다.

3. 손전등을 이용하여 인코딩된 메시지를 정확하게 보낼 수 있을 때까지 연습합니다.
   A. 모스부호는 긴 불빛과 짧은 불빛으로 구분합니다.
4. 메시지를 주고 받을 모둠을 선택합니다. 그리고 손전등을 이용하여 메시지를 보냅니다. 메시지를 받는 모둠은 활동지에 인코딩 메시지를 받아 적습니다.
   A. 모둠이 많을 경우, 2개의 모둠이 서로 메시지를 주고 받도록 하고, 모둠이 적을 경우에는 모든 모둠의 메시지를 받게 할 수도 있습니다.
5. 메시지 전송이 끝났으면, 모둠 내에서 코드표를 이용하여 메시지를 디코딩 합니다.
6. 모둠별로 한 번씩 메시지를 주고 받았으면, 다시 2단계 부터 반복하여, 메시지를 추가로 2개 더 보냅니다.
7. 활동이 끝나고 나면, 실제로 보내려고 했던 메시지와 메시지를 전송 받아서 디코딩한 메시지를 비교하여, 얼마나 정확하게 전달받고 디코딩 되었는지를 확인합니다.
   A. 활동지에 있는 정확도 칸에 (정확한 글자수) / (전체 글자수)를 계산하여 작성합니다.

❷ 활동 2(소리로 메시지 주고받기)

이번 활동은 악기나 도구를 이용하여 소리로 메시지를 주고받는 활동입니다.

메시지는 전송할 수 있는 형태로 인코딩되어 전송되고, 전송된 메시지는 디코딩하여 원래의 메시지로 되돌릴 수 있습니다.

> **교사가 준비할 것**
> **준비물:** 인코딩-디코딩 활동지, 소리를 낼 수 있는 도구(드럼, 탬버린 등 다양한 악기), 수정된 아스키 코드표

준비물은 모둠별 1개씩 준비하면 됩니다.

교실에서 활동할 경우, 교실 가운데를 비우고 양쪽 벽에 학생들을 모이게 한 후, 모둠을 구성해서 서로 메시지를 주고 받도록 하면 좋습니다.

그림 1.23

예) 0: 쿵
1: 쿵쿵
등으로 표현하게 합니다.

활동 순서는 다음과 같습니다.

1. 4명의 학생을 한 모둠으로 구성하고, 각각의 모둠이 서로 일정 간격 이상 벌어지도록 배치합니다.
2. 보낼 메시지를 선택합니다.
   메시지 선택 방법은 활동 1과 동일합니다.
3. 소리를 낼 수 있는 도구를 이용하여 인코딩된 메시지를 정확하게 보낼 수 있을 때까지 연습합니다.
   A. 수정된 아스키 코드는 0을 한 박(비트), 1을 두 박(비트)로 구분합니다. 예를 들어 01이면 쿵, 쿵쿵으로 소리를 냅니다.
4. 메시지를 주고 받을 모둠을 선택합니다. 그리고 소리를 낼 수 있는 도구를 이용하여 메시지를 보냅니다. 메시지를 받는 모둠은 활동지에 인코딩 메시지를 받아 적습니다.
   A. 모둠이 많을 경우, 2개의 모둠이 서로 메시지를 주고 받도록 하고, 모둠이 적을 경우에는 모든 모둠의 메시지를 받게 할 수도 있습니다.
5. 메시지 전송이 끝났으면, 모둠 내에서 코드표를 이용하여 메시지를 디코딩 합니다.
6. 모둠별로 한 번씩 메시지를 주고 받았으면, 다시 2단계 부터 반복하여, 메시지를 추가로 2개 더 보냅니다.
7. 활동이 끝나고 나면, 실제로 보내려고 했던 메시지와 메시지를 전송 받아서 디코딩한 메시지를 비교하여, 얼마나 정확하게 전달받고 디코딩 되었는지를 확인합니다.
   A. 활동지에 있는 정확도 칸에 (정확한 글자수) / (전체 글자수)를 계산하여 작성합니다.

❸ 활동 3(종이(천공카드)로 메시지 주고받기)

이번 활동은 천공카드에 구멍을 뚫어서 메시지를 주고받는 활동입니다.

메시지는 전송할 수 있는 형태로 인코딩되어 전송되고, 전송된 메시지는 디코딩하여 원래의 메시지로 되돌릴 수 있습니다.

> **교사가 준비할 것**
> **준비물:** 인코딩-디코딩 활동지, 천공카드, 펀치, ITA2 코드표

준비물은 모둠별 1개씩 준비하면 됩니다.

교실에서 활동할 경우, 교실 가운데를 비우고 양쪽 벽에 학생들을 모이게 한 후, 모둠을 구성해서 서로 메시지를 주고 받도록 하면 좋습니다.

활동 순서는 다음과 같습니다.

1. 4명의 학생을 한 모둠으로 구성하고, 각각의 모둠이 서로 일정 간격 이상 벌어지도록 배치합니다.
2. 보낼 메시지를 선택합니다.
   메시지 선택방법은 활동 1과 동일합니다.
3. 천공카드에 구멍을 뚫어서 인코딩된 메시지를 표시합니다.
   A. ITA2 코드는 색칠된 원에 구멍을 뚫습니다.
   B. 펀치가 준비되지 않을 경우에는, 색칠된 원은 천공카드에 그대로 색칠합니다.
4. 메시지를 주고 받을 모둠을 선택합니다. 그리고 천공카드를 이용하여 메시지를 보냅니다. 메시지를 받는 모둠은 활동지에 인코딩 메시지를 받아 적습니다.

이후 활동은 활동 1과 활동 2를 참고하여 실행합니다.

수업활용 예시 3 토론하기

> **교사가 준비할 것**
> **준비물:** 빈 종이(개인 당 1장)

토론 내용은 두 가지 입니다.

1. 메시지를 인코딩하는 데 얼마나 다른 코드 기호를 사용했나요? 메시지를 인코딩하는 데 다른 코드표를 사용했다면 어떤 차이가 있을까요?

본 활동에서 사용한 코드표는 모두 2개의 기호로 구분됩니다.
모스 부호표, ITA2 코드표, 수정된 아스키 코드표를 사용한 활동을 생각해 봅시다.
모양은 조금씩 다르지만 모두 2개의 기호, 즉 이진 기호로 구분되어 사용됩니다.
따라서 다른 코드표를 사용하더라도 차이는 없습니다.
0과 1로 구분되는 이진 기호를 사용하여 단순하고 명확한 계산을 가능하게 합니다.

2. 보내려고 한 메시지의 글자 수는 몇 개 인가요?
그리고 인코딩된 메시지의 글자 수는 몇 개 인가요?
메시지를 인코딩하는 것이 효율적일까요?

이전 활동에서 보낼 메시지와 인코딩된 메시지의 글자 수를 세어 보도록 합니다.
대부분 인코딩된 메시지의 글자 수가 더 많을 것입니다.
그러면 인코딩된 메시지는 비효율적일까요?
단지 글자 수가 증가했다고 비효율적이라고 말할 수 없습니다.

0과 1로 또는 다른 이진 기호로 정보를 변형하면 변형된 정보는 어떤 물리적 매체를 이용해서든 전달될 수 있습니다. 즉, 어떤 정보든 이진 기호로 변환되면 저장되고 처리되고 전달될 수 있다는 것을 의미합니다.

정보를 더 효과적으로 사용할 수 있게 되었다는 것을 학생들이 깨달을 수 있도록 설명해 주세요.

심화 활동 — 인코딩, 디코딩

컴퓨터에서 모든 정보의 조각은 어떤 물리적 매체로 전송되는가에 상관없이 0 또는 1로 인코딩 되어 있습니다. 다음을 생각해 봅시다.

우리가 평소에 인터넷 브라우저를 통해 요청하는 다양한 웹 페이지들은 어떤 내용의 정보를 포함하던지 간에 모두 이진수로 구성되어 있으며 전기, 자기, 빛 또는 다른 매체를 통해 전달됩니다.

본 활동에서 사용한 모스부호와 함께 상형문자, 수신호, 바코드, 점자 등은 모두 비슷해 보일 수 있습니다. 그러나 코드 구조가 다르다는 것을 학생에게 알려주어야 합니다. 이런 문자들은 왜 인코딩을 해야 하는지 질문해 봅시다.

학생들이 "의사소통하기 위해"라고 대답한다면, 1단계는 이해한 것입니다.

일반적으로 채널 또는 수신기의 특성에 따라 인코딩이 필요한 경우가 대부분입니다.

우리는 일반적인 의사소통 채널로는 듣지 못하거나 보지 못하는 사람에게 정보를 전송할 수 없습니다. 따라서 다른 표현 방법으로 대체할 필요가 있습니다.

예를 들면, 바코드는 기계와 정보를 주고받기 위한 유용한 표현 방법 중 하나입니다. 사람과 사람, 사람과 기계, 기계와 기계가 정보를 주고받기 위해서는 약속된 형태의 표현 방법을 사용해야 합니다. 이 표현 방법은 사람이 이해하고 기억하는 방식, 기계가 이해하고 저장하는 방식에 따라 달라질 수 있을 것입니다. 또한 사람과 사람, 사람과 기계, 기계와 기계가 정보를 주고받기 위한 채널의 특성에 따라 표현 방법이 달라질 수 있습니다.

공기 중에 전달되는 것인지, 인터넷 회선을 통해 전달되는 것인지에 따라 달라집니다.

이진 기호로의 정보 표현을 살펴봅시다.

"기계적인" 정보기기는 두 개의 이산 상태를 사용하는 전기 회로를 사용합니다. 정보의 이진 표현은 우리가 정보를 컴퓨팅 도구에서 사용하기 위해 반드시 필요하다고 했습니다.

정보를 전송하기 위한 매체의 특성을 고려하는 것과 같은 맥락입니다.

물론 이것 이외에도 메시지를 인코딩해야 하는 명백한 이유들이 많이 있습니다.

첫 번째 이유는 압축입니다.

정보를 얼마나 최소한으로 압축하여 표현할 수 있는가에 관한 문제입니다.

두 번째 이유는 내결함성(fault-tolerance)입니다.

내결함성은 에러가 발생함에도 불구하고 채널이 얼마나 신뢰로운지를 보장하기 위해 중요한 문제입니다.

세 번째 이유는 보안입니다.

이번 활동에서 인코딩된 메시지를 받은 모둠은 어떤 코드표를 사용했는지 알기 전에는 디코딩을 해서 원래의 메시지를 알 수 없습니다. 즉, 보안에서도 동일한 원리가 적용됩니다. 코드표를 알기 전에는 디코딩할 수 없도록 한 것입니다.

수업활용 예시 4 수업활용자료

인코딩-디코딩 활동지

① 시작하기

이번 활동은 메시지를 다른 모둠에게 보내는 것입니다.

먼저 메시지를 선택한 후, 인코딩합니다. 그리고 선택된 매체를 이용해서 전달합니다.

동시에, 다른 모둠으로부터 인코딩된 메시지를 전달 받습니다.

전달받은 메시지를 디코딩해서 어떤 메시지인지 확인합니다.

② 메시지 선택하기

보내고 싶은 메시지를 작성합니다.

되도록 6~10글자로 이루어진 한 단어를 추천합니다.

③ 인코딩하기

모둠에서 가지고 있는 코드표를 이용하여 메시지를 인코딩 합니다.

④ 메시지 보내기

모둠에서 사용할 수 있는 통신매체를 이용하여 인코딩된 메시지를 보냅니다.

메시지를 다른 모둠에게 보내기 전에, 반드시 모둠 내에서 먼저 메시지 전송을 연습해야 합니다. 메시지를 보내는 동안에는 모둠끼리 다른 의사소통을 해서는 안됩니다.

메시지를 보내기 전에 인코딩에 사용한 코드표를 다른 모둠에게 먼저 전해주어야 합니다.

보낼 메시지를 표현하기 위한 연습을 충분히 하고 다른 모둠이 메시지를 받을 준비가 될 때까지 시작해서는 안됩니다.

⑤ 메시지 받고 디코딩하기

다른 모둠에게 받은 인코딩된 메시지를 받아 적고, 디코딩한 메시지로 해석합니다.

인코딩 메시지 사용한 코드:

디코딩 메시지 정확도:

인코딩 메시지 사용한 코드:

디코딩 메시지 정확도:

인코딩 메시지 사용한 코드:

디코딩 메시지 정확도:

학습교구 : 코드표

1. 모스 부호(Morse Code)표

a	● ▬	n	▬ ●
b	▬ ● ● ●	o	▬ ▬ ▬
c	▬ ● ▬ ●	p	● ▬ ▬ ●
d	▬ ● ●	q	▬ ▬ ● ▬
e	●	r	● ▬ ●
f	● ● ▬ ●	s	● ● ●
g	▬ ▬ ●	t	▬
h	● ● ● ●	u	● ● ▬
i	● ●	v	● ● ● ▬
j	▬ ▬ ▬ ●	w	● ▬ ▬
k	▬ ● ▬	x	▬ ● ● ▬
l	● ▬ ● ●	y	▬ ● ▬ ▬
m	▬ ▬	z	▬ ▬ ● ●

a	● ▬	n	▬ ●
b	▬ ● ● ●	o	▬ ▬ ▬
c	▬ ● ▬ ●	p	● ▬ ▬ ●
d	▬ ● ●	q	▬ ▬ ● ▬
e	●	r	● ▬ ●
f	● ● ▬ ●	s	● ● ●
g	▬ ▬ ●	t	▬
h	● ● ● ●	u	● ● ▬
i	● ●	v	● ● ● ▬
j	▬ ▬ ▬ ●	w	● ▬ ▬
k	▬ ● ▬	x	▬ ● ● ▬
l	● ▬ ● ●	y	▬ ● ▬ ▬
m	▬ ▬	z	▬ ▬ ● ●

2. ITA2 코드표

a	●	●	∘	○	○	○	n	○	○	∘	●	●	○
b	●	○	∘	○	●	●	o	○	○	∘	○	●	●
c	○	●	∘	●	●	○	p	○	●	∘	●	○	●
d	●	○	∘	○	●	○	q	●	●	∘	●	○	●
e	●	○	∘	○	○	○	r	○	●	∘	○	●	○
f	●	○	∘	●	●	○	s	●	○	∘	●	○	○
g	○	●	∘	○	●	●	t	○	○	∘	○	○	●
h	○	○	∘	●	○	●	u	●	●	∘	●	○	○
i	○	●	∘	●	○	○	v	○	●	∘	●	●	●
j	●	●	∘	●	●	○	w	●	●	∘	○	○	●
k	●	●	∘	●	●	○	x	●	○	∘	●	●	●
l	○	●	∘	○	○	●	y	●	○	∘	●	○	●
m	○	○	∘	●	●	●	z	●	○	∘	○	○	●

a	●	●	∘	○	○	○	n	○	○	∘	●	●	○
b	●	○	∘	○	●	●	o	○	○	∘	○	●	●
c	○	●	∘	●	●	○	p	○	●	∘	●	○	●
d	●	○	∘	○	●	○	q	●	●	∘	●	○	●
e	●	○	∘	○	○	○	r	○	●	∘	○	●	○
f	●	○	∘	●	●	○	s	●	○	∘	●	○	○
g	○	●	∘	○	●	●	t	○	○	∘	○	○	●
h	○	○	∘	●	○	●	u	●	●	∘	●	○	○
i	○	●	∘	●	○	○	v	○	●	∘	●	●	●
j	●	●	∘	●	●	○	w	●	●	∘	○	○	●
k	●	●	∘	●	●	○	x	●	○	∘	●	●	●
l	○	●	∘	○	○	●	y	●	○	∘	●	○	●
m	○	○	∘	●	●	●	z	●	○	∘	○	○	●

3. 수정된 아스키 코드(ASCII Code)표

a	100001	n	101110
b	100010	o	001111
c	000011	p	110000
d	100100	q	010001
e	000101	r	010010
f	000110	s	110011
g	100111	t	010100
h	101000	u	110101
i	001001	v	110110
j	001010	w	010111
k	101011	x	011000
l	001100	y	111001
m	101101	z	111010

a	100001	n	101110
b	100010	o	001111
c	000011	p	110000
d	100100	q	010001
e	000101	r	010010
f	000110	s	110011
g	100111	t	010100
h	101000	u	110101
i	001001	v	110110
j	001010	w	010111
k	101011	x	011000
l	001100	y	111001
m	101101	z	111010

4. 허프만 코드(Huffman Code)표

a	0100	n	0111
b	111101	o	0101
c	11000	p	111100
d	10110	q	111111110
e	000	r	1010
f	11100	s	1000
g	111010	t	001
h	1001	u	11001
i	0110	v	111110
j	111111100	w	11011
k	1111110	x	111111101
l	10111	y	111011
m	11010	z	111111111

a	0100	n	0111
b	111101	o	0101
c	11000	p	111100
d	10110	q	111111110
e	000	r	1010
f	11100	s	1000
g	111010	t	001
h	1001	u	11001
i	0110	v	111110
j	111111100	w	11011
k	1111110	x	111111101
l	10111	y	111011
m	11010	z	111111111

5. 천공카드

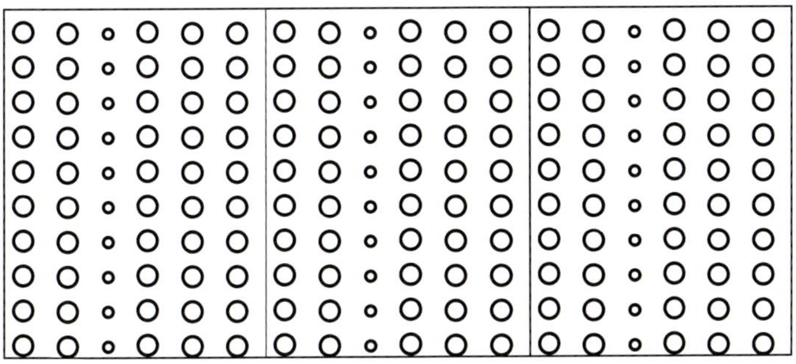

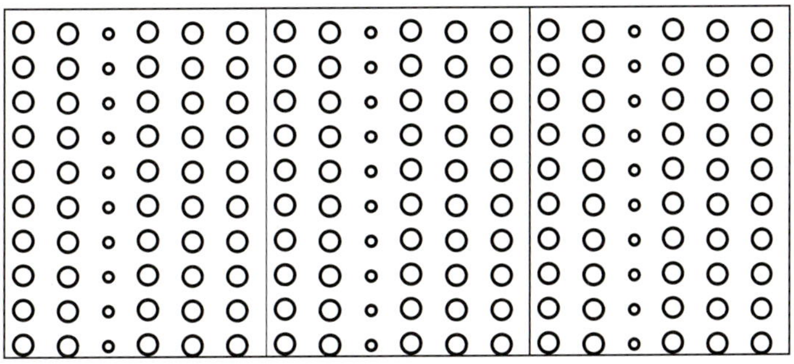

수업활용 예시 5 주의사항

빛과 소리로 표현하기 활동은 문자 메시지를 빛 또는 소리와 같이 다양한 매체를 이용하여 주고 받는 활동입니다. 메시지는 다양한 코드표를 통해 전송할 수 있는 형태로 인코딩하고 다시 디코딩을 통해 해석합니다. 이 활동에서는 문자 메시지와 같은 정보를 다양한 코드를 이용하여 표현하기 위한 목적이 있습니다. 또한 전송하는 매체에 따라 어떻게 표현하는지를 학습할 수 있도록 합니다.

목적 달성을 위해 고려할 점

본 활동은 다양한 코드를 이용하여 정보를 인코딩하고 디코딩 하는 과정과 인코딩된 정보는 다양한 매체를 통해 주고받을 수 있음을 이해하는 것입니다.

첫째, 학생들이 정보를 인코딩하고 디코딩하는 방법을 정확히 이해하는 것이 중요합니다.

둘째, 다양한 매체를 이용하여 인코딩된 메시지를 정확히 보낼 수 있어야 합니다.

따라서 모둠 내에서 리허설을 통해 여러 번 연습하는 것이 중요합니다.

인코딩된 메시지는 다양한 매체로 전송 가능하므로, 빛, 소리 뿐만 아니라 종이나 다른 매체를 활용해 보는 것도 좋습니다. 메시지 전달에 사용되는 매체의 종류에 따라 적절한 코드표를 사용해야 합니다.

빛으로 메시지를 전달할 때는 모스부호나 허프만코드를, 소리로 메시지를 전달할 때는 수정된 아스키코드나 허프만코드를 사용하면 좋습니다.

한글 메시지를 전송하기 위해서 유니코드를 사용할 수 있습니다. 코드가 많으므로 교사가 기본적인 글자를 선정하여 코드표를 제공하는 것이 좋습니다. 혹은 학생들에게 모든 코드표를 나누어주고 선택할 수 있도록 합니다.

활동 진행 과정에서 고려할 점

빛과 소리로 표현하기 활동은 다양한 코드표와 다양한 매체를 활용하여 활동을 진행합니다.

첫째, 메시지를 인코딩하는 방법과 디코딩 하는 방법을 정확히 알려주어야 합니다.

둘째, 인코딩된 메시지를 정확히 전달할 수 있도록 모둠 내에서 사전 리허설을 충분히 하도록 유도해야 합니다.

셋째, 처음 활동을 진행할 때는 메시지를 인코딩, 디코딩 하는 시간과 메시지를 전송하는 시간을 구분하여 진행하면 학생들이 덜 혼란스러울 수 있습니다.

특히 소리로 메시지를 전달하는 활동은 각 모둠별로 다양한 소리를 내기 때문에 별도의 메시지 전송 공간을 마련하거나 일괄적으로 순서대로 메시지를 보내는 등의 지도가 필요합니다.

수업 설계

빛과 소리로 표현하기 활동은 1~2차시 수업으로 구성할 수 있습니다.

2차시 수업으로 진행할 경우에는, 1차시에서는 각 매체와 코드표별로 활동을 진행하고, 2차시에서는 더 많은 매체와 코드표를 이용하여 모둠별로 자유롭게 선택해서 메시지를 주고받게 할 수 있습니다.

차시별 수업 내용 예시

1차시

- 도입
- 빛으로 메시지 주고받기 진행
- 소리로 메시지 주고받기 진행
- 토론하기
- CS 원리 설명
- 수업 정리 및 다음차시 안내

2차시

- 지난 시간 회상
- 다양하게 메시지 주고받기 진행
- 토론하기
- CS 원리 설명
- 수업 정리

정리하기

- 빛과 소리, 종이(천공카드)로 메시지 주고받기

빛과 소리로 표현하기 활동은 문자 메시지를 빛 또는 소리와 같이 다양한 매체를 이용하여 주고 받는 활동입니다.

메시지는 다양한 코드표를 통해 전송할 수 있는 형태로 인코딩하고 다시 디코딩을 통해 해석합니다.

이 활동에서는 문자 메시지와 같은 정보를 다양한 코드를 이용하여 표현하는 방법을 배우고, 전송하는 매체에 따라 어떻게 표현하는지를 학습할 수 있습니다.

정보를 인코딩하고 디코딩 하는 이유는 여러가지가 있습니다.

"기계적인" 정보기기는 두 개의 이산 상태를 사용하는 전기 회로를 사용합니다.

정보의 이진 표현은 우리가 정보를 컴퓨팅 도구에서 사용하기 위해 반드시 필요합니다.

이것은 정보를 전송하기 위한 매체의 특성을 고려하는 것과 같은 맥락입니다.

그 밖에 정보를 얼마나 최소한으로 압축하여 표현할 수 있는가, 에러가 발생함에도 불구하고 채널이 얼마나 신뢰로운지를 보장하는가, 인코딩된 메시지를 받은 모듬은 어떤 코드표를 사용했는지 알기 전에는 디코딩을 해서 원래의 메시지를 알 수 없도록 하는 보안의 차원에서 정보를 인코딩과 디코딩을 하여 사용합니다.

참고문헌

1. 인코딩, https://ko.wikipedia.org/wiki/인코딩
2. 문자 인코딩, https://ko.wikipedia.org/wiki/문자_인코딩
3. 복호화, https://ko.wikipedia.org/wiki/복호화
4. George Boukeas (2013). "Lights and Drums" Kinaesthetic Activity

활동 6 데이터 전송하기

컴퓨터를 이용해 인터넷에 연결하여 데이터를 전달하려면 모뎀(MODEM)이나 랜카드(LAN Card)가 필요합니다. 모뎀을 사용해서 데이터를 전달할 때는 발신음이 나옵니다. 발신음의 높은 음(↑, 삐-)은 1을, 낮은 음(↓, 뿌)은 0을 뜻합니다. 그러나 발신음이 매우 빠르게 전달되기 때문에 우리에게는 이상한 쇳소리로만 들리게 됩니다. 이 소리를 한 번도 들어보지 못했다면 모뎀을 이용하여 인터넷에 연결하거나 팩스를 보내는 과정을 통해서 발신음을 들을 수 있습니다. 팩스도 모뎀을 이용하여 데이터를 보내기 때문입니다.

그림 1.25는 'HI'를 전송할 때의 발신음을 보여줍니다. 'H'는 이진수 01000, 'I'는 이진수 01001로 변환되어 높고 낮은 발신음으로 전송됩니다. 즉, 'H'는 발신음 '↓↑↓↓↓'로, 'I'는 발신음 '↓↑↓↓↑'로 전송됩니다.

그림 1.24 'HI'를 전송하는 방법

그림 1.25 'HI'(01000 01001 = ↓↑↓↓↓ ↓↑↓↓↑)
'BYE'(00010 11001 00101 = ↓↓↓↑↓ ↑↑↓↓↑ ↓↓↑↓↑)

해결 방법과 힌트

활동 1 : 숫자 표현하기

심화활동

- 점 3개, 12개, 19개만 보이도록 카드를 뒤집어 봅시다.
  - 3은 카드 2와 카드 1이 필요합니다.
  - 12는 카드 8과 카드 4가 필요합니다.
  - 19는 카드 16, 카드 2, 카드 1이 필요합니다.

- 5장의 카드를 이용해 만들 수 있는 가장 큰 수는 무엇일까요? 또한 가장 작은 수는 무엇일까요?
  - 만들 수 있는 가장 큰 수는 31이고, 가장 작은 수는 0입니다. 그 사이의 모든 수를 만들 수 있고, 그 방법은 오직 하나씩입니다.

- 가장 큰 수와 가장 작은 수 사이에서 만들 수 없는 숫자가 있나요?
  - 없습니다. 모든 숫자를 만들 수 있으며 그 방법은 유일합니다.

- 1, 2, 3, 4를 순서대로 만들어 봅시다. 숫자가 하나씩 증가할수록 카드가 뒤집히는 패턴이나 논리를 발견해 봅시다.
  - 하나씩 증가하는 숫자를 만들기 위해서는 앞면이 되는 카드가 나올 때까지 왼쪽에서 오른쪽으로 카드를 뒤집습니다.

활동 2 : 이진수 활용하기

- 10101은 어떤 수를 의미하나요? 또한 11111은 어떤 수를 의미하는 것일까요?
  - 10101 = 21, 11111 = 31

활동 3 : 비밀 메시지 전달하기

- 메시지 : HELP IM TRAPPED

추가학습 : 이진수

- 이진수의 오른쪽에 0을 붙이면 어떻게 될까요?
  - 이진수의 오른쪽에 0을 붙이면 2배가 됩니다.
  - 십진수에서는 오른쪽에 0을 붙이면 10배가 됩니다.

- 키보드에 몇 개의 문자가 있는지 알아봅시다. 컴퓨터에 문자들을 저장하려면 몇 비트가 필요할까요?
  - 우리가 사용하는 128개의 문자를 저장하기 위해서 컴퓨터는 7비트가 필요합니다. 보통 8비트에서는 7비트가 사용되고 1비트는 사용하지 않습니다. (또는 패리티 비트로 사용합니다. 학습활동 4 '카드 뒤집기 마술' 참조)

02 학습활동 숫자로 표현한 색깔 — 이미지 표현

_Image Representation

요약

컴퓨터는 0과 1의 숫자만을 이용하여 그림이나 사진을 저장합니다. 컴퓨터는 어떻게 0과 1만으로 그림이나 사진을 표현할 수 있을까요? 이진표현을 기억해 봅시다.

관련교과

■ 2015 중학교 정보 교육 과정

• 자료와 정보 영역(핵심개념: 자료와 정보의 표현)

활동 및 수업활용 예시

■ 활동 1 : 픽셀 이해하기

▸ CS 핵심원리 : 픽셀

* 자세한 준비물은 각 활동에 제시된 '준비물' 내용을 참고하세요.

활동 1 픽셀 이해하기

수업 설계하기

■ 학습목표

- 픽셀 이해하기 활동을 수행할 수 있다.
- 픽셀 그림 그리기 활동을 수행할 수 있다.
- 해상도에 대해서 설명할 수 있다.

■ 학습내용

- 픽셀 이해하기 활동 준비 및 수행 절차
- 픽셀 그림 그리기 활동 준비 및 수행 절차
- 해상도에 대한 이해

■ 핵심키워드

픽셀, 해상도

용어정리

* 픽셀: 컴퓨터 모니터 또는 TV와 같은 장치에서 보이는 그래픽 이미지를 구성하고 있는 최소 단위의 점으로, Picture element의 줄임말입니다.
* 해상도: 컴퓨터 모니터의 그래픽 화면이나 TV, 카메라 등 그래픽을 표시하는 장치의 정밀도를 나타내는 척도로, 대개 화면의 해상도는 화면을 구성하는 픽셀의 개수로 결정됩니다.

수업활용 예시

영문자를 표현하는 데도 0과 1의 원리가 적용됩니다.

1. 영문자 'a'가 컴퓨터 화면에 표현되는 원리에 대해서 알아볼까요?

그림 1.26 영문자 a가 컴퓨터 화면에 표시되는 원리

- 컴퓨터 화면은 픽셀(Pixel)이라고 불리는 작은 점들로 나누어져 있습니다. 즉, 흑백 화면의 각 픽셀은 검정색이거나 흰색입니다.
- 그림 1.26에서 볼 수 있듯이 컴퓨터 화면에 표시된 영문자 'a'를 확대하게 되면 작은 점 단위로 구성된 것을 확인할 수 있습니다. 컴퓨터가 흑백으로 이루어진 그림이나 문자를 표현하기 위해서 필요한 정보는 검정색인 부분과 흰색인 부분에 대한 것입니다.

2. 영문자 'a'를 픽셀로 표현하는 방법에 대해서 알아볼까요?

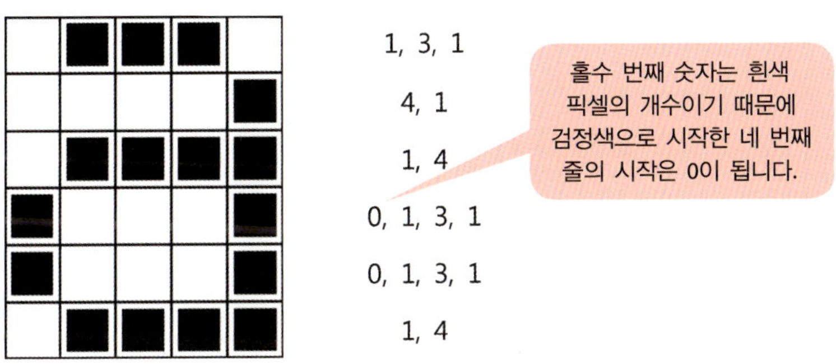

그림 1.27 픽셀로 표현한 영문자 'a'

- 그림 1.27은 영문자 'a'가 숫자를 이용해서 표현되는 원리를 보여줍니다. 첫째 줄은 1개의 흰색, 3개의 검정색, 1개의 흰색 픽셀로 구성되어 있으므로 1, 3, 1로 표현하였습니다.
- 홀수 번째 숫자는 흰색 픽셀의 개수를 의미하고, 짝수 번째 숫자는 검정색 픽셀의 개수를 의미합니다. 첫 번째 픽셀이 검정색이라면 어떻게 표현해야 할까요? 홀수 번째 숫자는 흰색 픽셀의 개수였기 때문에 0으로 시작합니다.

수업활용 예시 1 도입하기

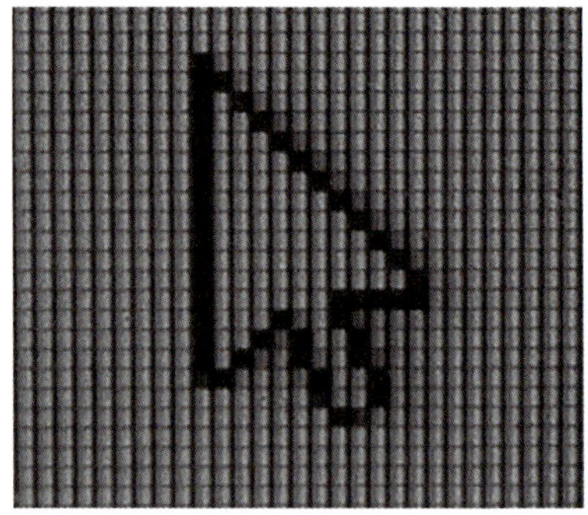

그림 1.28

최근에 출시되고 있는 컴퓨터의 모니터나 TV의 대부분은 고화질의 그래픽 표현이 가능한 제품입니다. 하지만 처음부터 이렇게 고화질의 이미지를 표현하는 모니터나 TV가 존재하지는 않았습니다. 선생님들의 어린 시절을 한 번 떠올려 보시기 바랍니다. 어떤 모니터가 가장 먼저 떠오르시는지요? 그렇습니다. 아마도 30대 이상의 선생님들께서는 흑백 모니터가 가장 먼저 떠오르실 것입니다. 바로 허큘리스 모니터라 불리우는 흑백 모니터는 검은색 바탕화면에 초록색에 가까운 이미지의 출력이 가능했습니다. 단색으로 출력이 가능한 모니터라 모노 모니터라고도 합니다.

그림 1.29

그림에서 볼 수 있는 모니터가 바로 허큘리스 모니터입니다. 수업에서는 학생들에게 허큘리스 모니터를 사진으로 보여줄 수 있습니다. 여기서 허큘리스란 이름은 그래픽카드 업체의 이름이었습니다. 그래픽카드의 대성공에 힘입어 모니터도 허큘리스라는 이름을 그대로 사용하게 되었습니다. 즉, 흑백모니터를 사용하는 대부분의 컴퓨터는 허큘리스 그래픽카드를 사용하고 있었습니다.

네 가지의 색을 표현해 줄 수 있었던 CGA 그래픽카드가 개발되었으며, 16가지의 색을 표현해 줄 수 있는 EGA 그래픽카드가 개발되었습니다. 한 가지의 색만 표현 가능했던 시절에 비해 4색, 16색의 표현은 말 그대로 혁명에 가까운 변화였습니다.

최근에 출시되는 모니터의 그래픽 성능은 기존과 비교할 수 없을 정도로 뛰어납니다. 고성능 그래픽 하드웨어의 개발 및 발달로 인해 HD(High Definition)화질이 일반화되고 있으며, UHD(Ultra High Definition) 화질의 그래픽 서비스도 제공되고 있습니다. 그래픽 기술의 발달은 단순한 이미지 처리 기능을 넘어서 산업 전반에 많은 영향을 미치고 있습니다. 즉, 단순한 정보의 출력을 넘어서 일상생활과 문화에 영향을 미치는 기술입니다.

컴퓨터가 인식하는 이미지는 선명한 고품질이라 하더라도 0, 1로 이루어진 정보입니다. 정보 처리를 위한 컴퓨터 하드웨어 기술의 진보가 보다 빠른 처리를 가능하게 하고, 인간이 실제 눈으로 보는 것과 차이가 없는 그래픽 이미지 표현을 가능하게 합니다. 이번 수업활동 예시는 이미지 처리의 기본 개념을 이해해 볼 수 있는 활동입니다. 그럼 지금부터 시작해 보도록 하겠습니다.

수업활용 예시 2 활동하기

컴퓨터의 이미지 처리 과정을 이해하기 위한 활동인 픽셀 이해하기 활동의 첫 번째 활동은 숨은 그림 찾기 활동입니다. 본 활동에 필요한 준비물은 다음과 같습니다.

첫 번째는 기가 픽셀 이미지입니다. 기가 픽셀 이미지는 한 이미지 당 약 70억 픽셀로 이루어진 이미지로, 유화로 된 작품을 기가 픽셀로 촬영할 경우 육안으로 관찰할 수 없던 유화의 갈라짐, 섬세한 붓 터치, 큰 그림 속 아주 작은 사람까지 생생한 묘사를 관찰할 수 있습니다.

두 번째는 기가 픽셀 이미지를 확대하여 무작위로 캡쳐한 사진입니다.

그럼 지금부터 세부적인 활동 방법에 대해서 알아보도록 하겠습니다.

본 숨은 그림 찾기 활동은 기가 픽셀 이미지의 무한한 확대 기능을 활용한 활동입니다. 최근 들어 다양한 종류의 기가 픽셀 이미지를 웹 상에서 확인할 수 있습니다. 픽셀 이해하기 활동에 대한 학습자들의 흥미를 자극하기 위해서 최대한 익숙한 이미지로 준비하시는 것이 좋습니다. 학습자들에게 익숙한 이미지는 여러 종류가 있을 수 있으나 특정한 취향을 고려하기보다 세계의 명화 이미지와 같은 일반적인 이미지가 적당할 수 있습니다.

기가 픽셀 이미지를 제공하는 사이트는 웹 검색을 통해서 쉽게 찾아 보실 수 있습니다. 이러한 사이트들 중에서 구글에서 운영하는 무료 서비스인 'Art Project'에서는 국내외 예술 작품에 대한 기가 픽셀 이미지를 제공하고 있습니다. 선생님께서는 본 사이트에서 적합한 기가 픽셀 이미지를 선택하여 수업 자료를 만드실 수 있습니다. 본 서비스에서 제공하는 기가 픽셀 이미지는 국외 예술 작품에 대한 이미지 뿐만 아니라 국내 예술 작품에 대한 이미지도 제공하고 있으므로 선호도를 고려하여 작품을 선택하시면 됩니다.

그림 1.30

그럼 본격적으로 활동 준비를 시작해 보도록 하겠습니다. 첫째, 활동에 사용할 기가 픽셀 이미지를 선택합니다. 둘째, 이미지를 선택하셨다면 모든 부분을 포함한 전체 이미지를 캡쳐하도록 합니다. 선생님들의 이해를 돕기 위해 밀레의 대표작 중에 하나인 '이삭 줍는 사람들' 이미지를 활용하였습니다. 보기 그림과 같이 전체 그림을 캡쳐하여 준비하셨나요? 셋째, 그림을 확대하여 여러 부분을 캡쳐하도록 합니다. 그림의 확대는 웹 브라우저에서 마우스의 휠 버튼을 활용합니다.

그림 1.31

자, 지금 화면을 통해서 보시는 이미지를 잠시만 관찰해 주시기 바랍니다. 앞서 말씀드린바와 같이 그림이 그려진 캔버스의 갈라짐이 보이시나요? 자세히 관찰한다면 캔버스의 질감도 확인하실 수 있습니다. 바로 이 이미지가 전체 그림의 일부분을 캡쳐한 부분입니다. 어디를 캡쳐한 부분일까요?

학생들에게도 동일하게 화면의 갈라짐이 보이도록 그림을 준비합니다. 이렇게 기가 픽셀 이미지를 확대한 일부분을 캡쳐하여 어떤 부분이 확대된 그림인지 맞춰보는 활동입니다.

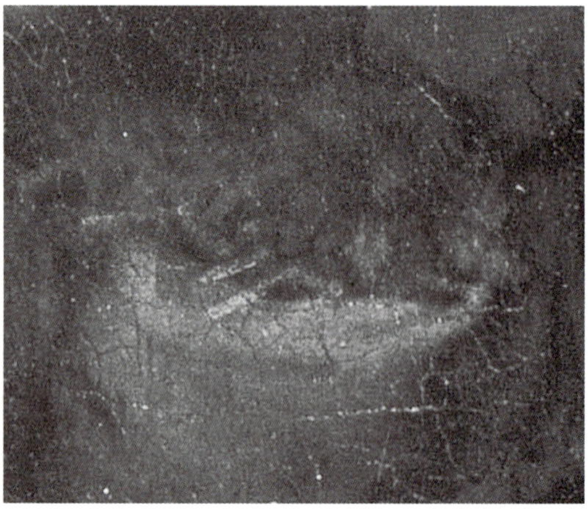

그림 1.32

본 활동은 해상도에 대한 기본적인 개념을 이해하는 활동입니다.

세부적인 활동 절차는 다음과 같습니다. 먼저 선생님께서는 전체 그림을 학습자들에게 제시합니다.

선생님 : 자~ 여러분이 앞에 보고 있는 그림 본 적이 있나요? 맞습니다. 처음 보는 학생도 있을 수 있겠지만 미술 시간에 자주 등장하는 밀레라는 화가의 '이삭 줍는 사람들'입니다. 자 그럼 지금부터 이 그림을 확대한 일부분의 이미지를 여러분에게 차례대로 보여줄 테니 어떤 부분인지 맞춰볼까요?

이렇게 선생님께서는 학습자들에게 전체 이미지를 제시하고 확대된 이미지 하나를 제시합니다. 본 활동은 개별 활동으로 진행하는 것이 좋으며, 활동의 난이도가 점점 올라가는 형태로 구성하는 것이 좋습니다. 활동의 난이도 조절은 어떻게 하는 것이 좋을까요?

맞습니다. 간단하게 전체 그림에서 눈에 잘 띄는 부분을 확대한 이미지를 초반 문제로 활용하시고, 눈에 잘 띄지 않는 부분(여백 또는 구석 등)을 후반 문제로 활용하시면 됩니다.

그림 1.33

선생님께서는 학습자들에게 30초~60초의 시간을 부여하시고, 개별적으로 어떤 부분인지 빈 종이에 체크하도록 합니다. 체크하는 방법은 여러 가지가 있을 수 있으나, 미리 활동에 요구되는 이미지를 출력하여 직접 체크하는 것이 가장 좋습니다. 선생님께서 보기와 같이 그림을 출력하여 학습자들에게 나누어주시면 학습자들은 자신이 생각한 부위를 체크하도록 합니다.

총 4~5문제를 출제하시고 정답을 공개하도록 합니다. 활동이 마무리되면 선생님께서는 기가 픽셀 이미지에 대해서 간단히 설명해 주시고, 사진의 용량과 선명도의 관계에 대해서 설명해주실 수 있습니다.

픽셀 그림 그리기 활동은 문자를 그리는 활동과 이미지를 그리는 활동으로 구분됩니다. 먼저 문자를 그리는 활동에 대해서 알아보도록 하겠습니다. 본 활동에 앞서 필요한 준비물은 모눈종이입니다. 학습자 별로 모눈종이가 준비된 후 그림 1.34와 같은 이미지를 제시하도록 합니다.

선생님께서 학습자들에게 그림 1.34와 같은 이미지를 제시 한 후 다음과 같이 설명합니다.

a

그림 1.34

선생님 : 자, 지금부터 여러분은 컴퓨터가 이미지를 표현하는 원리를 알아보기 위한 활동을 진행할 것입니다. 앞을 봐주세요. 어떤 이미지가 보이나요? 맞습니다. 알파벳 a입니다. 자 그림, 여러분이 눈으로 보고 있는 알파벳 a가 어떻게 컴퓨터 화면에 나타나게 될까요? 그럼, 고민에 앞서 나눠 준 모눈종이를 꺼내 보도록 하세요. 지금부터 여러분은 모눈종이를 채워 알파벳 a를 그려보도록 하세요. 모눈종이를 채운다는 것은 빈 칸을 연필이나 볼펜으로 칠해 알파벳 a를 그린다는 것입니다.

이와 같이 설명 후 5분 이내의 시간을 부여합니다. 간단한 활동이므로 오랜 시간이 소요되지는 않지만, 다양한 질문이 있을 수 있습니다. 첫째, 이미지로 제공된 a가 어떤 글씨체냐에 따라서 질문이 있을 수 있습니다. 현재와 같이 굴곡진 부분이 많은 글씨체일 경우 학습자들에게 고민이 될 수 있습니다. 둘째, 선생님께서는 반드시 모눈종이의 한 칸을 모두 채워야 한다는 가이드라인을 주실 수 있습니다. 굴곡을 표현하기 위해서 모눈종이의 일부분만 채우는 것은 허용되지 않으며 반드시 모두 칠해지거나 모두 칠해지지 않거나 두 가지 경우만 가능함을 강조해 주십시오.

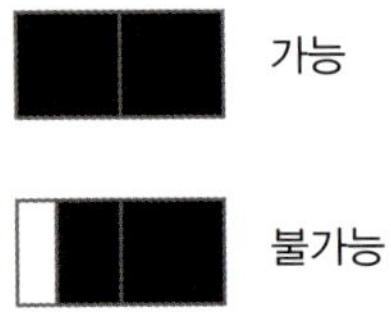

그림 1.35

제한 시간이 완료되면 선생님께서는 학습자들이 모눈종이에 이름을 적도록 하시고, 완성된 답안을 칠판이나 벽에 붙이도록 합니다. 이렇게 칠판이나 벽에 모두 붙이는 이유는 학습자들이 자연스럽게 결과물을 비교해 보는 활동을 수행하도록하기 위해서 입니다. 학습자들에게 각자의 결과물을 확인할 수 있는 시간을 부여하시고, 가장 잘 표현된 이미지를 하나만 선택하여 투표하도록 합니다. 투표가 완료되면 1등으로 뽑힌 이미지를 선택하여 보여준 후 어떤 부분이 잘 되었는지 간단하게 설명하도록 합니다.

수업활용 예시 3 게임하기

제시된 이미지를 모눈종이에 표현해 본 다음 활동은 다음과 같습니다. 학습자들에게 지금까지 했던 활동을 상기하면서 가로 5칸, 세로 6칸으로 구성된 모눈종이 공간을 준비하도록 합니다. 준비가 되었으면, 총 16개의 점을 이용해서 영문자 a를 표현하도록 합니다. 여기서 점이란 모눈종이에 색이 칠해진 경우를 의미하며 반드시 한정된 공간을 벗어나지 않도록 지도해 주시기 바랍니다.

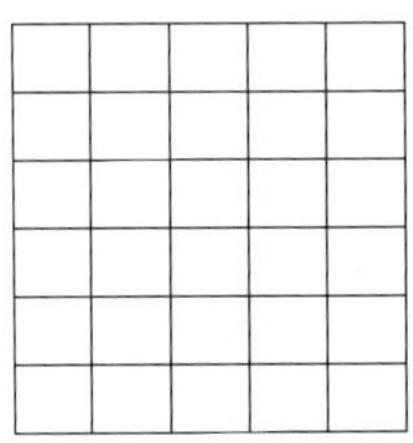

그림 1.36

선생님께서는 학습자들에게 5분 이내의 시간을 부여하시고, 5분 이후에도 완성하지 못하는 학습자들이 있을 경우 그림 1.37과 같은 힌트 이미지를 제공합니다. 힌트 이미지를 참고하면 모든 학습자들이 그림을 쉽게 완성할 수 있습니다. 모든 학습자들이 그림을 완성하면 다음 단계로 넘어갑니다.

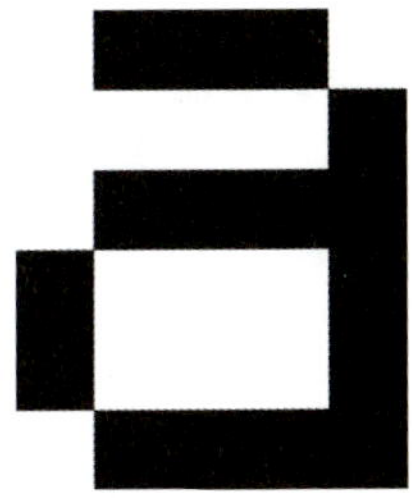

그림 1.37

먼저 선생님께서는 다음과 같이 학습자들에게 활동 설명을 진행합니다.

> 선생님 : 모눈종이를 채워 알파벳 a를 모두 완성하였나요? 그럼 다음 활동으로 넘어가도록 하겠습니다. 자, 여러분이 그림과 같이 완성하였는데요~ 혹시 다른 답안은 없나요?

이렇게 선생님께서 확인해 주셔야 하는 부분은 제시된 모범답안과 다른 사례를 확인하는 것입니다. 일부 학습자의 경우 답안과 다른 형태로 완성을 하는 경우도 있습니다. 그럴 경우 수정하라고 지시하실 필요 없이 다음과 같이 대응합니다.

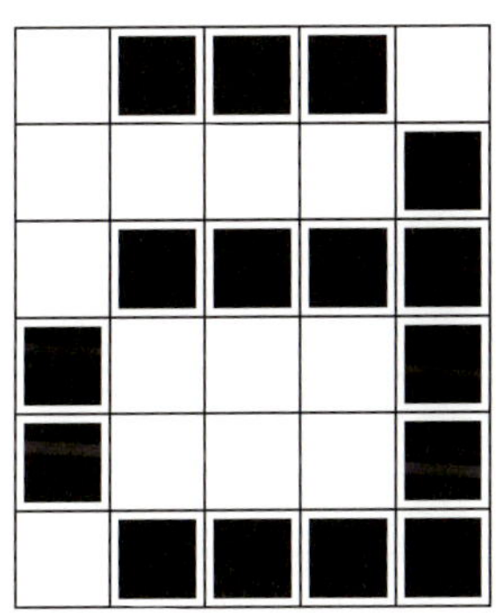

그림 1.38

> 선생님 : 네! 00 학생의 표현도 알파벳 a로 볼 수 있으므로 문제가 없습니다. 현재 화면의 표현과 다른 그림을 그린 학생들은 지금 그 그림을 수정할 필요는 없으니 앞을 잘 봐주시기 바랍니다. 자, 앞에 보이는 숫자는 특정한 규칙을 포함하고 있습니다. 이 숫자의 비밀을 풀게 되면 알파벳 a가 그려진 원리를 이해할 수 있는데요~ 지금부터 10분의 시간을 드리도록 하겠습니다. 옆 친구와 한 팀이 되어서 규칙을 발견해 보도록 하세요.

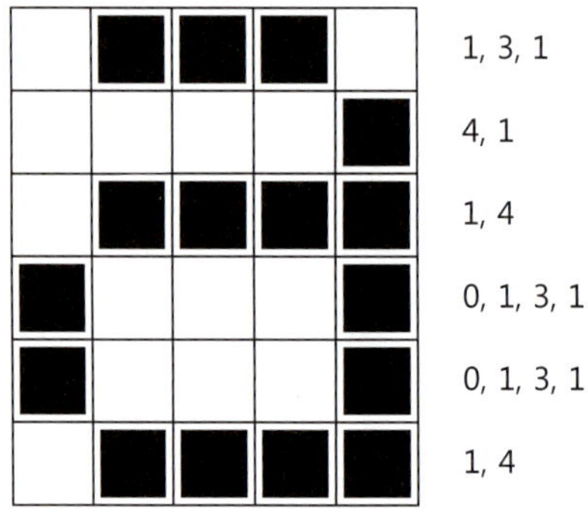

그림 1.39

예시 설명과 같이 본 활동은 개별 활동도 가능하지만 옆 친구와 짝을 지어 진행해도 무방합니다.

선생님께서는 제한 시간이 끝나기 전에도 꾸준히 규칙을 발견한 팀이 있는지 확인하실 필요가 있습니다. 규칙을 발견한 팀의 경우 다른 팀에게 알려주지 않고, 발견한 규칙을 정리하여 작성하도록 합니다.

> 선생님 : 자, 규칙을 모두 발견하였나요? 10팀 중에서 총 5팀이 규칙을 발견하였습니다. 그 중 세 팀이 정확한 규칙을 발견하였는데요~ 정확한 규칙을 발견한 팀은 00, 00, 00 팀입니다. 혹시 세 팀 중에서 규칙을 설명해 줄 팀이 있나요?

이처럼 선생님께서는 정확한 규칙을 발견한 팀을 하나 선정하셔서 학습자들에게 규칙을 설명하도록 합니다. 설명만으로 모든 학생이 이해하지 못할 경우 직접 질문할 시간을 부여하시고, 추가적으로 설명이 필요한 부분은 선생님께서 설명하도록 합니다.

알파벳 a가 숫자로 표현된 원리는 다음과 같습니다. 첫째 줄의 첫 번째 숫자 1은 모눈종이의 빈 공간의 개수를 뜻합니다. 두 번째 숫자 3은 모눈종이의 채워진 개수를 뜻합니다. 마찬가지로 세 번째 숫자 1은 모눈종이의 빈 공간의 개수를 뜻합니다. 이와 같이 빈공간과 채워진 공간의 수를 카운트해서 숫자로 표현됩니다. 그렇다면 넷째 줄의 0은 무엇을 의미하는 것일까요? 맞습니다. 규칙상 첫 번째 숫자는 빈 공간을 의미하는데 빈공간이 없이 채워진 공간으로 시작되었으므로 빈 공간이 없음을 표현하는 0으로 표현된 것입니다.

픽셀 이해하기의 처음에 나왔던 내용입니다. 확인하시기 바랍니다.

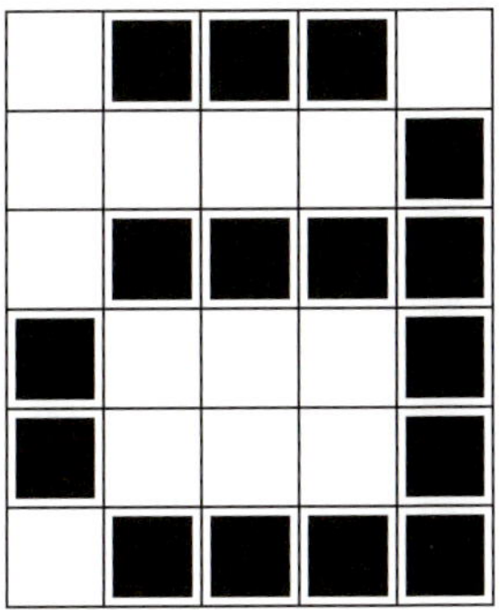

1, 3, 1
4, 1
1, 4
0, 1, 3, 1
0, 1, 3, 1
1, 4

그림 1.40

실제로 선생님께서 학습자들을 대상으로 규칙 발견하기 활동을 진행하실 경우 정확한 규칙을 발견하는 학습자들이 없을 수도 있습니다. 그럴 경우 완전한 정답이 아니라도 끊임없이 시도할 수 있도록 격려해 주시는 것이 매우 중요합니다. 규칙이라는 것은 하나의 키워드만 발견하게 될 경우 매우 쉽게 풀리는 경향이 있기도 합니다. 즉, 여러 가지의 발산적인 대안을 제시하는 경우의 팀들이 해결 방안을 찾을 가능성이 높아지므로 최대한 격려해 주시기 바랍니다.

그럼 다음 활동으로 넘어가 보도록 하겠습니다.

숫자 규칙에 대한 공유가 끝난 다음 활동은 다음과 같습니다. 선생님께서는 학습자들에게 그림 1.41과 같은 활동지를 배부합니다.

> 선생님 : 지금부터 조금 더 복잡한 활동을 진행해 보도록 하겠습니다. 여러분에게 선생님이 지금 나누어준 활동지는 앞서 발견한 규칙을 적용하여 해결할 수 있는 활동지 입니다. 지금부터 규칙에 따라 모눈종이를 완성해서 어떤 그림인지 찾아볼까요?

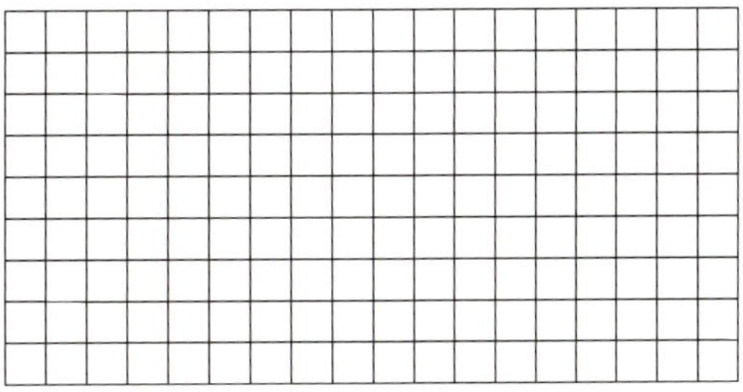

4, 11
4, 9, 2, 1
4, 9, 2, 1
4, 11
4, 9
4, 9
5, 7
0, 17
1, 15

그림 1.41

이처럼 선생님께서는 학습자들에게 활동지를 나눠주시고 각각의 활동지를 개별적으로 해결할 수 있도록 합니다. 단, 앞서 활동에 비해 색칠이 복잡해 질 수 있으므로 수정을 고려하여 볼펜보다 연필로 진행할 것을 권장합니다. 첫 번째 활동지를 완성하면 준비된 활동지 두 개를 더 제공합니다.

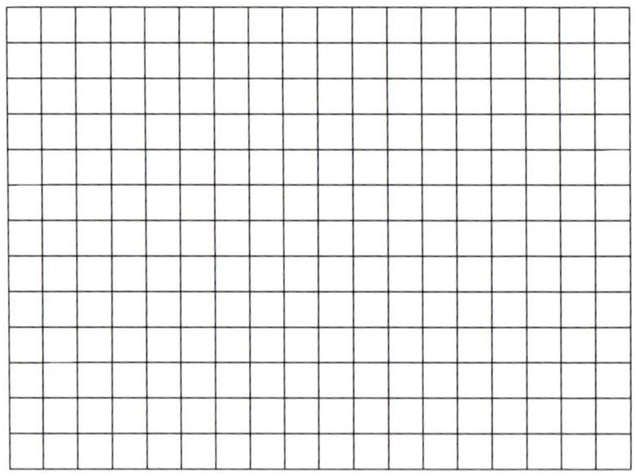

6, 5, 2, 3
4, 2, 5, 2, 3, 1
3, 1, 9, 1, 2, 1
3, 1, 9, 1, 1, 1
2, 1, 11, 1
2, 1, 10, 2
2, 1, 9, 1, 1, 1
2, 1, 8, 1, 2, 1
2, 1, 7, 1, 3, 1
1, 1, 1, 1, 4, 2, 3, 1
0, 1, 2, 1, 2, 2, 5, 1
0, 1, 3, 2, 5, 2
1, 3, 2, 5

그림 1.42

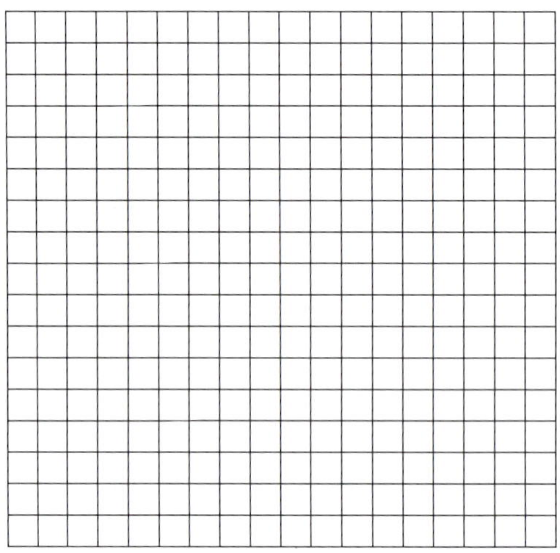

6, 2, 2, 2
5, 1, 2, 2, 2, 1
6, 6
4, 2, 6, 2
3, 1, 10, 1
2, 1, 12, 1
2, 1, 3, 1, 4, 1, 3, 1
1, 2, 12, 2
0, 1, 16, 1
0, 1, 6, 1, 2, 1, 6, 1
0, 1, 7, 2, 7, 1
1, 1, 14, 1
2, 1, 12, 1
2, 1, 5, 2, 5, 1
3, 1, 10, 1
4, 2, 6, 2
6, 6

그림 1.43

각각의 활동은 첫 활동에 비해 복잡할 뿐이지 어려운 규칙을 포함하고 있지는 않습니다. 따라서 학습자들 편차는 있지만 대부분의 학생들이 문제를 쉽게 해결할 수 있습니다. 학습자들이 문제를 해결하였을 경우 선생님께서는 마지막 활동지를 제시합니다. 마지막 활동은 학습자들이 직접 그림 그리기 문제를 출제하는 것입니다.

활동을 통해 알아본 픽셀 표현 방법을 이용해서 학생들이 아래의 그림을 완성할 수 있도록 합니다. 아래 세 개의 그림들은 쉬운 그림부터 어려운 그림 순서로 구성되어 있습니다. 실수로 잘못 표시할 수 있는 상황을 대비하여 연필을 사용해서 표시하도록하세요! (본 페이지는 복사해서 사용가능 합니다.)

〈1번 그림〉

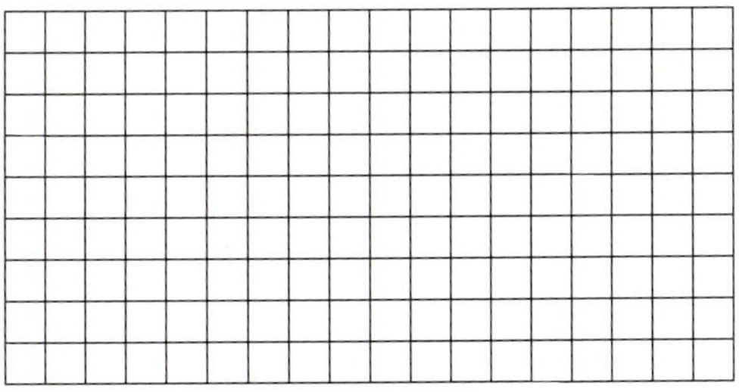

4, 11
4, 9, 2, 1
4, 9, 2, 1
4, 11
4, 9
4, 9
5, 7
0, 17
1, 15

〈2번 그림〉

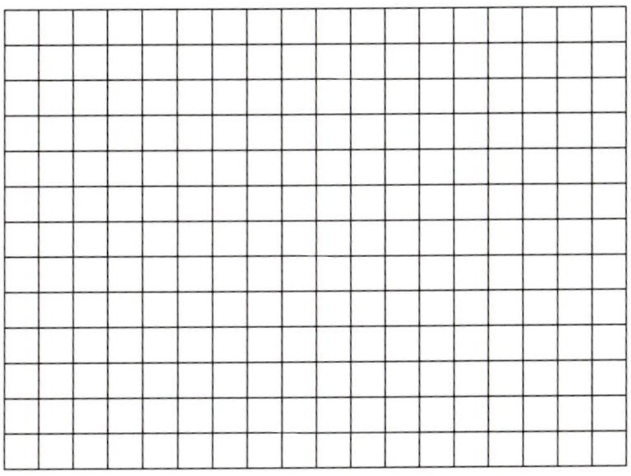

6, 5, 2, 3
4, 2, 5, 2, 3, 1
3, 1, 9, 1, 2, 1
3, 1, 9, 1, 1, 1
2, 1, 11, 1
2, 1, 10, 2
2, 1, 9, 1, 1, 1
2, 1, 8, 1, 2, 1
2, 1, 7, 1, 3, 1
1, 1, 1, 1, 4, 2, 3, 1
0, 1, 2, 1, 2, 2, 5, 1
0, 1, 3, 2, 5, 2
1, 3, 2, 5

〈3번 그림〉

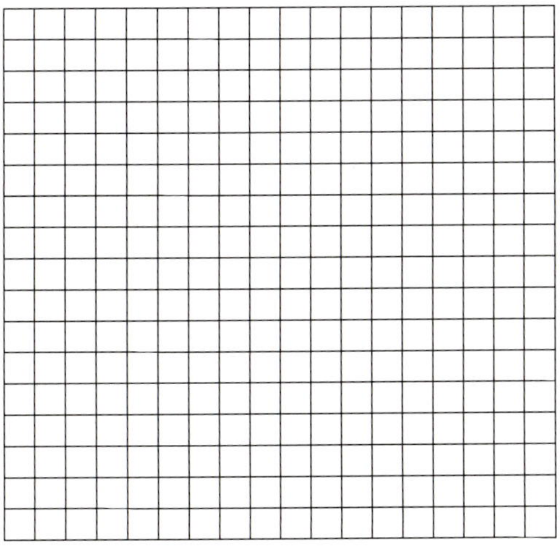

6, 2, 2, 2
5, 1, 2, 2, 2, 1
6, 6
4, 2, 6, 2
3, 1, 10, 1
2, 1, 12, 1
2, 1, 3, 1, 4, 1, 3, 1
1, 2, 12, 2
0, 1, 16, 1
0, 1, 6, 1, 2, 1, 6, 1
0, 1, 7, 2, 7, 1
1, 1, 14, 1
2, 1, 12, 1
2, 1, 5, 2, 5, 1
3, 1, 10, 1
4, 2, 6, 2
6, 6

문제를 출제 하는 방법은 선생님께서 간단히 설명해 주시는 것이 좋습니다. 그림 1.44에서 보시는 것처럼 활동지는 빈 칸과 빈 줄로 구성되어 있습니다. 먼저 문제를 출제하는 학생은 그림을 간단하게 구상하고 잘 지워질 수 있게 모눈종이에 밑그림을 그리도록 합니다. 밑그림이 완성되면 완성된 밑그림을 숫자로 표현해 보도록 합니다. 마지막으로 밑그림을 지우게 되면 문제 출제가 완성됩니다.

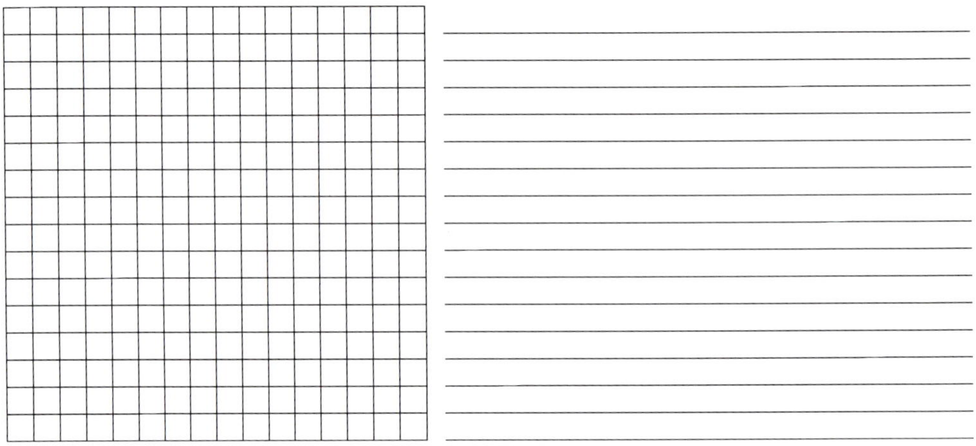

그림 1.44

학생들이 지금까지의 활동을 잘 이해했다면 아래의 내용을 활용해 보세요.

'그림을 그리는 활동지'의 모눈종이에 그림을 그리고, '숫자를 적는 활동지'의 모눈종이 옆 빈 줄에 숫자로 표현해 봅시다. 절취선을 따라 자른 후, '숫자를 적는 활동지'를 친구에게 주고 모눈종이에 그림을 그리도록 합니다.

- 그림을 그리는 활동지(친구가 그린 그림과 비교합니다.)

- 숫자를 적는 활동지(친구가 그림을 그릴 수 있도록 활동지를 줍니다.)

색이 추가된 그림을 만들고 싶다면 색을 대표하는 숫자를 정해서 표현할 수 있습니다(0은 검정색, 1은 빨간색, 2는 초록색 등).

두 개로 이루어진 숫자의 첫 번째 숫자는 이전 활동처럼 색깔이 칠해지는 횟수를 의미하고, 두 번째 숫자는 어떤 색깔인지를 의미합니다. 앞의 활동에서와 같이 먼저 '그림을 그리는 활동지'의 모눈종이에 그림을 그리고 '숫자를 적는 활동지'의 모눈종이 옆 빈 줄에 숫자로 표현한 후 친구에게 아래 부분을 주고 숫자를 보고 그림을 그리도록 합니다. 친구에게 어떤 숫자가 어떤 색을 상징하는지 알려주어야 합니다.

- 그림을 그리는 활동지(친구가 그린 그림과 비교합니다.)

- 숫자를 적는 활동지(친구가 그림을 그릴 수 있도록 활동지를 줍니다.)

이렇게 활동이 마무리 되면 선생님께서는 본 활동이 포함하고 있는 컴퓨터과학 원리를 설명해 주실 수 있습니다.

CS 핵심원리 : 픽셀

현재의 컴퓨터 그래픽 장치에 익숙해져 있는 학습자들에게 흑백 모니터는 고시대의 유물로 느껴질 것입니다. 또한 최근 기술이 접목된 그래픽 이미지는 사람의 눈으로 픽셀을 구분하는 것이 불가능할 정도로 선명한 화질을 제공하고 있습니다. 그러나 이러한 이미지들이 화면에 표현되는 원리는 너무나도 간단합니다. 즉, 점과 관련된 픽셀의 집합에 따라 이미지가 표현되고, 점의 개수에 따라 선명도가 달라진다는 것입니다.

일반적으로 컴퓨터에서 출력되는 이미지는 스캐너와 디지털 카메라 등의 장치로 입력되는 이미지와 컴퓨터상의 그래픽 도구로 구현된 이미지로 나눌 수 있습니다. 이러한 이미지들이 구현되는 방식이 다르더라도 결국 컴퓨터에서 표현되는 이미지는 픽셀의 집합으로 볼 수 있습니다. 픽셀의 집합으로 표현된 대표적인 예가 지금까지 선생님께서 진행하신 활동입니다.

컴퓨터에서 이미지를 표현하는 방식은 여러 가지가 있으나 픽셀의 집합으로 표현된 방식을 비트맵(bitmap) 방식이라고 합니다. 예시 그림에서 볼 수 있듯이 컴퓨터의 이미지를 확대할 경우 계단 현상이 나타나는 것을 본 적이 있으실 것입니다. 다시 말해, 해상도에 비해 지나치게 확대할 경우 그림과 같은 현상이 발생하게 됩니다. 이러한 계단 현상은 확대하였을 경우 확연하게 드러나지만, 그림을 축소할 경우 이러한 현상이 눈에 거의 띄지 않습니다. 픽셀이라는 점 단위의 그림 표현이지만 이 점이 작아질 경우 사람의 눈은 연속된 이미지로 인식하게 됩니다. 연속된 이미지로 인식하게 되면 계단 현상이 드러나지 않는 것이지요.

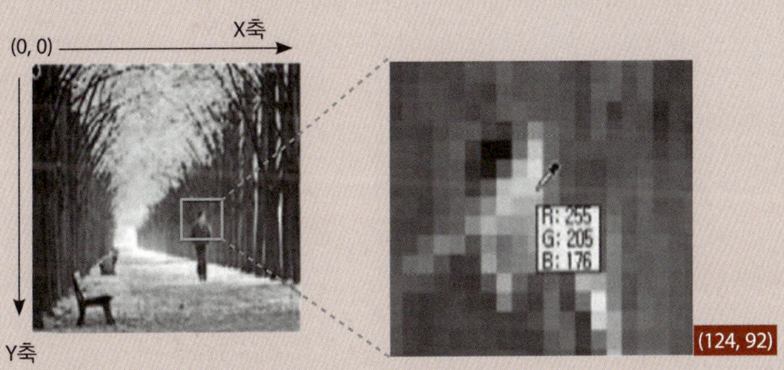

그림 1.45

컴퓨터의 이미지를 표현하는 최소 단위인 픽셀은 세 가지의 색으로 표현됩니다. 바로 적색(Red), 녹색(Green), 청색(Blue)의 색으로 모든 색이 표현됩니다. 그림에서 볼 수 있듯이 흑백 모니터는 1 bit로 2가지의 색을 표현합니다. 두 번째 그림은 4 bit로 16가지의 색으로 구성됩니다. 색의 종류가 많아질수록 실제 색에 가까워지게 되며, 우리의 눈은 그래픽임에도 불구하고 실제로 느끼게 될 수 있습니다. 여기서 해상도가 중요하게 작용할 수 있는데, 해상도는 단위 길이당 표시할 수 있는 픽셀의 수를 말합니다. 출력 장치의 해상도가 높다는 것은 단위 면적에 표현할 수 있는 픽셀의 수가 많으므로 고화질의 표현이 가능하다는 것이고, 이미지 자체의 해상도가 높다는 것은 많은 픽셀을 활용해서 만들어진다는 것입니다.

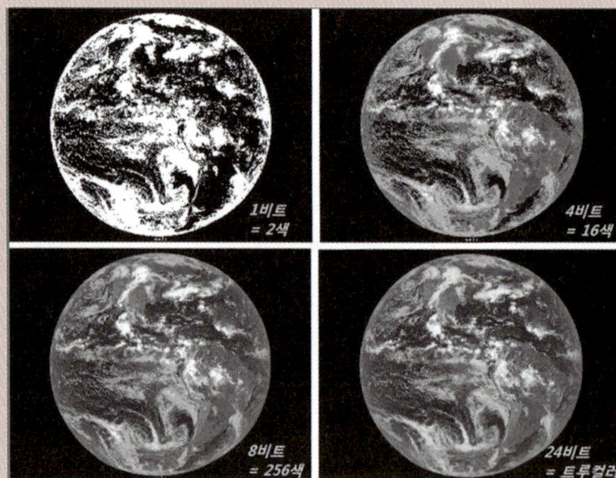

그림 1.46

컴퓨터에서 이미지 표현 방식은 래스터(Raster) 방식과 벡터(Vector) 방식으로 구분할 수 있습니다. 래스터 방식은 지금까지 우리가 알아본 픽셀 단위로 저장하는 방식을 말합니다. 래스터 방식으로 저장된 파일의 크기는 해상도에 비례합니다. 따라서 화면을 확대할 때 화질이 떨어지게 되며 계단 현상이 발생할 수 있습니다. 그러나 벡터 방식은 기하학적인 객체들을 나타내는 그래픽 함수로 표현되는 방식을 말합니다. 수학적 함수에 따라서 처리되므로 파일 크기가 상대적으로 작으며, 화면 확대 시에도 화질의 변화가 나타나지 않습니다. 두 가지 표현 방식은 각각의 장단점이 확연합니다. 벡터 방식의 경우 확대해도 화질의 변화가 나타나지 않지만 사진과 같은 복잡한 이미지의 경우 표현하기가 어렵습니다. 또한 수학적 계산이 요구되므로 복잡도가 올라갈 경우 컴퓨터의 연산 속도가 느려지게 됩니다. 비트맵 방식의 경우 복잡한 이미지 표현이 가능하지만, 기가 픽셀 이미지와 같이 고화질의 이미지를 얻기 위해서는 많은 용량이 요구됩니다.

지금은 많이 활용되지 않지만, 팩스(Fax Machine)는 약 1000 x 2000픽셀로 흑백 종이를 스캔하고, 모뎀을 통하여 다른 팩스로 전송하는 장치입니다. 팩스를 통해서 전송되는 그림은 많은 부분의 여백을 포함하고 있거나, 같은 색으로 칠해져서 표현됩니다. 이러한 대용량의 그림을 저장할 공간을 확보하기 위해서 프로그래머는 다양한 압축기법을 사용할 수 있습니다. 본 활동에서 이미지를 숫자로 표현한 방식은 압축기법의 하나로 '반복 길이 부호화(Run-Length Coding)'라고 불리는 효율적인 압축기법입니다.

만일 대용량 그림을 압축하지 않는다면 전송하는데 많은 시간이 걸리게 되고 저장 공간 또한 더 많이 필요하기 때문에 팩스를 보내거나 사진을 웹에 업로드하는 것이 불가능할 수도 있습니다.

예를 들어, 팩스를 통해서 전송되는 그림은 일반적으로 원본의 1/7로 압축됩니다. 즉, 이러한 압축 과정을 거치지 않는다면 전송하는 데 7배 시간이 더 걸리게 됩니다.

사진 또는 그림을 컴퓨터에 저장하는 경우, 더 많은 그림을 저장하고 인터넷에서 좀 더 빠르게 불러오기 위해서 다양한 압축기법을 이용하여 압축한 상태로 저장할 수 있습니다. 따라서 그림 또는 사진을 효율적으로 저장하기 위해 최적의 압축기법을 사용합니다.

반복 길이 부호화(Run-Length Coding)

간단한 비손실 압축 방법으로써, 데이터에서 같은 값이 연속해서 나타날 때, 반복 횟수와 그 값을 표현하는 방법입니다. 이 방법은 연속된 값이 많이 있는 데이터에 효과적입니다. 예를 들어, 흰 바탕에 검은 글자가 나오는 화면을 생각해 봅시다. 이 화면에는 연속된 흰색 픽셀이 많이 나타나게 될 것입니다.

000000110000100000

(흰색 픽셀 : 0, 검정색 픽셀 : 1)

위의 형태로 입력된 데이터를 '반복 길이 부호화' 방법을 통해서 입력된 데이터를 다음과 같이 압축할 수 있습니다.

60 21 40 11 50

해결 방법과 힌트

활동 1 : 픽셀 이해하기

〈1번 그림〉

〈2번 그림〉

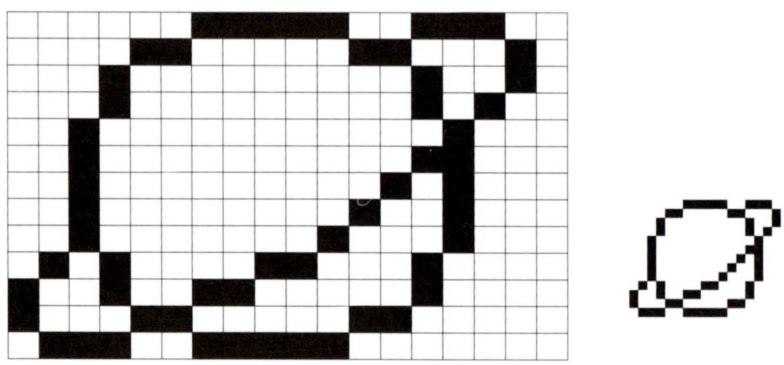

〈3번 그림〉

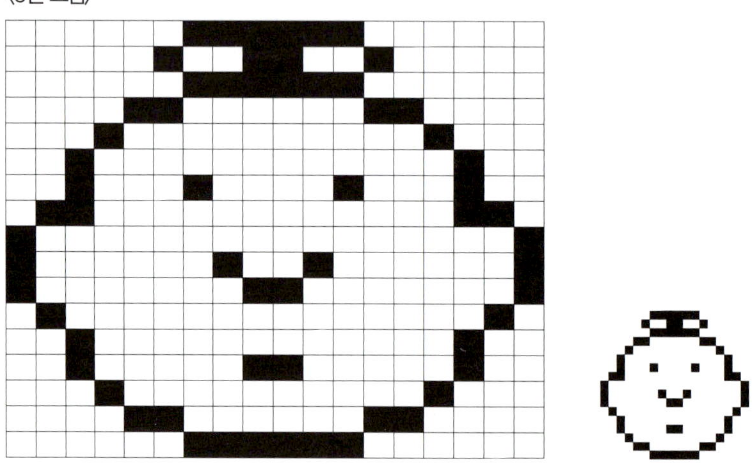

03 학습활동 한 번 더 말할 수 있어! — 문자 압축

_Text Compression

요약

컴퓨터는 정보를 저장할 수 있는 용량이 한정되어 있기 때문에 효율적인 방법으로 저장할 수 있어야 합니다. 여기서 말하는 '효율적인 방법'이란 "압축(Compression)"을 말합니다. 압축 방법에서 압축은 자료를 코드화(Coding)시켜 저장하는 것(Encoding)이고, 압축한 자료를 다시 원래의 형태로 되돌리는 것을 압축해제(Decoding)라고 합니다. 컴퓨터는 자료를 압축함으로써 더 많은 자료를 저장할 수 있고 인터넷상에 더 빠르게 전달할 수 있게 됩니다.

학습활동 01의 활동 5 '빛과 소리로 표현하기'에서 인코딩과 디코딩을 다시 한번 확인하시기 바랍니다.

관련교과

- 2015 중학교 정보 교육 과정
  - 자료와 정보 영역(핵심개념: 자료와 정보의 표현)

활동 및 수업활용 예시

- 활동 1 : 문자 압축하기
- 활동 2 : 숫자로 문자 압축하기
  - ▶ CS 핵심원리 : 압축

* 자세한 준비물은 각 활동에 제시된 '준비물' 내용을 참고하세요.

활동 1 문자 압축하기

수업 설계하기

■ 학습목표

- 문자 압축 방식인 렘펠-지브 알고리즘의 단계를 설명할 수 있다.
- 렘펠-지브 알고리즘을 적용한 압축의 압축률을 계산할 수 있다.
- 문자 압축하기 활동 수업을 효과적으로 진행할 수 있다.

■ 학습내용

- 문자 압축하기
- 문자 압축 풀기 및 압축률 계산하기
- 숫자로 문자 압축하기

■ 핵심키워드

데이터 압축

용어정리

* 데이터 압축(Compression): 데이터 압축은 데이터를 더 적은 저장 공간에 효율적으로 기록하기 위한 기술, 또는 그 기술의 실제 적용을 말합니다. 크게 데이터를 더 작은 크기로 변환시키는 인코딩 과정과 저장된 데이터를 다시 불러와 원래 데이터 형태로 복원시키는 디코딩 과정으로 이루어집니다. 이때 인코딩하기 전의 데이터 크기와 인코딩하고 나서의 데이터 크기의 비율을 압축률이라고 합니다.

압축 기술의 종류에 따라 데이터의 내용을 바꾸지 않고 원래 내용 그대로 디코딩할 수 있는 무손실 압축과 더 높은 압축률을 얻을 수 있지만 디코딩한 데이터의 세부적인 디테일을 일부 희생시키는 손실 압축이 존재합니다. 대표적인 무손실 압축 알고리즘에는 반복 길이 부호화와 허프만 부호화, 산술 부호화 등이 있습니다. 손실 압축 알고리즘은 인간의 감각 기관의 특성을 역이용하여 압축률을 높이므로, 음성, 정지화상, 동영상 등 데이터의 종류에 따라 각각 다른 알고리즘이 사용됩니다. MPEG 표준 압축기술이 많이 사용되고 있습니다.

수업활용 예시

수업활용 예시 1 도입하기

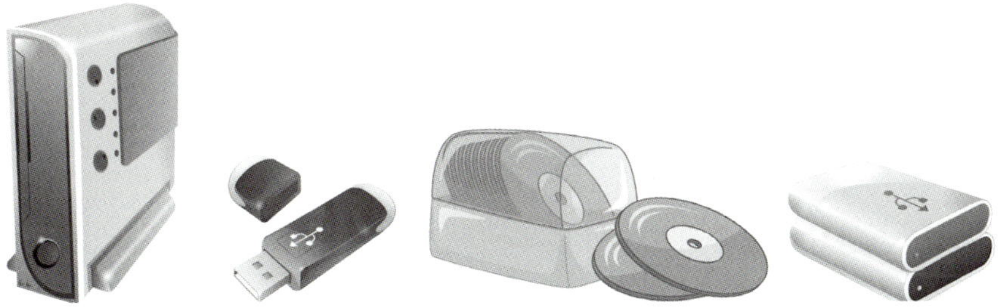

컴퓨터는 데이터를 저장하기 위해 하드디스크나 메모리 등 저장장치를 사용합니다.

요즘에는 1 TB가 넘는 하드디스크도 싼 가격에 구입할 수 있습니다. 그러나 저장장치는 무한정하지 않고 용량이 한정되어 있습니다.

따라서 예전부터 큰 용량의 데이터를 효율적으로 저장하기 위한 다양한 방법들이 개발되어 사용되고 있습니다. 여기에서 효율적인 방법이란 "압축(Compression)"을 의미합니다.

압축은 원본 데이터의 용량을 줄이면서도 나중에 기존의 데이터 형태 그대로 복원할 수 있는 방법을 말합니다. 압축은 데이터를 코드화(Coding)시켜서 저장하고(Encoding), 압축한 데이터는 다시 원래의 데이터로 복원하는 압축해제(Decoding) 과정을 거칩니다.

데이터 압축을 왜 해야 하나요?

컴퓨터는 데이터를 압축함으로써 더 많은 데이터를 저장할 수 있고, 이런 압축 방법을 사용하여 인터넷 상에서 데이터를 보다 더 빠르게 전송할 수 있습니다. 또한 최근에 컴퓨터는 스마트폰이나 스마트워치 처럼 소형화 되고 있으며, 과거처럼 저장장치 용량의 제한이 발생하고 있습니다.

컴퓨터는 다양한 종류의 데이터를 저장하고, 인터넷을 통해 서로 주고 받습니다.

다양한 종류의 데이터 중에서 문자 데이터는 예전부터 압축하여 저장하는 방법이 많이 개발되었습니다.

문자 데이터를 압축해서 저장하면 저장 공간을 절약하고 인터넷에서 자료를 빨리 전달하거나 받을 수 있습니다.

요즘에는 컴퓨터의 저장용량이 매우 확대되고 인터넷 네트워크 속도도 빨라졌지만, 컴퓨터와 인터넷이 생겼던 초창기에는 지금으로서는 상상할 수도 없을 정도의 작은 용량과 인터넷 속도를 이용하였습니다.

수업활용 예시 2 활동하기

첫 번째 활동은 화살표를 이용하여 문자를 압축하는 방법을 배워보는 것입니다.

❶ 활동 1(문자 압축하기)

교사가 준비할 것

준비물: 예제 문장(2개 이상), 빈 종이(모둠별 1장 이상)

교사는 학생들의 수준을 고려하여 한글 또는 영어로 된 문장을 선택할 수 있습니다. 선택할 문장은 중복된 글자가 포함되어야 합니다.

활동 순서는 다음과 같습니다.

1. 학생들에게 2개 이상의 단어로 구성된 문장을 보여주고, 압축할 수 있는 방법을 질문합니다.
2. 화살표를 이용하여 문장을 압축하는 방법을 설명합니다.
3. 2명이 짝을 이뤄서 서로 문제를 만들고 풀어보도록 합니다.
4. 정확히 문제를 풀었는지 다른 문제를 제시하여 확인합니다.

화살표를 이용하여 문장을 압축하는 방법은 다음과 같습니다.

예제문장 Pitter Patter

1. 다음 문장을 보고 중복되는 글자를 찾아봅시다. 2번 이상 반복되는 글자나 단어가 있나요?
2. 2번 이상 반복되는 문자 또는 단어가 있다면 모두 네모로 표시합니다.
3. 가장 먼저 반복이 시작되는 문자 또는 단어를 제외하고 그 다음으로 반복되는 문자 또는 단어는 네모상자만 놓고 안의 글자는 지웁니다.
4. 그리고 가장 첫 번째로 반복되는 문자 또는 단어의 네모상자에 화살표로 연결을 합니다.
5. 최종 완성된 형태는 다음과 같습니다.

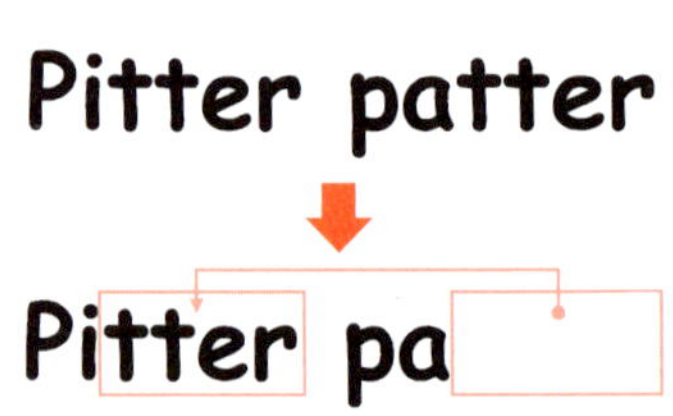

❷ 활동 2(문자 압축 풀기)

압축된 문장을 다시 원래 문장으로 되돌리는 과정을 디코딩이라고 합니다.

이번 활동은 네모상자와 화살표로 압축된 글자를 보고 원래 문장으로 압축을 풀어보는 활동입니다.

> **교사가 준비할 것**
> **준비물:** 문제(1개 이상)

교사는 학생들의 수준을 고려하여 한글 또는 영어로 된 문장을 선택할 수 있습니다. 선택할 문장은 중복된 글자가 포함되어야 합니다.

활동 순서는 다음과 같습니다.

1. 학생들에게 2개 이상의 단어로 구성되어 있으며 압축되어 있는 문장을 보여주고, 압축 푸는 방법을 질문합니다.
2. 화살표를 이용하여 압축을 해제하는 방법을 설명합니다.
3. 2명이 짝을 이뤄서 서로 문제를 만들고 풀어보도록 합니다.
4. 정확히 문제를 만들고(압축), 정확히 문제를 풀었는지(압축해제) 확인합니다.

화살표를 이용하여 압축된 문장을 해제하는 방법은 다음과 같습니다.

첫째, 가장 첫 번째로 비어있는 네모상자를 찾습니다.
둘째, 화살표가 가리키는 곳의 글자 또는 단어를 확인하여 빈 네모상자에 옮겨 적습니다.
셋째, 마지막 빈 네모상자에 글자를 채울 때까지 반복합니다.

예제문장

빈 네모상자가 가리키는 곳의 글자를 그대로 작성하면, Pitter Patter가 됩니다.

자, 이제 다음 영시를 봅시다.
글자나 단어는 거의 없고 많은 부분이 빈 네모상자와 화살표로 구성되어 있습니다.
빠진 문자와 단어를 채워봅시다.
앞에서 알려준 방법대로 화살표가 가리키고 있는 네모상자를 이용하도록 합니다.

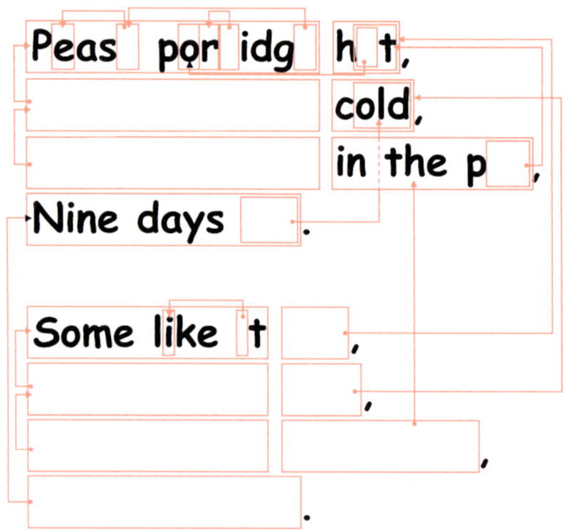

(학습자가 직접 빈 칸에 글자를 적어 볼 수 있도록 아래의 학습도구를 활용합니다.)

정답은 다음과 같습니다.

Pease porridge hot,
Pease porridge cold,
Pease porridge in the pot,
Nine days old.

Some like it hot,
Some like it cold,
Some like it in the pot,
Nine days old.

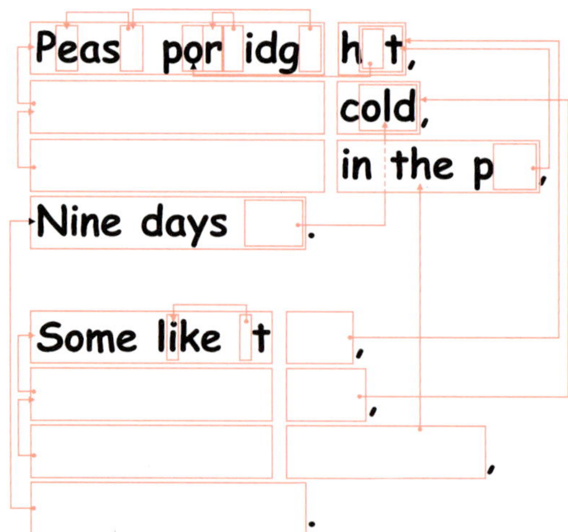

그림 1.47 화살표를 이용해서 압축하기

수업활용 예시 3 모둠 활동하기

자, 이제 2명씩 짝을 이뤄서 서로 문제를 만들어 봅시다.

교사가 준비할 것

준비물: 빈 종이(개인별 1장), 데스크탑/노트북(인터넷 검색 용) 또는 여러 개의 시나 동요 가사

교사는 학생들이 시나 동요를 검색할 수 있는 방법을 제공하거나, 불가능할 경우 학생들이 사용할 수 있도록 여러 개의 시와 동요를 미리 준비합니다.

교사 TIP 학생들이 시나 동요 가사를 검색하기 어려운 경우, 미리 비슷한 수준의 압축 문제를 2개 만들어 서로 풀어보도록 할 수도 있습니다.

- **예제**

다같이 돌자 동네 한바퀴
아침 일찍 일어나 동네 한바퀴
우리모두 나팔꽃 인사합니다
우리도 인사하며 동네 한바퀴
바둑이도 같이 돌자 동네 한바퀴

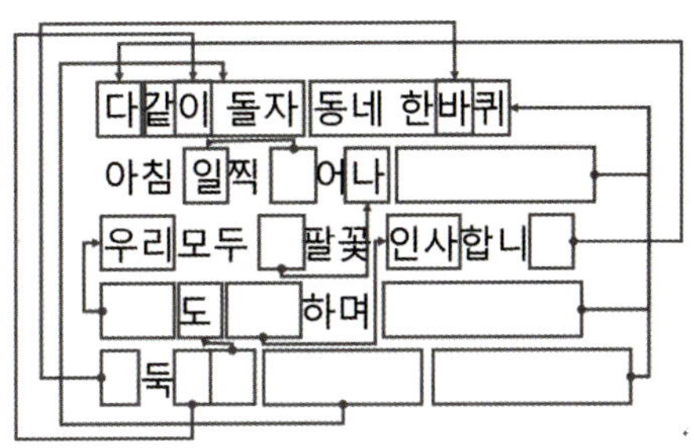

수업활용 예시 4 토론하기

활동이 끝난 후, 다음 사항으로 토론할 수 있습니다.

1. 어떤 시나 동요 가사가 많이 압축 되었나요? 반대로 어떤 경우에 압축이 많이 안 될까요?
   - 선택한 시나 동요 가사에서 반복된 글자나 단어가 많을수록 압축이 많이 됩니다.
   - 반대로 중복되는 글자나 단어가 없을수록 압축되는 부분이 줄어듭니다.

2. 얼마나 압축 되었는지는 어떻게 계산할 수 있을까요?
   - 가장 간단한 방법은 처음 글자 수에서 압축되고 남은 글자 수의 비율을 계산하면 됩니다.

     예를 들어 "동네 한바퀴" 같은 경우, 압축 전 글자 수는 59자 이고, 압축되고 남은 글자 수는 30자 입니다.

     즉, 압축률은 30/59, 약 51%입니다.

활동 2 숫자로 문자 압축하기

수업활용 예시

수업활용 예시 1 활용하기

교사가 준비할 것
준비물: 문제(1개 이상)

교사는 학생들의 수준을 고려하여 한글 또는 영어로 된 문장을 선택할 수 있습니다.
선택할 문장은 중복된 글자가 포함되어야 합니다.

활동 순서는 다음과 같습니다.

1. 학생들에게 Banana가 압축된 그림을 보여주고 압축을 풀어 봅니다.
2. 숫자를 이용하여 압축하는 방법을 설명합니다.
3. 2명이 짝을 이뤄서 서로 문제를 만들고 풀어보도록 합니다.
4. 정확히 문제를 만들고(압축), 정확히 문제를 풀었는지(압축해제) 확인합니다.

다음과 같이 압축된 단어가 있습니다.
어떻게 압축을 풀 수 있을까요?

압축을 풀면 Banana입니다.
이처럼 압축을 하다 보면 참조하는 네모상자가 겹치게 되는 경우가 있습니다.
이런 경우에도 당황하지 않고 문자를 왼쪽에서 오른쪽으로 순서대로 작성하면 압축을 풀 수 있습니다.

이처럼 네모상자와 화살표를 이용하면 어떤 문자가 와도 압축할 수 있습니다.
그런데 컴퓨터에서는 어떻게 압축된 내용을 표현할까요?
컴퓨터는 네모상자와 화살표가 아닌 숫자를 이용하여 표현할 수 있습니다.

이번 활동은 네모상자와 화살표가 아닌 숫자를 이용하여 문자를 압축해 보도록 하겠습니다.

컴퓨터가 Banana를 압축하는 방법은 다음과 같습니다.

1. Banana를 네모상자와 화살표를 가지고 압축합니다.
2. 참조되는 첫 번째 네모상자가 시작되는 위치를 확인합니다. Banana에서는 2입니다.
3. 네모상자의 크기를 확인합니다. Banana에서는 3입니다.
4. Ban(2,3)으로 표시합니다.

Ban___

제대로 압축되었는지 확인해 봅시다.

1. Ban(2,3)에서 2번째에 위치한 a를 작성합니다. "3"은 연속하는 문자 3개를 복사하라는 의미입니다.

Bana__

2. 그 다음 두번째 글자인 n을 작성합니다.

Banan_

3. 마지막 3번째 글자인 a를 작성합니다.

Banana

Bana__
Banan_
Banana

그림 1.48

수업활용 예시 2 토론하기

설명이 끝난 후, 다음 사항으로 토론할 수 있습니다.

1. 숫자를 이용하여 문자를 압축하는 방법으로는 압축률을 어떻게 계산할 수 있을까요?
   - 처음 글자 수 대비 압축된 글자 수와 추가로 2개의 저장공간을 계산하면 됩니다.
     Ban(2,3)의 경우 5/6, 약 83%입니다.

2. 압축하는 것이 데이터 저장 공간을 절약하는 데 무조건 좋을까요?
   - Banana 단어를 압축하는 데 (2,3)과 같이 2개의 숫자가 필요합니다.
     Banana를 그대로 저장하는 경우 6개가 필요하고 압축할 경우 Ban(2,3)으로 5개의 공간이 필요합니다.
     따라서 Banana를 압축하면 저장 공간을 절약할 수 있습니다.

그러나 한 글자를 압축하는 데 추가로 2개의 저장 공간이 필요하게 되므로, 한 글자를 압축하는 데는 비효율적입니다.
즉, 압축하는 대상 문자에 따라 압축률이 나쁠 수 있으므로 무조건 좋지는 않습니다.

이제 2명이 짝을 이뤄 서로 압축 해제 문제를 만들어 봅시다.
2개 이상의 문자가 조합된 단어를 선택해서 압축합니다.
압축한 것을 짝에게 전달하여 원래의 단어로 풀어내는지 확인합니다.

수업활용 예시 3 주의사항

문자 압축하기 활동은 문자 압축과 압축 풀기 및 숫자를 이용하여 문자를 압축하는 방법을 다양한 문제를 풀어봄으로써 이해하는 활동입니다.

목적 달성을 위해 고려할 점

본 활동은 문자 압축의 필요성과 럼펠-지브 압축 방식을 이해하는 것입니다.

압축의 필요성을 학생들에게 인식시키기 위해 실제 생활에서 겪는 사례를 제시하면 좋습니다.

또한 럼펠-지브 압축 방식의 각 단계를 정확히 이해할 수 있도록 다양한 문제를 제공하고, 각 문제별 압축률을 계산하는 과정을 통해 압축 방식의 장단점을 이해할 수 있도록 제공하는 것이 좋습니다.

활동 진행 과정에서 고려할 점

문자 압축하기 활동은 주로 교사의 설명 이외에 개인 또는 짝 끼리 문제를 풀거나 만드는 과정으로 진행됩니다.

따라서 학생들이 문제를 푸는 활동이 지루하거나 어렵게 느껴지지 않도록 주의해야 합니다.

특히 학생들이 직접 다양한 문제를 만들어 보게 함으로써 활동에 적극적으로 참여할 수 있도록 유도해야 합니다.

차시수업 설계

문자 압축하기 활동 수업은 1~2차시 분량으로 수업을 계획할 수 있습니다.

1차시 분량으로 계획할 경우, 모둠별로 문제를 만들어서 풀어보는 모둠 활동을 조절하여 계획할 수 있습니다.

2차시 분량으로 계획할 경우, 각 세부 활동별로 모둠 활동을 진행할 수 있습니다.

차시별 수업 내용 예시

1차시

- 도입
- 문자 압축하기 활동 진행
- 문자 압축 풀기 활동 진행
- 수업 정리하기

2차시

- 도입 및 지난 시간 회상

- 숫자로 문자 압축하기 활동 진행
- 수업 정리하기
- CS 원리 설명

정리하기

- 문자 압축하기

Pitter Patter를 다음과 같이 압축할 수 있습니다.

1. 다음 문장을 보고 중복되는 글자를 찾아봅시다. 2번 이상 반복되는 글자나 단어가 있나요?
2. 2번 이상 반복되는 문자 또는 단어가 있다면 모두 네모로 표시합니다.
3. 가장 먼저 반복이 시작되는 문자 또는 단어를 제외하고 그 다음으로 반복되는 문자 또는 단어는 네모상자만 놓고 안의 글자는 지웁니다.
4. 그리고 가장 첫번째로 반복되는 문자 또는 단어의 네모상자에 화살표로 연결을 합니다.

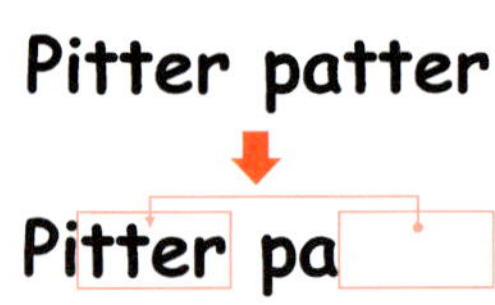

- 문자 압축 풀기

1. 가장 첫 번째로 비어있는 네모상자를 찾은 후, 화살표가 가리키는 곳의 글자 또는 단어를 확인하여 빈 네모상자에 옮겨 적습니다.
2. 마지막 빈 네모상자에 글자를 채울 때 가지 1번을 반복합니다.

빈 네모상자가 가리키는 곳의 글자를 그대로 작성하면, Pitter Patter가 됩니다.

- 숫자로 문자 압축하기

1. Banana를 네모상자와 화살표를 가지고 압축합니다.
2. 참조되는 첫 번째 네모상자가 시작되는 위치를 확인합니다. Banana에서는 2입니다.
3. 네모상자의 크기를 확인합니다. Banana에서는 3입니다.

4. Ban(2,3)으로 표시합니다.

Banana → Ban(2,3)의 압축률은 처음 글자 수 대비 압축된 글자 수와 추가로 2개의 저장공간을 계산하면 됩니다.

Ban(2,3)의 경우 5/6, 약 83%입니다.

참고문헌

1. 데이터 압축, https://ko.wikipedia.org/wiki/데이터_압축
2. 엔트로피 부호화, https://ko.wikipedia.org/wiki/엔트로피_부호화
3. 사전기반 부호화, https://ko.wikipedia.org/wiki/사전기반_부호화
4. 런 렝스 부호화, https://ko.wikipedia.org/wiki/런_렝스_부호화
5. 놀이로 배우는 컴퓨터 과학, 휴먼싸이언스, Tim Bell, Lan H. Witten, Mike Fellows 저, 이원규 외 공역(2010)

CS 핵심원리 : 압축

컴퓨터 저장 장치의 용량은 지난 수년 간 믿을 수 없는 속도로 발전하였습니다.
그러나 우리는 발전속도에 비례하여 더 많은 자료를 컴퓨터에 저장하려고 합니다.
컴퓨터에 저장 공간만 충분하다면 많은 분량의 책 뿐만 아니라 음악들과 영화들도 원하는 만큼 저장할 수 있습니다.
또한 인터넷에 있는 용량이 큰 문서를 빠르게 다운로드 받을 수 있습니다.

한편으로 우리는 스마트폰이나 스마트워치 처럼 크기가 작은 정보기기에 많은 정보를 저장하고 싶어 합니다.
이럴 때 우리는 추가적인 저장 장치를 더 구입하거나 인터넷 속도를 더 빠르게 할 필요 없이 자료를 효율적으로 압축하면 됩니다.
자료를 압축하고 압축을 푸는 것은 컴퓨터가 자동으로 수행해 줍니다.
압축 과정은 우리에게 저장 장치에 더욱 많은 자료를 저장할 수 있다는 사실과 더욱 빠르게 열리는 웹 페이지를 경험할 수 있게 해 줍니다.

압축하는 기법은 다양하게 개발되어 왔습니다.
본 학습활동에서 소개한 화살표를 가리켜 압축을 하는 기법은 1970년대 두 명의 이스라엘 교수가 개발한 것으로, "럼펠-지브 코딩 (Lempel-Ziv coding), LZ"라고 부릅니다.
이 압축기법은 모든 언어에 사용할 수 있고, 자료를 1/2로 쉽게 압축할 수 있습니다.
일반적으로 이 방법은 집(ZIP)으로 불리며 GIF 이미지와 빠른 속도의 랜카드에서 사용됩니다.
그 밖에 다양한 압축 알고리즘이 있습니다.
보통 압축 알고리즘은 엔트로피 인코딩 방식과 사전 인코딩 방식으로 분류할 수 있습니다.
엔트로피(Entropy) 코딩 방식은 심볼이 나올 확률에 따라 심볼을 나타내는 코드의 길이를 달리하는 부호화 방식입니다.
대표적으로 허프만(Huffman) 인코딩 방식, 산술(Arithmetic) 인코딩 방식이 있습니다.

사전 코딩 방식은 데이터 구조(사전 기반 부호화에서 '사전'이 의미하는 것)가 담고 있는 문자열의 집합과 압축된 텍스트 사이에서 일치하는 항목을 찾아 동작하는 압축 방식 입니다.
대표적으로 LZ77, LZW 방식이 있습니다.

본 활동에서 사용된 럼펠-지브 코딩 방식은 사전 코딩 방식 입니다.
하지만 이런 압축 기법들은 알고리즘 차원이며, 실제로 .zip나 .rar 같은 압축 파일을 생성하는 압축 프로그램에서는 하나의 알고리즘이 아닌 다양한 압축 알고리즘을 혼합하여 사용하고 있습니다.

04 학습활동 카드 뒤집기 마술 — 에러 검출과 수정

_Error Detection and Correction

요약

많은 사람들이 데이터는 기억 장치에 저장하거나, 네트워크를 통해 다른 컴퓨터로 전송하는 과정에서 변화가 없을 것이라고 생각합니다. 그러나 때로는 작업을 수행하는 과정에서 뜻하지 않게 데이터가 변하기도 합니다. 작업 수행중 데이터에 에러가 있을 때 어떻게 검출해내고 수정할 수 있을까요? 에러를 검출하기 위한 마술을 시작해 보겠습니다.

관련교과

- 2015 중학교 정보 교육 과정
  - 자료와 정보영역(핵심개념: 자료와 정보의 분석)

활동 및 수업활용 예시

- 활동 1 : 카드 뒤집기 마술
- 활동 2 : 책 검증 서비스
  - ▶ CS 핵심원리 : 에러 검출

* 자세한 준비물은 각 활동에 제시된 '준비물' 내용을 참고하세요.

활동 1 카드 뒤집기 마술

수업 설계하기

■ 학습목표

- 에러 검출 및 수정 방법의 필요성을 설명할 수 있다.
- 패리티 기법과 체크섬 기법의 방법과 특징을 설명할 수 있다.
- 카드 뒤집기 마술 활동 수업을 효과적으로 진행할 수 있다.

■ 학습내용

- 카드 뒤집기 마술 – 패리티 비트 기법
- 책 검증 서비스 – 체크섬 기법

■ 핵심키워드

- 에러 검출, 에러 수정, 패리티 비트, 체크섬

용어정리

* **패리티 비트(Parity bit):** 패리티 비트는 정보 전달 과정에서 에러가 생겼는지를 검사하기 위해 추가된 비트입니다. 전송하려고 하는 데이터의 각 문자에 1비트를 더하여 전송하는 방법으로, 홀수 패리티 비트와 짝수 패리티 비트 이렇게 2가지 종류의 패리티 비트가 있습니다. 에러 검출 부호에서 가장 간단한 형태입니다.
* **체크섬(Checksum):** 체크섬은 중복 검사의 한 형태로, 에러 정정을 통해, 공간(전자 통신)이나 시간(기억 장치) 속에서 송신된 자료의 무결성을 보호하는 단순한 방법입니다. 기본적인 메시지 구성 요소를 추가하여 결과값을 저장함으로써 동작합니다. 나중에 누구나 데이터에 같은 작업을 수행할 수 있고, 무결성 검사에 대한 결과를 비교할 수 있으며, (체크섬이 맞아 떨어지는지 확인해봄으로써) 메시지가 손상되지 않았다고 결론을 내릴 수 있습니다.

수업활용 예시

수업활용 예시 1 도입하기

대부분의 사람들은 데이터를 컴퓨터 하드디스크나 USB 메모리 장치 같은 저장장치에 저장하거나, 이메일 또는 채팅 프로그램을 이용하여 파일을 주고 받는 과정에서 데이터가 그대로, 변화 없이 저장될 것이라고 기대합니다. 그러나 사람들의 기대와는 달리 데이터가 저장되거나 전송되는 과정에서 뜻하지 않게 변하는 경우도 있습니다.

이럴 경우, 원본 데이터가 변화되었는지를 어떻게 알 수 있을까요?

컴퓨터과학자들은 데이터를 저장하거나 전송하는 과정에서 데이터가 변화되었는지 즉, 에러가 발생했는지를 발견하는 것이 필요함을 깨닫고 다양한 방법을 고안해 냈습니다.

그리고 에러가 발생하면 원래의 정상적인 데이터로 복구하는 방법까지 고안해 냈습니다.

어떻게 원래의 데이터로 다시 돌아갈 수 있을까요?

데이터가 변화되었을 때 어떻게 발견하는지, 그리고 원래 데이터로 어떻게 복구하는지를 보여주도록 하겠습니다.

학생들은 이번 활동을 통해 CS 핵심원리를 쉽게 이해하고, 실생활에서 활용되는 내용을 알게 될 것입니다.

수업활용 예시 2 활동하기(카드 뒤집기 마술)

이번 활동은 어떤 카드가 원래와 다르게 뒤집었는지 보지 않고 맞출 수 있는 카드 마술입니다.

❶ 활동 1(카드 뒤집기 마술)

교사가 준비할 것

준비물: 양면이 서로 다른 색인 카드 36장

- 칠판에 카드를 붙일 수 있으면 좋습니다.
- 양 면이 흑백으로 된 카드를 준비하면 좋습니다.

활동 순서는 다음과 같습니다.

1. 교사는 모든 학생들이 볼 수 있도록 칠판에 25개의 카드를 가로 5줄과 세로 5줄로 앞뒤 구분없이 붙입니다.

2. 학생 한 명을 선택하여 학생 마음에 드는 형태로 카드를 배치하게 합니다.
3. 학생의 배치가 끝나고 나면 교사는 가로 1줄과 세로 1줄을 추가합니다.
   교사는 무작위로 카드를 배치하는 것 처럼 보이지만 실제로는 각 줄에 검정색 카드의 개수가 짝수가 되도록 배치합니다.

TIP 여기서 교사는 학생들이 눈치 채지 못하도록 검정색이나 흰색을 선택하여 해당 색의 카드가 짝수가 되도록 배치합니다. 즉, 학생이 배치해 놓은 카드를 보고 가로줄, 세로줄 모두 검정색은 짝수 개가 보이도록 배치합니다.

4. 교사는 학생에게 카드 한 장을 뒤집게 합니다. 그리고 학생이 카드를 뒤집는 동안 교사는 등을 돌려 보지 않습니다.
5. 교사는 카드 배치를 보고 학생이 어떤 카드를 뒤집었는지 맞춥니다.
   이전 단계에서 교사가 검정색 카드의 개수가 모두 짝수가 되도록 배치를 해 놓았습니다. 따라서 가로 세로 줄에서 검정색 카드가 홀수가 되는 위치를 찾으면 됩니다.
6. 어떻게 맞출 수 있었을지 학생들에게 물어봅니다.

수업활용 예시 3 활동하기(카드 마술 따라하기)

이제 학생들에게 이 카드 마술의 비밀을 소개할 차례입니다.

❷ 활동 2(카드 마술 따라하기)

교사가 준비할 것
준비물: 학생 모둠 수에 맞게 카드 세트(36장) 준비

활동 순서는 다음과 같습니다.

1. 학생 2명이 1모둠이 되도록 구성하고, 각 모둠별로 카드 36장을 제공합니다.
2. 먼저 25장의 카드를 이용하여 가로 5줄, 세로 5줄을 배치하도록 합니다.
3. 가로 줄과 세로 줄에 검정색 카드가 몇 개 있는지, 그리고 홀수 인지 짝수 인지 물어봅니다.
4. 검정색 카드가 짝수 개가 되도록 가로와 세로 줄에 한 장의 카드를 더 추가하도록 합니다. 그리고 이 여분의 카드를 패리티(Parity) 카드라고 소개합니다.
5. 이 전 교사가 학생에게 주문했던 대로, 카드 한 장을 뒤집게 합니다. 가로 줄과 세로 줄에 어떤 변화가 일어나는지 확인해 보도록 합니다.
6. 가로, 세로에서 검정색 카드의 개수가 홀수인 줄을 찾으면 뒤집힌 카드를 찾을 수 있습니다.

교사 TIP 카드가 아니라 다른 물체를 사용할 수 있습니다. 학생들에게 어떤 물체를 사용하면 카드 마술 쇼를 진행할 수 있을지 물어봅니다. 어떤 물체든지 두 개의 '상태'를 가지는 물체는 어느 것이나 상관없습니다. 예를 들면 놀이 카드, 동전(앞면이나 뒷면), 0과 1이 인쇄되어 있는 카드를 사용할 수 있습니다.

활동이 끝나고 나면 학생들과 다음 사항에 대해서 토론해 봅시다.

1. 카드 뒤집기 마술은 검정색 카드를 짝수로 맞추는 짝수 패리티를 사용했습니다. 홀수 패리티를 사용해도 동일하게 카드를 찾을 수 있을까요?

   카드를 찾을 수 있습니다. 그 대신 뒤집힌 카드가 있는 가로 줄과 세로 줄에는 검정색 카드의 개수가 짝수 개일 것입니다. 하지만 패리티로 배치한 카드들 중에서 가로와 세로가 만나는 패리티 카드는 가로와 세로 줄 모두 다 짝수이거나 홀수여야 제대로 동작합니다. 예를 들면, 5 × 9나 4 × 6배치는 잘 동작하지만 3 × 4와 같이 홀수와 짝수, 짝수와 홀수 조합은 제대로 동작하지 않습니다.

2. 만약 두 개 이상의 카드가 뒤집히면 어떤 일이 일어날까요? 뒤집힌 카드를 모두 찾을 수 있을까요?

수업활용 예시 4 **토론하기**

1. 만약 두 개 이상의 카드가 뒤집히면 어떤 일이 일어날까요? 카드 4개가 뒤집혔다면 어떤 일이 일어날까요?
   - 카드 2개가 변경되면 변경이 생겼다고 말할 수 있지만 어떤 두 개의 카드가 뒤집혔는지 항상 정확히 알 수 있는 것은 아닙니다. 두 쌍의 카드 중 하나로 좁힐 수는 있을 것입니다.
   - 카드 4개가 변경되면 모든 패리티 비트가 옳게 판단될 수 있고, 에러를 찾아 내지 못할 수도 있습니다.

2. 이 카드 학습활동에서 색이 있는 카드의 숫자를 짝수로 해서 짝수 패리티(Parity)를 사용했습니다. 홀수 패리티(Parity)를 사용해서도 할 수 있을까요?
   - 가능합니다. 하지만 패리티로 배치한 카드들 중에서 행과 열이 만나는 패리티 카드는 행과 열이 둘 다 짝수이거나 홀수여야 제대로 동작합니다. 예를 들면, 5×9나 4×6배치는 잘 동작하지만 3×4는 되지 않습니다.

두 개 이상의 카드가 뒤집히면 뒤집힌 카드를 찾을 수 없습니다. 예를 들어 짝수 패리티를 사용하여 카드를 배치한 후, 같은 줄에 위치한 카드 2장이 뒤집혔다고 가정해 보면, 그 줄의 검정색 카드의 개수는 짝수개가 됩니다. 그러면 그 줄은 이상이 없다고 판단할 수 있습니다. 따라서 패리티 카드를 사용한 방법은 오직 1장의 바뀐 카드만 찾을 수 있습니다.

활동 2 책 검증 서비스

수업활용 예시

수업활용 예시 1 10자리 활동

우리가 책을 구매하면 책의 뒷부분에 ISBN이라는 글씨와 숫자가 있습니다.

ISBN(International Standard Book Number)을 사용하여 주문한 책이 정상적으로 출판된 책인지, 아닌지 알아보도록 하겠습니다.

❸ 활동 3(책 검증 서비스)

> **교사가 준비할 것**
> **준비물:** 10자리의 ISBN이 표시되어 있는 책
> 학생들에게 최근에 구매한 책을 가져오게 할 수도 있습니다.

책 검증 서비스는 책이 정상적인 과정을 통해 출판사에서 발행된 책인지 여부를 확인해 주는 서비스입니다.

책 검증 방법은 다음과 같습니다.

1. 책에 표시된 10자리의 ISBN 번호를 확인합니다.
2. 1번째 숫자에는 10, 2번째 숫자에는 9, 3번째 숫자에는 8을 곱하는 방식으로 숫자를 줄이면서 9번째 숫자까지 계산한 뒤, 각각의 값을 더합니다.
   예를 들어 ISBN이 0-13-911991-4로 주어졌을 때 172를 얻을 수 있습니다.
   $(0 \times 10) + (1 \times 9) + (3 \times 8) + (9 \times 7) + (1 \times 6) + (1 \times 5) + (9 \times 4) + (9 \times 3)$
   $+ (1 \times 2) = 172$

3. 이전 단계에서 얻은 합계를 11로 나눈 나머지를 구합니다. 예를 들어 합계가 172라면 나머지는 7 입니다.
   172 ÷ 11 = 15 나머지 7

4. 이전 단계에서 얻은 나머지 값이 0 이면, 그대로 0이고, 0이 아니라면 11에서 나머지를 뺀 값을 확인합니다. 즉, 11 − 나머지 = B일 때, B 값의 이름은 체크섬(Checksum)입니다. 예를 들어 나머지가 7이면 4가 체크섬이 됩니다.
   11 − 7 = 4

5. ISBN의 마지막 숫자가 이전 단계에서 얻은 체크섬 값과 일치하는지 확인합니다. 예를 들어 체크섬이 4이고 ISBN의 마지막 값이 4인지 확인합니다.
   만약 마지막 숫자가 4가 아니라면 이상이 생긴 것입니다.

학생들에게 각자 자신이 가지고 있는 책 중에서 10자리의 ISBN을 찾아 제대로 되어 있는지 확인해 보도록 합니다.

책 검사하기!

탐정 블록버스터

책 탐지 서비스 주식회사

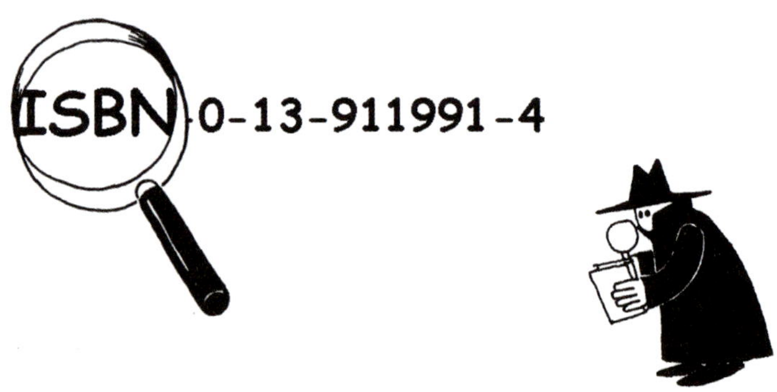

적은 요금으로 ISBN 검사합계(Checksums)를 확인해 드립니다.

저희 대행 회사에 참여하여 교실과 도서실의 진짜 ISBN 코드를 검사해 보세요.

수업활용 예시 2 13자리 활동

이번에는 13자리 ISBN 코드로 체크섬(Checksum)을 확인하는 방법을 알아봅시다.

교사가 준비할 것

준비물: 13자리의 ISBN이 표시되어 있는 책

책 검증 방법은 다음과 같습니다.

1. 책에 표시된 13자리의 ISBN 번호를 확인합니다.

2. 1번째 숫자에는 1, 2번째 숫자에는 3, 3번째 숫자에는 1을 곱하는 방식으로 1,3,1,3을 순서대로 12번째 숫자까지 곱한 뒤, 각각의 값을 더합니다. 예를 들어 ISBN이 978-3-16-148410-0로 주어졌을 때 100을 얻을 수 있습니다.
   $(9 \times 1) + (7 \times 3) + (8 \times 1) + (3 \times 3) + (1 \times 1) + (6 \times 3) + (1 \times 1)$
   $+ (4 \times 3) + (8 \times 1) + (4 \times 3) + (1 \times 1) + (0 \times 3) = 100$

3. 이전 단계에서 얻은 합계를 10으로 나눈 나머지를 구합니다. 예를 들어 합계가 100이라면 나머지는 0입니다.
   100 ÷ 10 = 10 나머지 0

4. 이전 단계에서 얻은 나머지 값이 0이면, 그대로 0이고, 0이 아니라면 10에서 나머지를 뺀 값을 확인합니다. 10자리 ISBN과 마찬가지로 10 − 나머지 = B일 때, B 값의 이름은 체크섬(Checksum)입니다. 예를 들어 나머지가 0이면 그대로 0이 체크섬입니다. 나머지가 1이었다면 10 − 1 = 9이므로 9가 체크섬이었을 것입니다.

5. ISBN의 마지막 숫자가 이전 단계에서 얻은 체크섬 값과 일치하는지 확인합니다. 예를 들어 체크섬이 0이고 ISBN의 마지막 값이 0인지 확인합니다. 만약 마지막 숫자가 0이 아니라면 이상이 생긴 것입니다. 정상적인 ISBN이 아닙니다.

학생들에게 각자 자신이 가지고 있는 책 중에서 13자리의 ISBN을 찾아 제대로 되어 있는지 확인해 보도록 합니다.

활동이 끝나고 나면 학생들과 다음 사항에 대해서 토론해 봅시다.

1. 체크섬을 활용한 책 검증 방법을 이용해서 에러를 수정할 수 있을까요?
   - 체크섬 기법은 데이터에 에러가 있는지 없는지 여부를 확인할 수 있습니다. 하지만 어디에 에러가 발생했고 원래 데이터가 무엇이었는지를 찾을 수는 없습니다. 그래서 체크섬 기법은 일반적으로 데이터를 다시 보내달라고 요청하는데 사용합니다.
2. 모든 에러를 다 검출할 수 있을까요?
   - 체크섬 기법으로 모든 에러를 검출할 수는 없습니다. 13자리 ISBN 에서 첫 번째 숫자와 세 번째 숫자가 바뀌는 경우를 생각해 봅시다. 데이터가 바뀌어도 체크섬 값은 동일하게 나오기 때문에 에러를 검출할 수 없습니다. 왜냐하면 홀수 번째에 1을 곱하고 짝수 번째 숫자에 3을 곱하기 때문에 만약, 홀수 번째끼리 또는 짝수 번째끼리 숫자가 바뀌면 검출이 어렵습니다.
3. 패리티 비트와 체크섬은 어떤 차이가 있을까요?
   - 패리티 비트는 에러 검출을 위해 여러 데이터를 추가하지만 체크섬은 오직 하나의 데이터만 추가하면 됩니다. 반면 패리티 비트로는 한 자리의 에러를 수정할 수 있지만 체크섬은 에러를 수정할 수 없습니다.

수업활용 예시 3 주의사항

카드 뒤집기 마술 활동은 패리티 비트, 책 검증 서비스 활동은 체크섬을 이용하여 에러를 검출하고 수정하는 방법에 대한 것이었습니다.

목적 달성을 위해 고려할 점

본 활동은 에러 검출 및 수정 방법인 패리티 비트와 체크섬의 방법을 학습하여 전송 또는 저장되는 데이터에 에러가 발생할 수 있음을 인식하고, 해결할 수 있음을 이해하는 것입니다.

학생들은 본 활동을 통해 에러 검출 방법을 정확히 이해할 수 있어야 합니다.

첫째, 카드 뒤집기 마술 활동에서는 학생들이 짝수 패리티 기법과 홀수 패리티 기법을 구분하고, 절차를 제대로 이해할 수 있도록 안내합니다.

둘째, 책 검증 서비스 활동에서는 학생들이 가지고 있는 책에 기록된 ISBN을 확인하여 직접 계산해보게 하는 것이 중요하며, 잘못된 경우도 제시하여 학생들이 찾을 수 있도록 합니다.

셋째, 두 가지 기법의 유사점과 차이점을 비교하여 각 기법의 특징과 함께 에러 검출 및 수정의 필요성을 이해할 수 있도록 안내하면 좋습니다.

활동 진행 과정에서 고려할 점

본 활동을 진행하는 과정에서 고려해야 할 점은 다음과 같습니다.

첫째, 카드 뒤집기 마술은 마술 쇼 처럼 학생들이 신기해할 수 있도록 진행해야 합니다. 그리고 학생들에게도 열심히 연습해서 다른 사람들에게 멋지게 소개해줄 수 있도록 장려하여 동기를 부여합니다.

둘째, 책 검증 서비스 활동에서는 체크섬을 계산하는 과정에서 학생들이 실수하지 않도록 안내해야 합니다. 계산 과정을 기록해서 틀린 단계가 없는지를 확인하도록 합니다.

수업 설계

카드 뒤집기 마술 활동은 2차시 수업으로 구성할 수 있습니다.

1차시는 카드 뒤집기 마술 활동을 2차시에는 책 검증 서비스 활동을 진행하면 됩니다.

차시별 수업 내용 예시

1차시

- 도입
- 카드 뒤집기 마술 활동 진행
- 모둠별 활동
- 토론하기
- CS 원리 설명
- 수업 정리

2차시

- 도입
- 책 검증 서비스 활동 진행
- 모둠별 활동
- CS 원리 설명
- 수업 정리

정리하기

- 카드 뒤집기 마술

카드 뒤집기 마술 활동은 데이터가 저장되거나 전송되는 과정에서 발생할 수 있는 에러를 검출하고 에러를 수정하는 방법을 배울 수 있는 활동입니다.

패리티 카드를 이용하여 어떤 위치의 카드가 뒤집혀 졌는지를 맞추는 과정을 통해 발생한 에러를 검출하고 수정할 수 있음을 배울 수 있습니다.

- 책 검증 서비스

책 검증 서비스 활동은 체크섬 기법인 ISBN 숫자를 이용하여 책이 올바른지, 에러가 발생하지는 않았는지를 검증하는 방법을 배울 수 있습니다.

즉, 데이터를 제대로 저장하고 정확한 데이터를 전송하기 위해서는 데이터에 에러가 있는지 여부를 알 수 있어야(에러 검출, error detection)하고, 에러가 발생한 경우 원본 데이터로 복원(에러 수정, error correction)할 수 있어야 합니다.

참고문헌

1. 패리티 비트, https://ko.wikipedia.org/wiki/패리티_비트
2. 체크섬, https://ko.wikipedia.org/wiki/체크섬
3. ISBN, https://en.wikipedia.org/wiki/International_Standard_Book_Number

CS 핵심원리 : 에러 검출

10,000원을 은행 계좌에 입금했을 때 은행 직원이 예금액을 입력하면 입력한 내용이 중앙 컴퓨터로 전송됩니다. 그런데 예금액 데이터가 전송되는 과정에서 회선에 어떤 간섭이 발생해서 10,000원이 100,000,000원으로 변경되었습니다. 이런 일이 일어났다면 정말 좋겠지만 은행 입장에서는 엄청난 손해와 혼란스러운 문제가 생길 것입니다.

저장되거나 전송되는 데이터의 에러 검출은 매우 중요합니다. 그래서 인터넷 회선을 통해 데이터를 주고 받는 컴퓨터는 회선에서 발생할 수 있는 전기적 간섭으로 인해 에러가 있는 데이터인지 확인해야 합니다. 그리고 잘못된 데이터가 전송되었다면 원본 데이터를 다시 보내는 방법을 선택할 수도 있지만 다시 데이터를 보내기 어려운 상황도 있습니다. 예를 들어 인터넷 회선 속도가 매우 느린 경우를 상상해 봅시다. 오랫동안 기다려서 데이터를 전송 받았는데 에러가 발견되었다면 다시 한참의 시간을 기다려야 합니다. 또는 데이터를 저장한 하드 디스크와 같은 물리적인 장치가 자기장이나 열에 노출되거나 물리적 손상을 입었을 경우입니다.

지구와 멀리 떨어진 우주 공간을 비행하는 우주선에게 데이터를 전송한다고 생각 해 봅시다. 데이터를 먼 우주공간의 탐색기에서 받았는데 에러가 발생했다면 재전송을 기다리는 것은 무척이나 지겨울 것입니다. 목성이 지구에서 가장 가까운 위치에 있을 때에도 목성으로부터 라디오 신호를 받는데 30분 이상 걸립니다. 명왕성을 탐사한 뉴호라이즌스 호에게 데이터를 주고 받는다면 얼마나 오래 걸릴까요?

에러 검출 기술은 데이터에 에러가 있는지 여부를 알 수 있어야(에러 검출, error detection)하고, 에러가 발생한 경우 원본 데이터로 복원(에러 수정, error correction)할 수 있어야 합니다.

카드 뒤집기 마술 활동에서 사용한 패리티 비트 기법은 실제로 사용하는 기술입니다. 비트를 가상의 행과 열에 놓고 각 행과 열에 패리티 비트를 추가합니다. 에러가 발생했는지에 대한 여부뿐 아니라 어디에 발생했는지도 알 수 있습니다. 잘못된 비트는 다시 변경해서 에러 수정을 할 수 있습니다.

실제 컴퓨터과학 분야에서는 여러 개의 에러를 검출하고 수정하기 위해 훨씬 복잡한 에러 제어 시스템을 사용합니다. 컴퓨터의 하드디스크는 많은 공간을 에러를 수정하기 위해 할당합니다. 그래서 디스크의 일부가 고장 나더라도 믿을 수 있게 일을 처리할 수 있습니다.

05 학습활동

스무고개 — 정보이론

_Information Theory

요약

1,000페이지의 전화번호부와 1,000장의 종이 뭉치, 소설 책 중 어느 것에 더 많은 정보가 있을까요? 정보의 양을 어떻게 측정할 수 있을까요? 정보의 양이 적으면 추측하기 쉽고 양이 많으면 추측하기 어렵습니다. 너무 많은 정보가 오히려 추측을 어렵게 할 수 있습니다. 꼭 필요한 정보만이 추측에 도움이 됩니다.

관련교과

- 2015 중학교 정보 교육 과정
  - 문제해결과 프로그래밍 영역

활동 및 수업활용 예시

- 활동 1 : 정보에 대해 알아보기
- 활동 2 : 결정 트리 만들기

▸ CS 핵심원리 : 정보이론

* 자세한 준비물은 각 활동에 제시된 '준비물' 내용을 참고하세요.

활동 1 정보에 대해 알아보기

수업 설계하기

■ 학습목표

- 정보의 정의와 정보량을 측정하는 방법을 설명할 수 있다.
- 주어진 문제를 해결하기 위한 결정 트리를 만들 수 있다.
- 스무고개 활동 수업을 효과적으로 진행할 수 있다.

■ 학습내용

- 스무고개 게임
- 결정 트리 만들기

■ 핵심키워드

결정 트리, 이진 트리, 정보이론

용어정리

* 결정 트리(Decision Tree): 결정 트리는 흥미있는 자료를 분류하거나 평가 및 어떠한 결정을 내리기 위한 절차를 트리 형태로 표현한 것입니다. 예를 들어, 환자의 증상이 주어졌을 때, 가능성 있는 진단명을 결정하고 치료 방법을 추천하기 위해 사용될 수 있습니다. 또한 과거에 수집된 데이터를 분석하고 패턴을 추출하여 미래를 예측하기 위한 용도로 많이 사용됩니다.
* 이진 트리(Binary Tree): 이진 트리는 한 노드(Node)가 최대 두 개의 자식 노드를 가지는 트리를 뜻합니다. 보통 첫번째 노드를 부모 노드(Root node)라고 하며 자식 노드(Child node)는 왼쪽 자식 노드(Left child node)와 오른쪽 자식 노드(Right child node)으로 불립니다. 이진 트리는 이진 탐색 트리(Binary Search Tree)와 이진 힙(Binary Heap)의 구현에 주로 사용됩니다.
* 정보이론(Information Theroy): 정보이론은 최대한 많은 데이터를 매체에 저장하거나 채널을 통해 통신을 할 때, 데이터를 정량화하는 응용 수학의 한 분야입니다. 데이터의 단위인 정보 엔트로피는 저장 또는 통신에 사용되는 평균적인 비트 수로 표현됩니다. 예를 들어 매일의 날씨 정보가 3비트의 엔트로피를 가진다면, 하루의 날씨를 평균 약 3비트로 기술할 수 있습니다.

수업활용 예시

수업활용 예시 1 도입하기

1,000페이지의 전화번호부와 1,000장의 종이 뭉치, 그리고 100페이지의 소설 책이 책상 위에 있습니다.

이 중에서 어느 것이 우리에게 더 필요할까요?

더 정확하게 어느 것이 우리에게 필요한 많은 정보를 가지고 있을까요?

여기에서 정보란 무엇일까요?

그리고 정보의 양은 어떻게 측정할 수 있을까요?

정보의 양을 측정하면 왜 좋을까요?

정보는 우리에게 필요한 내용을 갖고 있으며, 다양한 의사결정에 도움을 줍니다. 그렇다고 무작정 많은 양의 정보를 저장하고 있을 수는 없습니다.

정보의 양을 측정할 수 있으면 정보를 저장하는 데 필요한 공간이 어느 정도인지 예측할 수 있습니다. 공간을 효율적으로 사용할 수 있습니다. 그리고 정보의 양이 적으면 쉽게 추측할 수 있지만 정보의 양이 많다면 너무 많은 정보로 인해 추측하기 어려울 수 있습니다.

이번 활동에서는 이처럼 정보가 무엇인지 그리고 정보의 양을 어떻게 측정할 수 있을지를 확인하도록 하겠습니다.

먼저, 다음 문장을 읽어 봅시다.

"이번 활동 재미 스무고개 게임 친구들 함께 해봅니다."

위의 문장은 몇 개의 조사가 빠져있지만 문장에서 조사가 가진 정보가 많지 않기 때문에, 대부분의 사람들은 무리없이 읽고 의미를 알 수 있을 것입니다.

"이번 은 재미있는 게임을 과 함께 해봅니다."

위의 문장은 어떤가요? 어떤 내용인지 알 수 있었나요?

아마도 대부분의 사람들은 어떤 의미인지 잘 모를 것입니다.
문장에서 명사가 가진 정보가 많기 때문에 쉽게 예측하기 어려울 것입니다.

자, 그럼 정보의 세계로 들어가 보겠습니다.

수업활용 예시 2 토론하기

6명의 학생들을 모둠으로 구성하여, 다음 질문에 대해 토론해 보도록 합니다.

> **교사가 준비할 것**
> **준비물:** 빈 종이(모둠별 1장 이상)
> 모둠별로 질문에 대해 토론하고 의견을 종이에 작성하도록 안내합니다.

1. 정보란 무엇일까요?

   정보(information)의 뜻을 이해하기 위해서는 먼저 데이터(data, 자료)와 함께 이해해야 합니다.

   세상에는 수많은 정보들이 있습니다. 쓸모있는 정보, 쓸모없는 정보 등 모두가 정보입니다. 그리고 우리는 정보를 갖고 새로운 정보를 창출하기도 합니다.

   하지만 보다 포괄적인 의미로서의 정보는 특정 목적을 위하여 데이터가 빛 또는 전자적 방식으로 처리되어 부호, 문자, 음성, 음향 및 영상 등으로 표현된 모든 종류의 것을 의미합니다.

2. 정보의 양을 어떻게 측정할 수 있을까요?

   100페이지의 소설 책과 100페이지에 "가가가가"만 씌여져 있는 책이 있습니다.
   어떤 책이 더 유익하고 어떤 책이 더 지루할까요?
   어떤 책이 더 많은 정보를 가지고 있을까요?
   100페이지에 "가가가가"만 있는 책은 지루하면서 정보가 많지 않은 책일 것입니다.
   이 책에서 알 수 있는 정보는 책에 "가"가 씌여져 있는지 아닌지에 대한 정보 밖에 없기 때문입니다.
   반면에 100페이지의 소설 책에서는 다양한 정보를 얻을 수 있습니다.
   소설 내용에 따라 주인공의 성별, 주인공의 행선지, 사건 발생 여부 등의 정보를 얻을 수 있습니다.

컴퓨터과학자는 정보의 양을 어떻게 측정했을까요?
컴퓨터과학자는 정보를 상대방에게 사건을 알릴 때 전달되는 내용으로 정의했습니다.
그리고 내용의 놀라운 정도를 이용하여 정보의 양을 측정했습니다.

예를 들어, 항상 학교에 걸어오는 친구가 "나 오늘 학교에 걸어서 왔어"라고 말했다면, 전혀 놀라운 일이 아니기 때문에 아무런 정보를 주지 못합니다.

반면 "나 오늘 학교에 헬리콥터를 타고 왔어"라고 말했다면, 매우 놀라운 일이기 때문에 많은 정보를 줄 수 있습니다.

여기서 컴퓨터과학자들은 정보를 추측하는데 놀라움의 정도와 얼마나 어려운지를 동일시하였습니다.

첫 번째 상황입니다. 항상 학교에 걸어오는 친구가 다른 친구에게 "내가 오늘 학교에 어떻게 왔는지 추측해봐"라고 물어본다면, 한 번에 맞출 수 있을 것입니다.

두 번째 상황입니다. 항상 학교에 걸어오던 친구가 헬리콥터를 타고 학교에 온 다음에 다른 친구에게 "내가 오늘 학교에 어떻게 왔는지 추측해봐"라고 물어본다면, 한 번에 맞추기는 어려울 것입니다.

만약 헬리콥터가 아니라 우주선이라면, 친구들은 더 놀랐을 것이고, 정답을 맞추기 위해 더 많은 추측을 해야 했을 것입니다.

즉, 정보의 양은 얼마나 추측하기 어려운지, 몇 번 만에 추측할 수 있는지를 가지고 측정할 수 있습니다.

학생들에게 놀라울 만한 사건을 만들고, 그 사건이 왜 놀라운지 추측하도록 해봅시다.

수업활용 예시 3 활동하기

숫자를 맞추는 스무고개 게임을 시작해 봅시다.

상대방이 생각한 숫자를 적은 수의 질문으로 맞추는 게임입니다.

❶ 활동 1(스무고개 게임)

> **교사가 준비할 것**
> **준비물:** 빈 종이(한 모둠당 2장씩)

활동 순서는 다음과 같습니다.

1. 2명이 한 모둠이 되어 숫자를 고를 학생과 맞출 학생을 선택합니다.
2. 숫자를 고를 학생은 임의의 자연수 하나를 골라 종이에 작성하고 다른 학생이 보지 못하도록 접어 놓습니다.
   A. 1~100 사이의 자연수를 선택하도록 합니다.
3. 숫자를 맞출 학생은 다음과 같이 자유롭게 질문할 수 있습니다.
   A. 1에서 100 사이의 수 인가요?
   B. 30인가요?
4. 숫자를 고른 학생은 모든 질문에 대해 “예” 또는 “아니오”로만 대답할 수 있습니다.
5. 몇 번의 질문 만에 숫자를 맞췄는지 질문의 횟수를 세어 봅시다. 그리고 서로 역할을 바꿔 다시 숫자 스무고개 게임을 진행합니다.

수업활용 예시 4 스무고개 토론하기

6명의 학생들을 모둠으로 구성하여, 다음 질문에 대해 토론해 보도록 합니다.

> **교사가 준비할 것**
> **준비물:** 빈 종이(모둠별 1장 이상)
> 모둠별로 질문에 대해 토론하고 의견을 종이에 작성하도록 안내합니다.

1. 숫자를 맞추기 위해 어떤 전략을 사용했으며, 그 중에서 가장 좋은 전략은 무엇이었나요?

예를 들어, 1에서 100사이의 숫자를 찾기 위해 범위를 매번 반씩 줄여 나간다면 단지 7개의 질문만으로 숫자를 찾을 수 있습니다. 즉, 1과 100 사이의 절반인 50에서 시작합니다.

50보다 작은가? 아니오 (그럼 50보다 크다는 것이므로 50과 100 사이의 절반인 75를 사용합니다.)

75보다 작은가? 예 (75보다 작고 50보다 크기 때문에 50과 75 사이의 절반인 63을 사용합니다.)

63보다 작은가? 아니오

69보다 작은가? 예

66보다 작은가? 아니오

68보다 작은가? 예

67인가요? 예

2. 만약에 선택할 수 있는 숫자의 범위를 1에서 200으로 2배 늘린다면 몇 번의 질문을 더 하면 찾을 수 있을까요? 그리고 범위를 1에서 1,000으로 늘린다면 추가할 질문의 수는 몇 개일까요?

1부터 200으로 범위를 2배 늘리면, 7개의 질문에서 1개의 질문만 더 추가하면 됩니다.

100보다 작은가?

400으로 범위를 2배 늘리면, 어떻게 될까요? 마찬가지로, 1개의 질문을 더 추가하면 되고, 다시 800으로 범위를 늘려도 1개의 질문을 더 추가하면 됩니다.

1부터 1,000까지 범위를 늘려도 1부터 100까지 범위에서의 질문 개수인 7보다 단지 3개의 질문만 추가로 더 하면 숫자를 찾을 수 있습니다.

해당하는 규칙을 찾은 학생에게 상품을 전달해도 좋겠습니다.

활동 2 결정 트리 만들기

수업활용 예시

수업활용 예시 1 활동하기

주어진 범위 내에서 숫자를 찾는 최적의 방법은 결정 트리(decision tree)를 만들어 보는 것입니다. 0부터 7사이의 숫자를 추측하기 위해 사용되는 결정 트리를 살펴봅시다.

❷ 활동 2(결정 트리 만들기)

> **교사가 준비할 것**
> **준비물:** 결정 트리가 그려진 활동지

결정 트리는 다음과 같습니다.

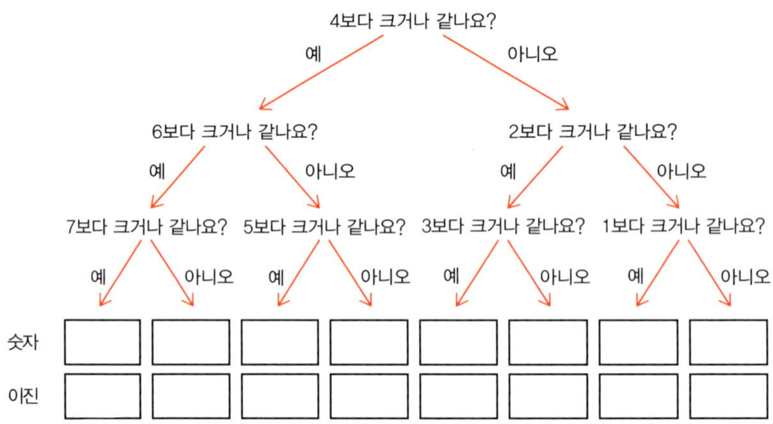

1. 숫자 부분에 해당하는 빈칸에 알맞은 숫자를 넣어 보세요.

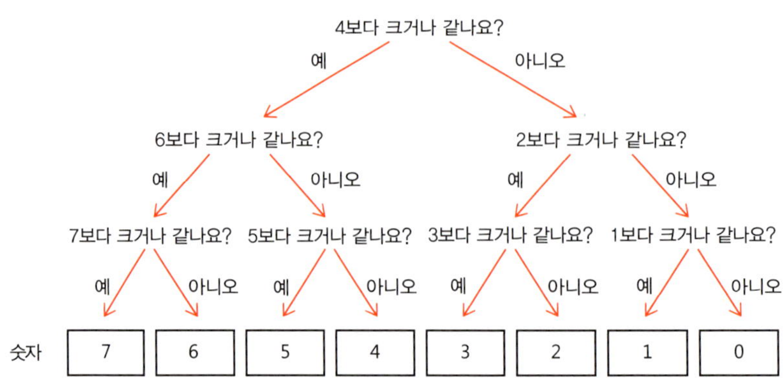

7, 6, 5, 4, 3, 2, 1, 0 이렇게 순서대로 작성합니다.

2. 숫자 5를 '추측'하기 위해서는 몇 번의 "예" 또는 "아니오" 답이 필요한가요?
   숫자 5를 추측하기 위해서는 3번의 질문이 필요하고 3개의 답이 필요합니다.
   숫자 5를 순서대로 보면,
   4보다 크거나 같나요? 예
   6보다 크거나 같나요? 아니오
   5보다 크거나 같나요? 예

예, 아니오, 예 순으로 대답하면 됩니다.

3. 어느 숫자를 추측하기 위해서는 몇 번의 "예" 또는 "아니오" 질문을 했나요?
   이 결정 트리에서는 0부터 7사이의 숫자를 추측하는데 3번의 질문이면 모두 찾을 수 있습니다.

4. 결정 트리의 숫자 0, 1, 2, 3… 아래에 이진수를 써보세요. 예는 1, 아니오는 0입니다.
   결정 트리의 위에서부터 선택한 예 또는 아니오에 해당하는 이진수를 순서대로 작성하면 됩니다.

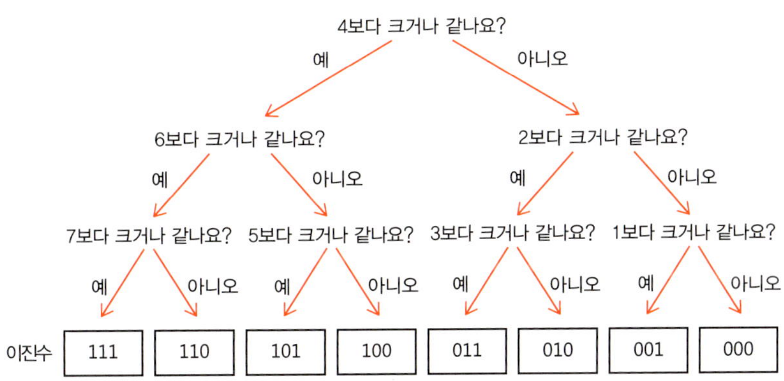

이진수로 표시를 해 보면, 0부터 7까지의 총 8개 숫자를 추측하는데 표현되는 이진수는 3자리 수의 이진수로 표현할 수 있습니다.

질문이 4개면 4자리 수의 이진수로 0000부터 1111까지 0부터 15까지의 숫자를 추측할 수 있습니다.

이제 0부터 15까지의 숫자를 추측할 수 있는 결정 트리를 학생들이 만들 수 있도록 합니다.

수업활용 예시 2 토론하기

결정 트리 만들기 활동을 마친 후 학생들과 다음 내용에 대해 토론해 봅시다.

> **교사가 준비할 것**
> **준비물:** 빈 종이(개인 당 1장)

1. 어떤 사람의 나이를 추측하기 위해서는 어떤 종류의 결정 트리를 사용해야 할까요? (토론하기 문항입니다.)
   - 어떤 사람의 나이를 추측하기 위한 결정 트리는 균형 잡힌 트리보다는 적은 숫자 쪽으로 치우친 트리를 만드는 것이 보다 합리적일 것입니다.
     왜냐하면 나이가 많은 사람들 보다 적은 사람들이 더 많을 확률이 높기 때문입니다.
     연령대별 인구구조 그림을 보면 보다 쉽게 이해할 수 있습니다.

2. 문장에서 어떤 문자가 뒤에 나오는지 추측하기 위한 결정 트리는 어떻게 만들어야 할까요? (토론하기 문항입니다.)
   - 문장에서 문자에 대한 결정은 이전 문자가 무엇이었느냐에 달려 있습니다.
     영어 문장을 추측하는 경우에는, 알파벳 중 하나인지, 모음인지 자음인지 등의 질문을 할 수 있습니다.

3. 실 생활에서 결정 트리 기법은 어떻게 사용되고 있을까요? (토론하기 문항입니다.)
   - 인터넷 검색 서비스에서 자동완성 기능이나, 스마트폰에서의 문장 자동완성 기능 등에서 결정 트리와 같은 추측 기법들이 사용됩니다.

자동완성 기능은 신체적 장애가 있는 사람들을 위해 사용되기도 합니다.

눈동자 또는 뇌파를 통해 예, 아니오만 선택할 수 있어도, 이런 결정 트리 기법을 이용해서 문장을 완성할 수 있습니다. 세계적인 과학자인 스티븐 호킹도 비록 말을 못하고 글을 쓸 수 없지만, 이런 첨단 정보기술을 이용해서 다양한 책을 저술하고 있습니다.

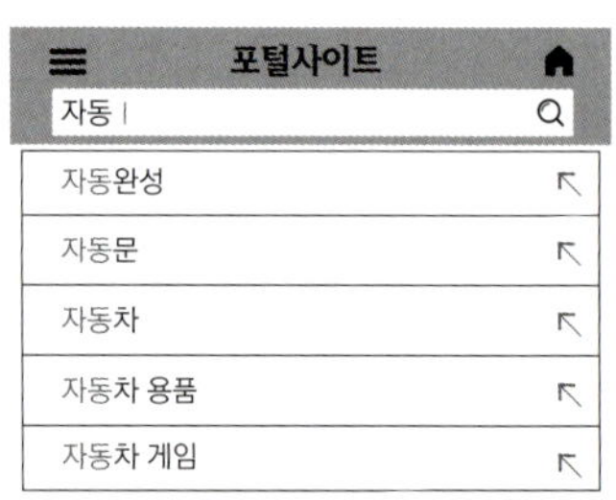

수업활용 예시 3 주의사항

스무고개 게임 활동은 숫자를 선택하고 선택된 숫자를 추측하는 질문을 통해 숫자를 찾는 게임입니다. 이 활동에서 추측하는 질문을 얼마나 효율적으로 하는지에 따라 최적화된 답을 찾을 수 있는지를 탐구하게 됩니다. 특히 예와 아니오 두 가지 대답을 선택할 수 있는 질문을 효과적으로 만들 수 있는 결정 트리를 통해 정보를 어떻게 정의하고 정보의 양을 어떻게 측정하는지에 대해 이해할 수 있습니다.

목적 달성을 위해 고려할 점

본 활동은 정보의 정의와 정보의 양을 측정해보는 활동을 스무고개 게임을 통해 이해하는 것입니다.

학생들이 정보의 정의를 명확히 이해할 수 있도록 안내하는 것이 중요합니다.

또한 정보의 양을 측정하기 위해 결정 트리를 사용하고 이를 이진수로 표현할 수 있음을 이해하는 것이 중요합니다.

활동 진행 과정에서 고려할 점

스무고개 게임 활동은 2명이서 진행하고 토론 활동을 6명 또는 전체가 함께 진행하게 됩니다.

스무고개 게임을 2명이서 각각 진행해도 좋고, 한 명의 숫자를 선택하는 학생과 다수의 숫자를 맞추는 학생들로 활동을 진행해도 좋습니다.

또한 토론 활동이 많기 때문에 자칫 강의식 수업으로 진행되지 않도록 최대한 학생들이 토론할 수 있도록 해야 합니다.

수업 설계

스무고개 게임 활동 수업은 1차시 분량으로 수업을 계획할 수 있습니다.

차시별 수업 내용 예시

1차시

- 도입
- 스무고개 게임 진행
- 토론하기
- 결정 트리 만들기 진행
- 토론하기
- 수업 정리 및 CS 원리 설명

정리하기

스무고개 게임

스무고개 게임은 2명이 한 모둠이 되어 숫자를 고를 학생과 맞출 학생을 선택하고, 한 학생은 숫자를 생각한 뒤, 다른 학생이 질문을 해서 숫자를 맞추는 게임입니다.

몇 번의 질문을 통해 숫자를 맞추는지 겨루는 게임입니다.

숫자를 맞추기 위해 가장 효율적인 전략을 사용한다면, 1에서 100 사이의 숫자를 찾기 위해 7번의 질문으로 찾을 수 있습니다.

50보다 작은가? 아니오
75보다 작은가? 예
63보다 작은가? 아니오
69보다 작은가? 예
66보다 작은가? 아니오
68보다 작은가? 예
67인가요? 예

찾고자 하는 숫자의 범위가 2배 늘어날수록 질문을 1개씩 추가하면 됩니다.

결정 트리 만들기

주어진 범위 내에서 숫자를 찾는 최적의 방법은 결정 트리(decision tree)를 만들어 보는 것입니다.

0부터 7 사이의 숫자를 추측하기 위해 사용되는 결정 트리는 다음과 같습니다.

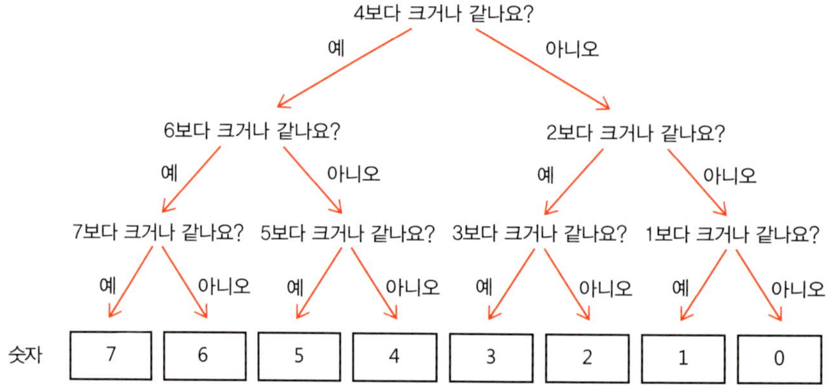

또한 질문의 답을 기준으로 "예"면 1 "아니오"면 0으로 표현할 수 있습니다.

0부터 7까지 8개의 숫자를 추측하기 위해서는 3개의 질문으로 찾을 수 있으며, 3자리 숫자의 이진수로 표현할 수 있습니다.

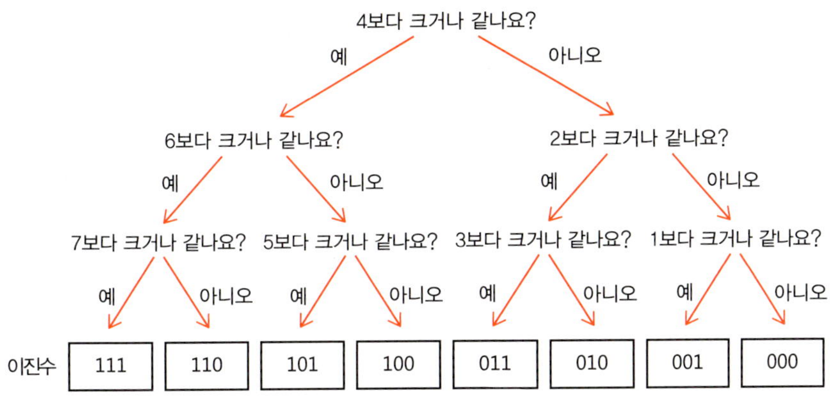

정보이론은 클로드 샤논이 정립한 학문입니다.

메시지 정보 내용을 "엔트로피(Entropy)"라고 불렀고, 엔트로피는 가능한 경우의 수나 확률로 표현하였습니다.

따라서 일어나지 않을 만한 사건이나 예상할 수 없는 상황에 대한 정보는 메시지를 추측하는 데 더 많은 질문이 필요합니다.

정보이론은 통신 분야 뿐만 아니라 다양한 분야에서 활용되고 있으며, 결정 트리는 사용자의 입력을 예측하는 인터페이스로 사용되거나, 미래를 예측하기 위한 목적으로 사용되고 있습니다.

참고문헌

1. 결정 트리, http://www.aistudy.co.kr/learning/decision_tree.htm
2. 이진 트리, https://ko.wikipedia.org/wiki/이진_트리
3. 정보이론, https://ko.wikipedia.org/wiki/정보_이론
4. 그래프이론, https://ko.wikipedia.org/wiki/그래프_이론
5. 연결 리스트, https://ko.wikipedia.org/wiki/연결_리스트
6. 놀이로 배우는 컴퓨터 과학, 휴먼싸이언스, Tim Bell, Lan H. Witten, Mike Fellows 저, 이원규 외 공역(2010)

CS 핵심원리 : 정보이론

미국의 수학자이자 전기공학자인 클로드 엘우드 섀넌(Claude Elwood Shannon: 1916~2001)은 정보이론의 아버지라 불리웁니다. 그가 작성한 논문인 A Mathematical Theory of Communication은 정보이론의 시초입니다. 또한 그의 연구는 전자식 디지털 컴퓨터의 이론적 기반을 만들었습니다.

〈통신의 수학적 이론〉 논문에서 확률론을 활용하여 정보를 전송하는 가장 효율적인 방법을 제시하였습니다. 정보 엔트로피 개념을 창안하고, 아날로그로만 이루어지던 전자기 통신을 디지털정보 통신으로 변화시키는데 기여하였습니다.

그는 예/아니오를 각각 1/0과 같은 비트 단위의 정보로 취급하여 측정하였습니다.

메시지에 포함된 "정보"의 양은 이미 알고 있는 것이 무엇인지에 달려있음을 밝혀냈습니다.

때때로 다른 많은 질문을 할 필요가 없게 만드는 하나의 질문을 할 수 있습니다.

예를 들어, 동전을 한번 던졌을 때 나오는 정보인 앞면 또는 뒷면을 한 비트로 표현할 수 있습니다. 하지만 동전을 던졌을 때 10번 중 9번 앞면이 나온다면 정보는 더 이상 한 비트로 표현할 필요가 없습니다.

동전 던지기가 예/아니오 질문보다 정보의 양이 적은지 어떻게 알 수 있을까요?

"다음 두 번 동전 던지기가 둘 다 앞면인가요?"라는 질문을 사용하면 간단합니다.

10번 중 9번 앞면이 나온 경우에는 "예"가 80% 정도입니다.

단지 20%인 "아니오"일 때에만 질문이 더 필요할 것입니다.

따라서 질문의 평균 횟수는 동전을 던질 때마다 질문을 하는 경우보다 적어집니다.

섀논(Shannon)은 메시지 정보 내용을 "엔트로피(Entropy)"라고 불렀습니다.

엔트로피는 가능한 경우의 수나 확률을 고려합니다.

그러므로 일어나지 않을 만한 사건이나 예상할 수 없는 상황에 대한 정보는 메시지를 추측하는 데 더 많은 질문이 필요합니다. 예를 들어, 헬리콥터를 타고 학교에 오는 상황은 쉽게 추측할 수 없기 때문에 많은 질문이 필요할 수 있습니다.

메시지의 엔트로피는 컴퓨터과학자에게 매우 중요한 개념입니다.

메시지의 엔트로피보다 적은 공간을 차지하도록 메시지를 압축할 수 없으며, 압축 시스템은 추측 게임과 동일합니다.

최고의 압축 시스템은 텍스트 파일의 경우 원본 크기의 1/4정도까지 줄일 수 있습니다.

학습교구 : 결정 트리(문제)

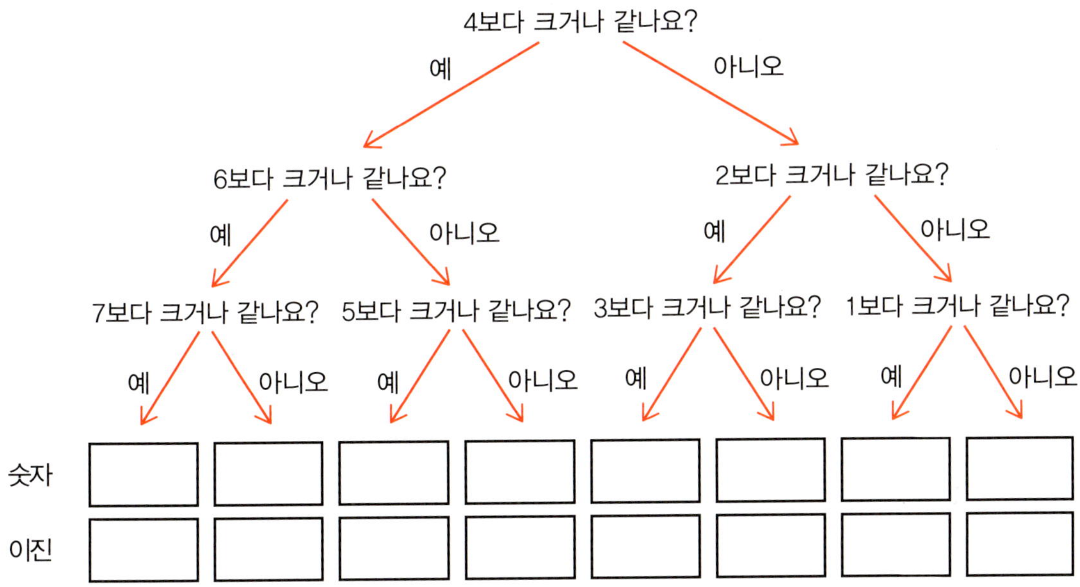

1. 숫자 부분에 해당하는 빈 칸에 알맞은 숫자를 넣어 보세요.

2. 숫자 5를 '추측'하기 위해서는 몇 번의 "예" 또는 "아니오" 답이 필요한가요?

3. 어느 숫자를 추측하기 위해서는 몇 번의 "예" 또는 "아니오" 질문을 했나요?

4. 결정 트리의 숫자 0, 1, 2, 3… 아래에 이진수를 써보세요. 예는 1, 아니오는 0 입니다. 결정 트리의 위에서부터 선택한 예 또는 아니오에 해당하는 이진수를 순서대로 작성하면 됩니다.

Computer Science Unplugged

COMPUTER SCIENCE UNPLUGGED

CHAPTER

02 컴퓨터에게 일 시키기: 알고리즘

컴퓨터는 어떻게 작동할까요?

컴퓨터는 일련의 명령어 집합에 의해서 작동합니다. 명령어는 컴퓨터가 데이터를 정렬하거나 찾을 수 있도록 합니다. 많은 양의 데이터들 속에서 원하는 정보를 찾고 네트워크를 통해서 정보를 보내는 작업을 빠르게 하기 위해서는 효율적인 방법이 필요합니다.

알고리즘은 무엇일까요?

알고리즘이란 과제를 완성하기 위한 명령어들의 집합입니다. 알고리즘은 컴퓨터과학의 핵심 개념입니다. 알고리즘은 컴퓨터가 문제를 어떻게 풀 것인지를 정하는 방법입니다. 어떤 알고리즘은 다른 알고리즘 보다 실행 속도가 빠를 수 있고, 많은 알고리즘들은 과거 유한 시간 내에 해결할 수 없었던 문제들을 해결할 가능성을 갖고 있습니다. 예를 들어, 원주율 () 값의 백만 번째 숫자를 찾거나, 자신의 이름이 포함된 웹페이지를 모두 찾아내는 일, 컨테이너에 가방을 가장 효율적으로 실을 수 있는 방법을 찾거나, 100자리 수가 소수인지 아닌지를 찾아내는 일 등이 있습니다.

"알고리즘"이란 단어는 서기 800년경 바그다드에 지혜의 집으로 알려진 오늘날의 대학기관에 소속되었던 모하메드 이븐 무사 알-고어리즘(Mohammed ibn Musa Al-Khowarizmi)의 이름으로부터 유래되었습니다. 그의 업적은 인도의 수학을 아랍과 유럽에 전파한 것입니다. 1120년경 라틴어로 번역했을 때 처음으로 사용한 단어는 "Dixit Algorismi"-그리고 "Algorismi"이었습니다.

이 단원에서는 다음과 같은 내용을 배울 것입니다.

❶ 데이터를 탐색하는 방법(Searching Algorithm)
❷ 데이터를 정렬하는 방법(Sorting Algorithm)
❸ 정렬망을 이용하여 정렬하기(Sorting Networks)
❹ 최소 신장 트리(Minimal Spanning Trees)
❺ 네트워크에서의 라우팅과 교착상태(Routing and Deadlock in Networks)

06 학습활동 전함—검색 알고리즘

_Searching Algorithms

요약

우리는 종종 컴퓨터를 이용해 대량의 데이터에서 원하는 정보를 찾아내야 하는 경우가 발생합니다. 따라서 이러한 작업을 수행하기 위한 빠르고 효과적인 방법이 필요합니다. 이 활동에서는 세 가지 검색 방법(선형 검색, 이진 검색, 해싱)을 이용하여 원하는 정보를 효과적으로 찾아내는 방법을 알아보고자 합니다.

관련교과

■ 2015 중학교 정보 교육 과정

- 자료와 정보영역(핵심개념: 자료와 정보의 분석)

활동 및 수업활용 예시

■ 활동 1 : 숫자 카드 게임

- 준비물 : 숫자를 쓸 수 있는 카드 15장, 사탕 여러 개

■ 활동 2 : 전함 게임—선형 검색

- 학습교구 : 1A, 1B 세트
- 학습교구 : 1A′, 1B′ 세트

■ 활동 3 : 전함 게임—이진 검색

- 학습교구 : 2A, 2B 세트
- 학습교구 : 2A′, 2B′ 세트

■ 활동 4 : 전함 게임—해싱 검색

- 학습교구 : 3A, 3B 세트
- 학습교구 : 3A′, 3B′ 세트

■ 추가학습 : 검색 알고리즘

▶ CS 핵심원리 : 검색방법

* 자세한 준비물은 각 활동에 제시된 '준비물' 내용을 참고하세요.

활동 1 숫자 카드 게임

수업활용 예시

수업활용 예시 1 활동하기

숫자 찾기-1

1. 15명의 학생들을 선택하여 교실 앞쪽에 줄을 세웁니다. 줄을 선 학생들에게 서로 다른 숫자가 적힌 카드를 무작위로 나누어 줍니다. 이때 줄을 서지 않은 나머지 학생들은 숫자를 볼 수 없습니다. (예를 들어, 교사가 1~1,000 사이의 숫자를 20개 무작위로 선택하여 적어 놓은 카드를 나누어 줍니다.)
2. 줄을 서지 않은 학생들에게는 사탕을 5개씩 줍니다.
3. 교사는 사탕을 가진 학생에게 무작위로 카드에 적은 숫자 중 하나를 제시해서 누가 해당 카드를 가지고 있는지 찾도록 합니다. (카드 중 하나에 578이 적혀 있다면, 교사는 학생에게 578을 가진 학생을 찾도록 합니다.)
4. 사탕을 가진 학생은 숫자를 가진 학생에게 사탕을 1개 "주고" 숫자를 봅니다.
   - 학생은 5개의 사탕을 다 써버리기 전에 숫자를 찾았나요?
   - 몇 번 만에 숫자를 찾았나요?

숫자 찾기-2

1. 카드를 가진 15명의 학생들이 숫자가 큰 학생은 왼쪽 숫자가 작은 학생은 오른쪽으로 정렬해 보도록 합니다.
2. 줄을 서지 않은 학생들에게는 사탕을 5개씩 줍니다.
3. 교사는 사탕을 가진 학생에게 무작위로 카드에 적은 숫자 중 하나를 제시해서 누가 해당 카드를 가지고 있는지 찾도록 합니다. (이번에도 578을 가진 학생을 찾도록 합니다.)
4. 사탕을 가진 학생은 (줄을 선 학생들 중 한 명에게) 사탕을 "지불"함으로써 카드에 적힌 숫자를 볼 수 있습니다. 학생은 상자에 든 사탕을 모두 써버리기 전에 숫자를 찾아야만 남은 사탕을 먹을 수 있습니다.

수업활용 예시 2 토론하기

활동을 모두 진행한 다음 아래의 내용을 학생들에게 물어보세요. 그리고 학생들이 숫자를 찾은 방법에 대해 토론하도록 지도합니다.

1. 학생은 사탕을 다 써버리기 전에 숫자를 찾았나요?
2. 몇 번 만에 숫자를 찾았나요?
3. 무작위 순서였던 숫자 카드와 오름차순으로 정렬된 숫자 카드 중 어떤 방법이 더 빨리 숫자를 찾을 수 있나요?
4. 오름차순으로 정렬된 숫자 카드에서 숫자를 빨리 찾는 방법은 무엇일까요?

활동 2 전함 게임 — 선형 검색

수업활용 예시

수업활용 예시 1 도입하기

짝 전함을 몇 번 만에 맞출 수 있을까요?

숫자 찾기 활동을 통해 학생들은 상대가 가진 숫자를 맞추는 것에 익숙해져 있을 것입니다. 자! 준비를 해 볼까요?

준비하기

첫째, 두 명씩 짝을 지어 한 명(지우)은 1A, 다른 한 명(설이)은 1B 활동지를 가지고 서로 보여주지 않도록 합니다.

둘째, 지우와 설이는 "내 전함"에서 전함에 쓰여진 숫자를 하나 선택해서 표시합니다.

셋째, 상대방에서 자신이 선택한 전함의 숫자를 불러줍니다.

넷째, 지우와 설이는 각각 상대방 전함의 숫자를 "짝 전함" 옆에 적어 놓습니다.

수업활용 예시 2 활동하기

각각 학생들에게 1A, 1B의 활동지를 나눠준 후 해당 규칙을 설명했다면, 이제 활동을 시작합니다.

1. 지우가 설이를 먼저 공격합니다. 공격은 상대의 전함 찾기를 시작함을 의미합니다. 즉, 지우가 "짝 전함"의 아래에 쓰여진 알파벳을 부릅니다. A라고 부릅니다.
2. 설이는 지우가 부른 A의 숫자를 "내 전함"에서 찾아서 불러줍니다. 지우는 처음에 설이가 불러 준 숫자의 전함을 찾아야 합니다. 만약 A 전함의 숫자가 처음 설이가 표시한 숫자라면 지우가 이기게 됩니다. 그렇지 않다면, A 전함에 쓰여진 숫자를 지우에게 불러줍니다. 지우는 같은 전함을 다시 공격하지 않기 위해 짝 전함의 A에 설이가 불러준 숫자를 적습니다.
3. 지우의 공격 후에, 설이가 지우를 공격합니다. 즉, 전함의 알파벳을 부르고, 지우는 "내 전함"의 알파벳 위 전함에 쓰여진 숫자를 불러줍니다.
4. 항상 공격은 번갈아 합니다. 공격 도중에 상대의 숫자를 먼저 맞추는 사람이 승리합니다.

수업활용 예시 3 **토론하기**

1. 짝이 제시한 전함을 몇 번 만에 찾았나요? 학생들에게 질문합니다. 그리고 학생들에게 다음의 내용을 토론하게 합니다.
2. 짝 전함을 가장 빨리 찾은 사람과 가장 늦게 찾은 사람의 이야기를 듣고, 몇 번의 공격이 필요했는지 이야기하게 합니다.

활동 3 전함 게임 — 이진 검색

수업활용 예시

수업활용 예시 1 도입하기

짝 전함을 몇 번 만에 맞출 수 있나요?

수업을 준비하면서 교사는 활동지를 충분히 복사하도록 합니다. 교사는 학생을 2명씩 짝을 지어줍니다.

첫째, 서로 짝인 지우는 2A, 설이는 2B의 종이를 나누어 줍니다.

둘째, 지우와 설이는 자신의 전함의 속에 쓰여진 숫자를 하나 선택합니다.

셋째, 서로 상대에게 자신의 전함 숫자를 알려주고, 각각 상대방이 불러준 숫자를 "짝 전함"에 적도록 합니다.

수업활용 예시 2 활동하기

각각 학생들에게 2A, 2B의 활동지를 나눠준 후 해당 규칙을 설명했다면, 이제 활동을 시작합니다.

1. 지우가 설이를 먼저 공격합니다. 공격은 상대의 전함 찾기를 시작함을 의미합니다. 즉, 지우가 "짝 전함"의 아래에 쓰여진 알파벳을 부릅니다. A라고 부릅니다.
2. 설이는 지우가 부른 A의 숫자를 "내 전함"에서 찾아서 불러줍니다. 지우는 처음에 설이가 불러 준 숫자의 전함을 찾아야 합니다. 만약 A 전함의 숫자가 처음 설이가 표시한 숫자라면 지우가 이기게 됩니다. 그렇지 않다면, A 전함에 쓰여진 숫자를 지우에게 불러줍니다. 지우는 같은 전함을 다시 공격하지 않기 위해 짝 전함의 A에 설이가 불러준 숫자를 적습니다.
3. 지우의 공격 후에, 설이가 지우를 공격합니다. 즉, 전함의 알파벳을 부르고, 지우는 "내 전함"의 알파벳 위 전함에 쓰여진 숫자를 불러줍니다.
4. 항상 공격은 번갈아 합니다. 공격 도중에 상대의 숫자를 먼저 맞추는 사람이 승리합니다.

수업활용 예시 3 토론하기

교사는 학생들에게 2A′와 2B′를 나누어줍니다. 동일한 활동을 다시 한번 해보도록 합니다. 그리고 다음의 질문을 합니다.

1. 몇 번 만에 짝 전함을 찾았나요?

2. 짝 전함을 가장 빨리 찾는 데 사용한 전략이 있었나요?

3. 내가 전함을 선택할 때의 기준은 무엇인가요? 그리고 왜 그 기준을 사용했나요. 2A와 2B의 전함으로 활동할 때와 2A′와 2B′로 활동할 때의 차이점을 이야기하도록 합니다.

활동 4 전함 게임 — 해싱 검색

수업활용 예시

수업활용 예시 1 도입하기

짝 전함을 몇 번 만에 맞출 수 있을까요?

숫자 찾기 활동을 통해 학생들은 상대가 가진 숫자를 맞추는 것에 익숙해져 있을 것입니다. 자! 준비를 해 볼까요?

준비하기

첫째, 두 명씩 짝을 지어 한 명(지우)은 3A, 다른 한 명(설이)은 3B 활동지를 가지고 서로 보여주지 않도록 합니다.

둘째, 지우와 설이는 "내 전함"에서 전함에 쓰여진 숫자를 하나 선택해서 표시합니다.

셋째, 상대방에서 자신이 선택한 전함의 숫자를 불러줍니다.

넷째, 지우와 설이는 각각 상대방 전함의 숫자를 "짝 전함" 옆에 적어 놓습니다.

> **전함 숫자의 비밀**
>
> "내 전함"에 있는 배의 숫자들을 더해봅니다. 합한 결과 값의 일의 자리 숫자가 그 배가 들어 있는 칸의 숫자입니다. 예를 들어 2345라고 쓰여진 배에서 2+3+4+5는 14가 됩니다. 14의 일의 자리 숫자는 4이므로 그 배는 4칸에 위치합니다. 숫자들을 한 공간에 넣는다는 의미로 "해싱(Hashing)"이라 부릅니다.

수업활용 예시 2 활동하기

각각 학생들에게 3A, 3B의 활동지를 나눠준 후 해당 규칙을 설명했다면, 이제 활동을 시작합니다.

1. 지우가 설이를 먼저 공격합니다. 공격은 상대의 전함 찾기를 시작함을 의미합니다. 즉, 지우가 "짝 전함"의 아래에 쓰여진 알파벳을 부릅니다. A라고 부릅니다.
2. 설이는 지우가 부른 A의 숫자를 "내 전함"에서 찾아서 불러줍니다. 지우는 처음에 설이가 불러 준 숫자의 전함을 찾아야 합니다. 만약 A 전함의 숫자가 처음 설이가 표시한 숫자라면 지우가 이기게 됩니다. 그렇지 않다면, A 전함에 쓰여진 숫자를 지우에게 불러줍니다. 지우는 같은 전함을 다시 공격하지 않기 위해 짝 전함의 A에 설이가 불러준 숫자를 적습니다.

3. 지우의 공격 후에, 설이가 지우를 공격합니다. 즉, 전함의 알파벳을 부르고, 지우는 "내 전함"의 알파벳 위 전함에 쓰여진 숫자를 불러줍니다.
4. 항상 공격은 번갈아 합니다. 공격 도중에 상대의 숫자를 먼저 맞추는 사람이 승리합니다.

수업활용 예시 3 토론하기

활동을 마치고, 교사는 3A'와 3B'로 다시 한번 활동하게 합니다. 그리고 다시 질문합니다.

1. 몇 번 만에 짝 전함을 찾았나요?

2. 짝 전함을 가장 빨리 찾는 데 사용한 전략이 있었나요?

3. 순차, 이진, 해싱 검색 방법들을 서로 비교해 보았을 때 가장 빠른 검색 방법은 무엇일까요? 왜 그럴까요?

교사는 질문하고 나서 다음의 내용을 알려줍니다.

- 이진 검색 방법은 순차 검색 방법보다 빠르지만, 미리 정렬해 놓아야 합니다.
- 해싱 검색 방법은 순차, 이진 검색 방법보다 빠르지만, 모든 전함이 한 칸에 모여 있다면 순차 검색 방법만큼 느려질 것입니다.

추가 학습 검색 알고리즘

1. 순차, 이진, 해싱 검색 방법을 이용해 세 가지 형태로 게임을 만들어 봅시다. 단, 이진 검색 게임은 반드시 숫자들이 오름차순으로 정렬되어 있어야 합니다.

2. 어떻게 하면 해싱 게임을 어렵게 만들 수 있을까요? 또한, 어떻게 하면 가능한 쉽게 만들 수 있을까요?

   A. 해싱 게임을 가장 어렵게 만들 수 있는 방법은 "모든 전함들이 한 칸에 모여 있을 때"입니다. 가능한 쉽게 만들 수 있는 방법은 "각각의 칸에 같은 개수의 전함을 넣는 경우"입니다.

3. 검색하려는 전함이 없다면 어떤 일이 발생할까요?

   A. 만약 선형 검색 게임이라면 배가 없음을 확인할 때까지 26번의 시도가 필요할 것입니다. 이진 검색 게임에서는 5번의 시도가 필요할 것입니다. 해싱 시스템을 이용할 때는 얼마나 많은 배가 관련된 칸에 있는가에 달렸을 것입니다.

4. 100개의 전함이 있습니다. 이진 검색 방법을 사용하면 몇 번의 시도로 전함의 위치를 찾을 수 있을까요? 1,000개의 전함이 있으면 몇 번의 시도가 필요할까요? 100만 개의 전함이 있다면 어떨까요?

   A. 100개의 전함이 있으면 약 6번의 이진 검색 방법을 시도해야 합니다. 1,000개의 전함이 있으면 약 9번의 이진 검색 방법을 시도해야 합니다. 100만 개는 약 19번의 이진 검색 방법을 시도해야 합니다.

   B. 전함의 개수가 증가하는 것에 비해 이진 검색 방법의 시도 횟수는 매우 천천히 증가합니다. 전함의 개수가 2배씩 늘어날 때마다 시도 횟수는 1번 증가하는 것을 알 수 있습니다.

선형 검색

같은 배를 두 번 공격하지 않는다고 가정하면, 가장 빨리 찾을 경우는 1번, 가장 늦게 찾을 경우는 26번입니다. 이처럼, 위치 하나씩 검색하면서 원하는 정보를 찾는 방법을 "선형(Linear) 검색"이라고 합니다.

이진 검색

중앙에 위치한 전함은 선택된 전함이 중앙 전함을 중심으로 어느 쪽에 있는지 알려줍니다. 그 다음에는 선택된 전함을 기준으로 있는 반 쪽 부분의 중앙에 위치한 전함을 찾습니다. 이 방법은 문제를 항상 두 부분으로 나누어 찾는 방법으로 "이진(Binary) 검색"이라고 부릅니다.

해싱 검색

"해싱(Hashing) 검색" 방법을 사용해 전함을 검색하면 한 칸에 혼자 있는 전함을 가장 빨리 찾을 수 있습니다. 그와 반대로, 많은 전함이 들어 있는 칸은 가장 찾기 어려워집니다.

CS 핵심원리 : 검색방법

컴퓨터는 많은 정보를 저장할 수 있어야 하고, 다른 컴퓨터로 원하는 정보를 빠르게 옮길 수 있어야 합니다. 컴퓨터를 이용해 검색을 할 경우, 인터넷 검색 엔진은 1초 이내에 수십억 개의 웹 페이지를 탐색해야 합니다. 이때 컴퓨터가 찾으려는 단어, 바코드 숫자, 작가 이름 등을 '검색 키'(Key)라고 부릅니다.

컴퓨터는 매우 빠르게 정보를 처리할 수 있습니다. 무엇을 검색하고자 할 때 저장장치의 시작점에서부터 찾기 시작해서 원하는 정보를 찾을 때까지 지켜보고 있어야 한다고 생각할 수 있습니다. 이런 방법이 바로 선형 검색 방법입니다. 하지만 이 방법은 매우 느립니다. 예를 들어, 슈퍼마켓에 10,000개의 다른 품목들을 선반에 진열해 두었다고 가정해 봅시다. 계산대에서 바코드를 읽을 때, 컴퓨터는 그 품목의 이름과 가격을 찾기 위해 10,000개를 모두 훑어봐야 합니다. 비록 1초에 1,000개를 탐색할 수 있더라도 10초나 기다려야 합니다. 가족을 위해 많은 식료품을 구매한 경우 얼마나 많은 시간이 걸릴지 상상해 보세요!

더 나은 방법은 이진 검색 방법입니다. 이 방법은 우선 숫자들이 정렬되어 있어야 합니다. 정렬된 목록에서 중간을 확인하면 양 쪽 중 어느 쪽에 검색 키가 있는지 알 수 있습니다. 원하는 숫자를 찾을 때까지 이를 반복합니다. 슈퍼마켓의 예로 돌아와서, 10,000개의 품목이 있다면 이진 검색 방법으로 14번 만에 찾을 수 있습니다. 1초에 1,000개를 탐색한다면 2/100초가 걸리므로 탐색 시간을 느낄 수 없을 것입니다.

자료를 찾는 세 번째 방법을 '해싱'이라고 부릅니다. '검색 키'는 찾고자 하는 정보의 위치를 정확하게 가리킬 수 있도록 조작되어 있습니다. 예를 들어, 검색 키가 전화번호라고 할 때 전화번호의 모든 숫자를 더해서 11로 나눈 후 나머지를 이용합니다. 해시 검색 방법을 이용하면 컴퓨터는 곧바로 찾고자 하는 것을 찾을 수 있을 것입니다.

학습교구 : 전함

내 전함 공격 횟수 :

A	B	C	D	E	F	G	H	I	J	K	L	M
9058	7169	3214	5891	4917	2767	4715	674	8088	1790	8949	13	3014

N	O	P	Q	R	S	T	U	V	W	X	Y	Z
8311	7621	3542	9264	450	8562	4191	4932	9462	8423	5063	6221	2244

짝 전함 공격 횟수 :

A	B	C	D	E	F	G	H	I	J	K	L	M

N	O	P	Q	R	S	T	U	V	W	X	Y	Z

1A

내 전함 공격 횟수 :

A	B	C	D	E	F	G	H	I	J	K	L	M
1630	9263	4127	405	4429	7113	3176	4015	7976	88	3465	1571	8625

N	O	P	Q	R	S	T	U	V	W	X	Y	Z
2587	7187	5258	8020	1919	141	4414	3056	9118	717	7021	3076	3336

짝 전함 공격 횟수 :

A	B	C	D	E	F	G	H	I	J	K	L	M

N	O	P	Q	R	S	T	U	V	W	X	Y	Z

1B

내 전함 　　　　　　　　　　**공격 횟수 :**

163	445	622	1410	1704	2169	2680	2713	2734	3972	4208	4871	5031
A	B	C	D	E	F	G	H	I	J	K	L	M
5283	5704	6025	6801	7440	7542	7956	8094	8672	9137	9224	9508	9663
N	O	P	Q	R	S	T	U	V	W	X	Y	Z

짝 전함 　　　　　　　　　　**공격 횟수 :**

A	B	C	D	E	F	G	H	I	J	K	L	M
N	O	P	Q	R	S	T	U	V	W	X	Y	Z

2A

내 전함 　　　　　　　　　　**공격 횟수 :**

33	183	730	911	1927	1943	2200	2215	3451	3519	4055	5548	5655
A	B	C	D	E	F	G	H	I	J	K	L	M
5785	5897	5905	6118	6296	6625	6771	6831	7151	7806	8077	9024	9328
N	O	P	Q	R	S	T	U	V	W	X	Y	Z

짝 전함 　　　　　　　　　　**공격 횟수 :**

A	B	C	D	E	F	G	H	I	J	K	L	M
N	O	P	Q	R	S	T	U	V	W	X	Y	Z

2B

내 전함 공격 횟수 :

0	1	2	3	4	5	6	7	8	9
A 9047 B 1829	C 3080 D 9994		E 5125 F 1480 G 8212	H 8051 I 1481 J 4712 K 6422	L 7116 M 8944 N 4128	O 6000 P 7432 Q 4110	R 9891 S 1989 T 2050 U 8199	V 4392	W 1062 X 2106 Y 5842 Z 7057

짝 전함 공격 횟수 :

0	1	2	3	4	5	6	7	8	9
A B C D	E F G	H I J	K	L M N		O P Q	R S T U	V W X	Y Z

3A

내 전함 공격 횟수 :

0	1	2	3	4	5	6	7	8	9
A 9308 B 1478 C 8417 D 9434	E 6519 F 2469 G 5105	H 1524 I 8112 J 2000	K 4135	L 9050 M 1265 N 5711		O 4200 P 7153 Q 6028	R 3121 S 9503 T 1114 U 7019	V 2385 W 5832 X 1917	Y 1990 Z 2502

짝 전함 공격 횟수 :

0	1	2	3	4	5	6	7	8	9
A B	C D		E F G	H I J K	L M N	O P Q	R S T U	V	W X Y Z

3B

내 전함 **공격 횟수 :**

6123	1519	9024	5164	2038	2142	7156	9974	9375	7104	1004	1023	5108
A	B	C	D	E	F	G	H	I	J	K	L	M
1884	3541	5251	4840	3289	3654	2480	5602	8965	4053	2405	2304	1959
N	O	P	Q	R	S	T	U	V	W	X	Y	Z

짝 전함 **공격 횟수 :**

A	B	C	D	E	F	G	H	I	J	K	L	M
N	O	P	Q	R	S	T	U	V	W	X	Y	Z

1A'

내 전함 **공격 횟수 :**

2387	9003	3951	5695	1284	4761	7118	1196	1741	3791	3405	3132	6682
A	B	C	D	E	F	G	H	I	J	K	L	M
9493	9864	7359	1250	7036	2916	7562	9299	8910	6713	5173	8617	4222
N	O	P	Q	R	S	T	U	V	W	X	Y	Z

짝 전함 **공격 횟수 :**

A	B	C	D	E	F	G	H	I	J	K	L	M
N	O	P	Q	R	S	T	U	V	W	X	Y	Z

1B'

내 전함 공격 횟수 :

28	326	943	1321	1896	2346	2430	2929	3106	3417	4128	4717	4915
A	B	C	D	E	F	G	H	I	J	K	L	M
5123	5615	6100	7015	7120	7695	7812	8103	8719	9020	9608	9713	9911
N	O	P	Q	R	S	T	U	V	W	X	Y	Z

짝 전함 공격 횟수 :

A	B	C	D	E	F	G	H	I	J	K	L	M
N	O	P	Q	R	S	T	U	V	W	X	Y	Z

2A'

내 전함 공격 횟수 :

56	194	306	1024	1510	1807	2500	2812	3011	3902	4178	5902	5915
A	B	C	D	E	F	G	H	I	J	K	L	M
6102	6526	6818	7020	7155	7913	8016	8230	8599	8902	9090	9526	9812
N	O	P	Q	R	S	T	U	V	W	X	Y	Z

짝 전함 공격 횟수 :

A	B	C	D	E	F	G	H	I	J	K	L	M
N	O	P	Q	R	S	T	U	V	W	X	Y	Z

2B'

내 전함 **공격 횟수 :**

0	1	2	3	4	5	6	7	8	9
A 1982 B 7841	C 6113 D 1055		E 9121 F 1011 G 2984	H 5009 I 2651 J 1751 K 4848	L 1248 M 1716 N 2148	O 2004 P 5173 Q 2806	R 9369 S 1321 T 3004 U 7190	V 3285	W 9172 X 2052 Y 6012 Z 7525

짝 전함 **공격 횟수 :**

0	1	2	3	4	5	6	7	8	9
A B C D	E F G	H I J	K	L M N		O P Q	R S T U	V W X	Y Z

3A'

내 전함 **공격 횟수 :**

0	1	2	3	4	5	6	7	8	9
A 8615 B 7003 C 1991 D 6211	E 1361 F 7644 G 5600	H 7726 I 9003 J 5557	K 3000	L 1814 M 2002 N 8844		O 9656 P 4002 Q 1221	R 6993 S 3121 T 4300 U 1907	V 8208 W 9423 X 4176	Y 2917 Z 4122

짝 전함 **공격 횟수 :**

0	1	2	3	4	5	6	7	8	9
A B	C D		E F G	H I J K	L M N	O P Q	R S T U	V	W X Y Z

3B'

07 학습활동 가장 가벼운 것과 무거운 것 —정렬 알고리즘 _Sorting Algorithms

요약

컴퓨터를 이용하면 사람의 이름을 가나다순으로 정리하거나, 약속이나 E-Mail은 날짜 순으로, 물품은 일련번호 순으로 편리하게 정리할 수 있습니다. 정리된 목록이나 값들은 구분하고 검색하기 매우 편리합니다. 예를 들어, 학교 시험 성적을 점수에 따라 오름차순이나 내림차순으로 정리하면 가장 낮은 점수와 가장 높은 점수를 쉽게 찾고 확인할 수 있습니다. 컴퓨터에서 이와 같이 정리하는 것을 정렬이라고 합니다.

하지만 아무리 성능이 뛰어난 컴퓨터라 하더라도 잘못된 정렬 방식을 사용하게 된다면 정렬된 결과를 얻는 데 매우 오랜 시간이 걸리게 됩니다. 학생들이 정렬을 위한 다양한 방법을 익히게 된다면, 효율적인 정렬 방법이 훨씬 더 빠른 검색을 가능하게 할 수 있음을 알게 될 것입니다.

관련교과

- 2015 중학교 정보 교육 과정
  - 문제 해결과 프로그래밍 영역(핵심개념: 알고리즘)

활동 및 수업활용 예시

- 활동 1 : 무게로 정렬하기
  - 준비물 : 모래 또는 물, 8개의 서로 다른 용기, 양팔저울 세트
- 활동 2 : 카드순서 바꾸기
  - 준비물 : 트럼프 카드 (또는 숫자가 적힌 카드)
- 활동 3 : 선택된 카드
  - 준비물 : 트럼프 카드 (또는 숫자가 적힌 카드)
- 추가학습 : 다양한 정렬 알고리즘

▸ CS 핵심원리 : 퀵 정렬

* 자세한 준비물은 각 활동에 제시된 '준비물' 내용을 참고하세요.

활동 1 무게로 정렬하기

수업 설계하기

■ 학습목표

- 각 정렬 방법의 알고리즘을 이해하고 단계별 정렬 순서를 표현할 수 있다.
- 정렬 방법의 비교과정을 분석하여 비교횟수를 표현할 수 있다.

■ 학습내용

- 정렬 알고리즘을 이해하고 각 정렬 방법의 원리를 설명할 수 있다.
- 각 정렬 방법의 효율성을 비교 · 분석할 수 있다.

■ 핵심키워드

버블 정렬, 선택 정렬

용어정리

* **버블 정렬:** 인접한 자료들의 크기를 비교해서 그 결과가 순서화되어 있지 않으면 교환하는 방식입니다.
* **선택 정렬:** 전체 자료 중에서 기준위치에 맞는 자료를 선택하여 자리를 교환하는 방법입니다.

수업활용 예시

수업활용 예시 1 도입하기

정렬(sort)은 주어진 자료를 어떤 기준에 의하여 순서대로 나열하는 것입니다. 예를 들어, 책장에 책을 정리할 때 도서명을 정리하는 것, 인터넷 가격 비교사이트에서 제품을 가격순으로 나열하는 것 등 일상생활에서 정렬은 많이 사용되는 알고리즘 중에 하나입니다. 여기서 '도서명', '가격순'이 정렬을 하기 위한 기준이 됩니다.

자료를 작은 것에서부터 큰 것으로 정렬하는 것을 오름차순 정렬이라고 하고, 자료를 큰 것에서부터 작은 것으로 순서대로 정렬하는 것을 내림차순 정렬이라고 합니다.

컴퓨터는 일련의 목록을 정렬하는 일을 합니다. 예를 들어, 이름을 알파벳 순서로, 약속이나 이메일을 날짜별로 또는 물품을 숫자 순서대로 정렬하는 일 등이 있습니다. 정렬된 목록은 검색하는 데 편리하고, 값들은 보기 좋게 합니다. 학교 시험 성적을 점수대로 정렬하면 가장 낮은 점수와 가장 높은 점수를 쉽게 찾을 수 있습니다. 그러나 잘못된 방식을 사용하면 많은 목록을 정렬하는 데 오랜 시간과 비용이 필요하게 됩니다. 학생들이 정렬을 위한 다양한 방법들을 발견하고, 좋은 방법이 훨씬 더 빠르다는 것을 느낄 수 있도록 해보겠습니다.

수업활용 예시 2 전체 수업 계획하기

먼저 가장 가벼운 것과 가장 무거운 것을 찾는 알고리즘에 대하여 알아보도록 하겠습니다. 이 알고리즘을 찾으면 학생들은 이미 다양한 정렬 방법에 대하여 알고 있는 것입니다. 자료들이 정렬되지 않으면 검색이나 식별이 어렵지만 정렬된 자료들은 식별하고 검색하기가 빠르고 편리해집니다.

❶ 문제 제시

각 용기에 담긴 무게를 달아 물체를 무게 순서대로 정렬하라고 합니다. 이때 주의할 것은 모양이나 크기는 동일하나 서로 다른 무게의 용기를 만들어야 합니다.

그림 2.1

TIP 무게 정렬하기 준비사항 파악

관련교과	수학 : 무게 측정하기
요구능력	양팔저울 사용하기, 정렬하기, 비교하기
나이	8세 이상
학습자료(모둠별 준비물)	같은 크기, 다른 무게의 용기 8개 (바둑알이 들어있는 종이컵, 모래가 담긴 우유팩 이나 필름통), 양팔 저울

토론거리

컴퓨터는 목록을 정렬하는 일을 합니다. 어떤 것들을 정렬하는 모든 공간을 생각해 보는 일은 중요합니다. 만약 순서대로 정렬하지 않는다면 어떤 일이 일어날까요?

일반적으로 컴퓨터는 한 번에 두 개의 값만을 비교합니다. 다음의 학습활동은 이러한 제한점을 사용하여 학생들에게 아이디어를 제공합니다.

학생들에게 용기의 무게를 측정하기 전에 [토론거리]를 줍니다. 학생들이 스스로 또는 모둠별로 생각하여 발표하게 합니다. 그리고 컴퓨터의 '값 비교 원리'를 설명합니다. (컴퓨터의 값 비교 원리: 컴퓨터는 한 번에 두 개의 값을 비교하는데, 워낙 속도가 빠르기 때문에 원하는 자료를 정렬하는 것이 됩니다.) 이 제한점은 앞으로 중요한 공식이 되고 알고리즘 원리가 됩니다.

❷ 준비활동

먼저 학생들을 모둠으로 나누어 진행합니다. 그리고 각 모둠별로 8개의 용기와 양팔 저울을 준비하도록 합니다. 당연히 조장을 선출하고 모둠을 리드하도록 합니다.

1. 학생을 모둠으로 나눕니다. (3명이나 4명이 좋습니다.)
2. 각 모둠은 활동지에 무게와 크기를 측정하여 기록합니다.
3. 학생들이 학습활동을 하도록 하고 결과에 대해 토론합니다.

무게 정렬하기

목표 : 물체를 무게 순서대로 정렬하는 최고의 방법을 찾는다.

준비물 : 모래 또는 물(대신 바둑알 사용가능), 8개의 무게가 서로 다른 용기(종이컵), 양팔 저울 세트

수행과정

1. 각 용기에 서로 다른 양의 모래 또는 물을 채우고 꼭 닫는다. (바둑알을 종이컵에 넣고, 종이컵의 윗부분을 밀봉한다.)

2. 무게의 순서를 모를 때까지 용기를 마구 섞는다.
3. 가장 가벼운 것을 찾는다. 찾기 가장 쉬운 방법은 무엇인가?
4. 3개의 용기를 무작위로 선택하고 저울만을 이용하여 가장 가벼운 것으로부터 무거운 것으로 정렬한다. 어떻게 하였는가? 최소 비교 횟수는? 이유는 무엇인가?
5. 모든 용기를 무게에 따라 정렬한다.

❸ 활동

학생들에게 활동지를 나누어줍니다.

각 조장이 모둠원과 함께 활동지의 내용대로 용기의 무게를 측정합니다.

수행과정이 모두 완료되었다고 생각되면, 바로 옆의 용기끼리 다시 무게를 측정하면서 올바르게 정렬을 했는지 확인합니다.

수업활용 예시 3 활동하기

1. 무작위로 용기를 하나 선택하고 그것을 저울 한편에 올려 둡니다.

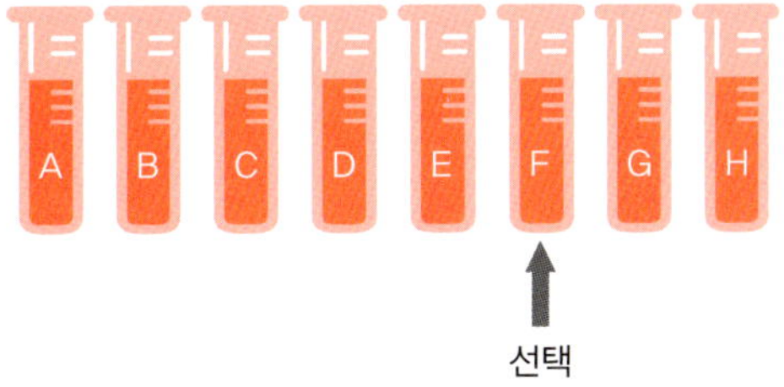

그림 2.2 무작위로 정렬된 용기

2. 남은 용기들을 선택한 용기와 비교한 후 가벼운 것은 왼쪽에, 무거운 것은 오른쪽에 배치합니다(이 과정에서 한 쪽 편에 더 많은 용기가 옮겨질 수도 있습니다).

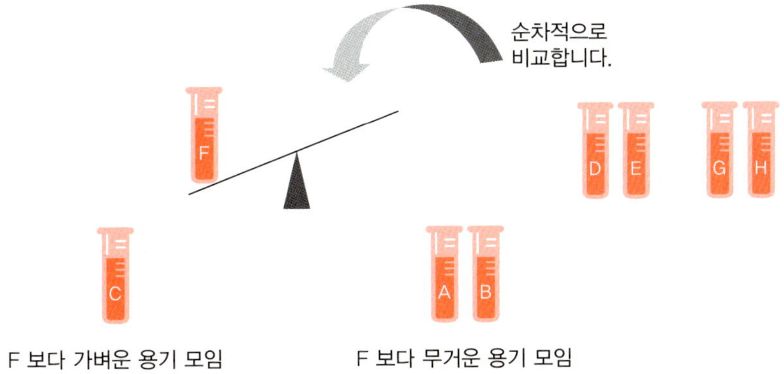

그림 2.3 F를 기준으로 순차적으로 비교하기

3. 왼쪽 그룹과 오른쪽 그룹의 용기에서 무작위로 하나의 용기를 선택하여 위의 과정을 되풀이 합니다. 단, 처음에 선택한 용기는 반드시 그룹의 중간에 위치하고 있어야 합니다.

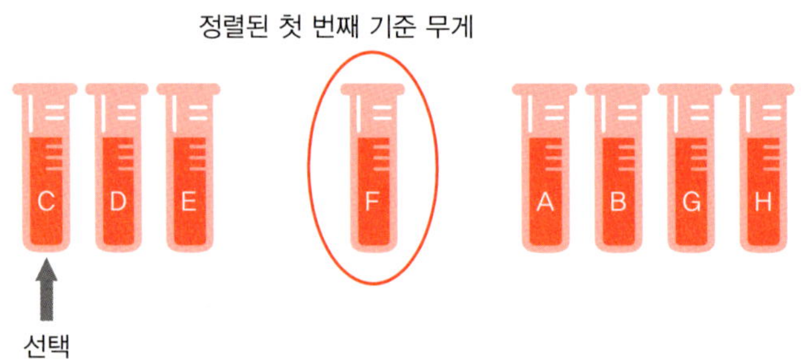

그림 2.4 F를 기준으로 정렬된 용기

4. 모든 그룹에 하나의 용기만 남을 때까지 이 과정을 반복합니다.
   - 몇 번의 비교가 이루어졌나요?

주의 **저울 사용**

각 용기의 무게를 측정하기 위해서만 저울을 사용할 수 있다고 전달합니다. 저울은 한 번에 2개씩만 비교를 해야 한다고 전달합니다.

수업활용 예시 4 토론하기

학생들과 함께 도입하기를 수행했거나 혹은 학생들에게 설명했다면 다음의 내용을 질문하고, 토론할 수 있게 해주세요.

1. 지금 수행한 활동에서 가장 가벼운 용기를 처음에 선택하게 되었다면 정렬을 완료하는 데 몇 번의 비교를 수행해야 할까요?

2. 어떤 무게의 용기를 처음에 선택하였을 때 가장 적은 비교횟수로 정렬할 수 있을까요?

3. 8개의 물건을 무게에 따라서 정렬하는 데 총 몇 번의 비교 과정이 필요한지 알아보고 다른 친구들과 비교해 봅시다.

4. 20개의 물건을 무게에 따라서 정렬하는 데 총 몇 번의 비교 과정이 필요한지 알아봅시다.

해결 방법과 힌트

토론주제 1, 2

가장 가벼운 물건을 찾는 최적의 방법은 현재까지 찾아낸 가장 가벼운 물건을 기준으로 다른 물건들과 비교를 진행하는 것입니다. 두 개를 비교하여 더 가벼운 물건이 나오면 이를 기준으로 다음 물건과 비교를 진행하고 모든 물건과 비교를 마무리 할 때까지 이 과정을 반복합니다.

양팔 저울을 사용하면 세 번의 비교 과정을 통해서 찾아낼 수 있습니다. 만약 학생들이 추론적으로 생각한다면 두 번의 비교로도 해결할 수 있습니다(만약 A가 B보다 가볍고, B가 C보다 가볍다면, A는 C보다 가볍습니다).

토론주제 3

선택 정렬의 비교 횟수를 세는 편리한 방법도 있습니다. 두 개의 물체를 비교하는 데 한 번의 비교가 필요하므로, 세 개의 물체는 두 번, 네 개의 물체는 세 번의 비교 과정이 필요하게 됩니다. 즉, 선택 정렬을 사용하여 여덟 개의 물체를 정렬하기 위해서는 첫 번째 것을 찾는 데 7번, 다음 것을 찾는 데 6번, 그 다음 것을 찾는 데 5번을 비교해야 합니다. 따라서 '$7 + 6 + 5 + 4 + 3 + 2 + 1 = 28$번'의 결과를 얻을 수 있으며, n개의 물체를 정렬하려면 $1 + 2 + 3 + 4 + \ldots + n - 1$번의 비교를 진행해야 합니다.

토론주제 4

만약 이 숫자들을 아래와 같은 방식으로 그룹 짓는다면 계산이 쉬워집니다. 예를 들어, $1+2+3+\ldots+20$을 계산할 때는 다음과 같이 그룹을 만들도록 합니다.

$$(1 + 20) + (2 + 19) + (3 + 18) + (4 + 17) + (5 + 16) + (6 + 15) + (7 + 14) + (8 + 13) + (9 + 12) + (10 + 11) = 21 \times 10 = 210$$

따라서, $1 + 2 + 3 + 4 \ldots + n - 1 = n(n - 1)/2$의 계산식을 얻을 수 있습니다.

어떤 무게의 용기를 처음에 선택하였을 때 가장 적은 비교 횟수로 정렬할 수 있을까요?

처음에 선택한 용기가 중간에 위치하는 무게라면, '활동 1'에 비해서 비교 횟수를 대폭 줄일 수 있습니다.

활동 2 카드순서 바꾸기

수업활용 예시

수업활용 예시 1 도입하기

정렬 알고리즘은 자료들을 번호순이나 사전순서와 같이 일정한 순서대로 열거하는 알고리즘입니다. 효율적인 정렬은 탐색이나 병합 알고리즘처럼 다른 알고리즘을 최적화하는 데 중요합니다. 정렬 알고리즘은 의미 있는 결과물을 생성하는 데 유용합니다. 버블 정렬에 대하여 알아보도록 하겠습니다.

(1) 버블 정렬(bubble sort)의 개념

물속에서 거품이 움직이는 것과 비슷하기 때문에 버블 정렬 알고리즘이란 이름이 붙여졌다고 합니다. 버블 정렬은 인접한 자료들의 크기를 비교해서 크기에 따라, 즉 작은 것이 왼쪽, 큰 것이 오른쪽에 있지 않으면 교환하는 방식입니다. 순서가 바뀐 후에도 서로 이웃하는 자료의 위치를 맞바꾸는 과정을 반복합니다. 바꾸는 작업이 더 이상 발생하지 않을 때 자료들이 모두 정렬된 것입니다.

버블 정렬의 예시

버블 정렬의 방법은 첫 번째, 맨 왼쪽의 두 자료인 5와 39를 먼저 비교합니다. 5가 39보다 작으므로 교환이 발생하지 않습니다.

두 번째, 39와 2를 비교합니다. 39가 2보다 크므로 2와 자리를 교환합니다.

세 번째, 자리를 바꾼 39와 44를 비교합니다.

이런 방법으로 자료의 끝까지 비교를 하면서 자리를 교환합니다. 이것으로 한 사이클이 끝나게 됩니다. 한 사이클이 끝나면 가장 오른쪽에 가장 큰 자료가 위치하게 됩니다.

그럼 두 번째 사이클을 시작합니다. 즉, 맨 왼쪽의 두 자료인 5와 2를 비교합니다. 이와같은 방식으로 전체 자료가 모두 정리될 때까지 비교해서 정렬합니다.

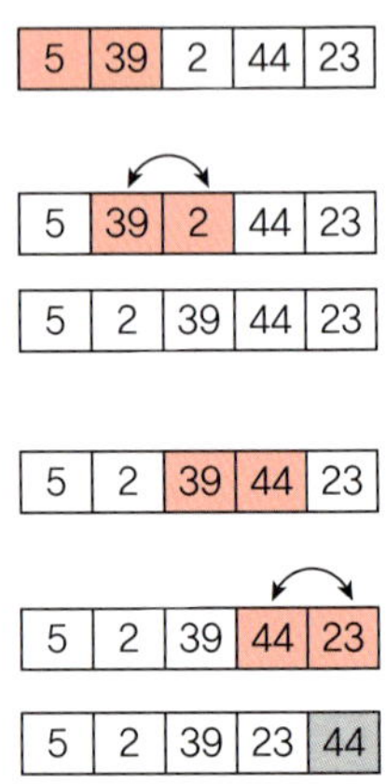

그림 2.5

(2) 버블 정렬 알고리즘

기본적인 지식을 바탕으로 버블 정렬 알고리즘에 대하여 살펴보도록 하겠습니다. 이웃하는 자리의 수와 크기를 비교하여 차례대로 진행해 나아가는 방식입니다. 교재나 알고리즘마다 약간의 차이가 있지만 일반적인 방법을 설명한 것입니다.

버블 정렬 알고리즘

가. 첫 번째 자리의 수와 두 번째 자리의 수를 비교하여 두 번째 자리의 수가 작으면 자리를 바꾸고, 아니면 그대로 둡니다.

나. 두 번째 자리의 수와 세 번째 자리의 수를 비교하여 세 번째 자리의 수가 작으면 자리를 바꾸고, 아니면 그대로 둡니다.

다. 세 번째 자리의 수와 네 번째 자리의 수도 같은 방법으로 비교하여 처리합니다.

라. 같은 방법으로 다음 자리의 수와 비교하면서 처리해 나갑니다.

마. 마지막-1번째 자리의 수와 마지막 자리의 수를 같은 방법으로 비교하여 처리하면 마지막 자리에 가장 큰 수가 들어가고, 한 사이클이 끝납니다.

바. 다시 첫 번째 자리와 두 번째 자리의 수를 비교하면서 새로운 사이클을 시작합니다. 마지막-2번째 자리의 수와 마지막-1번째 자리의 수를 비교하여 처리하면, 두 번째 사이클이 끝납니다.
(한 사이클이 지날 때 마다 마지막 자리에 가장 큰 수가 자리를 잡게 됩니다.)

사. 첫 번째 자리의 수와 두 번째 자리의 수를 비교하여 한 사이클이 끝나는 때까지 진행합니다.

수업활용 예시 2 활동하기

이제 학생들과 같이 수행하는 버블 정렬 활동을 수행해 보도록 하겠습니다. 학생들의 흥미를 위해서 카드를 사용하는 것이 좋습니다.

❶ 문제 제시

카드를 배치합니다. 일반적으로 쉽게 구할 수 있는 트럼프 카드를 사용해서 수행하는 것이 좋습니다. 숫자가 적힌 카드를 사용하셔도 됩니다.

다음의 수를 버블 정렬 알고리즘을 이용하여 오름차순으로 정렬해 보겠습니다.

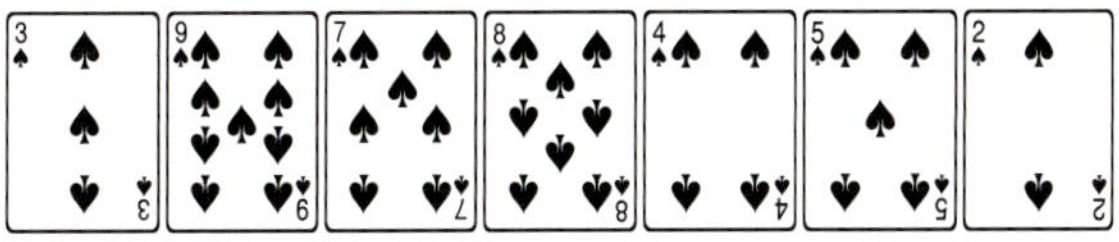

그림 2.6

활동은 다음과 같은 순서로 진행합니다.

첫 번째 사이클

첫째, 카드 위에 번호를 붙여 카드들이 잘 정렬이 되고 있는지 확인해 볼 것입니다.

둘째, 왼쪽을 기준으로 첫 번째 수와 두 번째 수를 비교하여 두 번째 수가 작으면 자리를 바꾸고, 아니면 그대로 둡니다. 현재 3과 9를 비교하므로 3이 9보다 작아 자리 교환이 발생하지 않습니다.

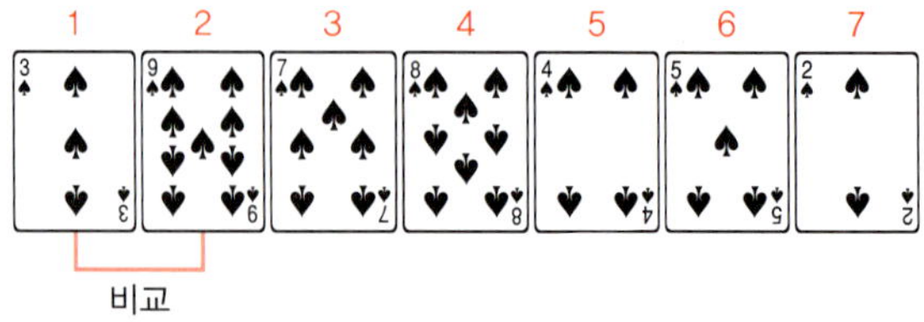

그림 2.7

셋째, 두 번째 수와 세 번째 수를 비교하여 세 번째 수가 작으면 자리를 바꾸고, 아니면 그대로 둡니다.

여기서는 7이 9보다 작으므로 서로 자리를 교환합니다.

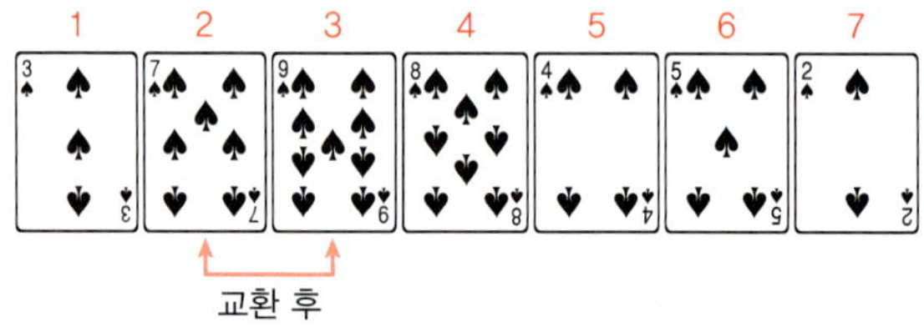

그림 2.8

넷째, 세 번째 수와 네 번째 수를 비교하여 네 번째 수가 작으면 자리를 바꾸고, 아니면 그대로 둡니다.

9와 8을 비교하면 9가 더 크므로 8과 자리를 교환합니다.

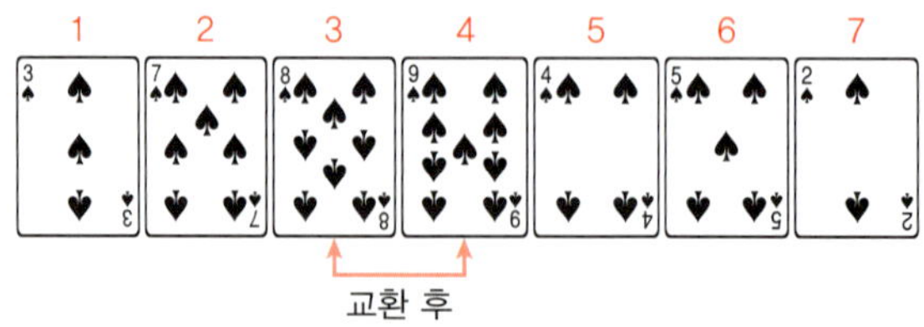

그림 2.9

다섯째, 계속해서 점점 오른쪽으로 옮겨가며 두 개의 숫자를 비교합니다.

9와 4를 비교하면 9가 더 크므로 4와 자리를 교환합니다.

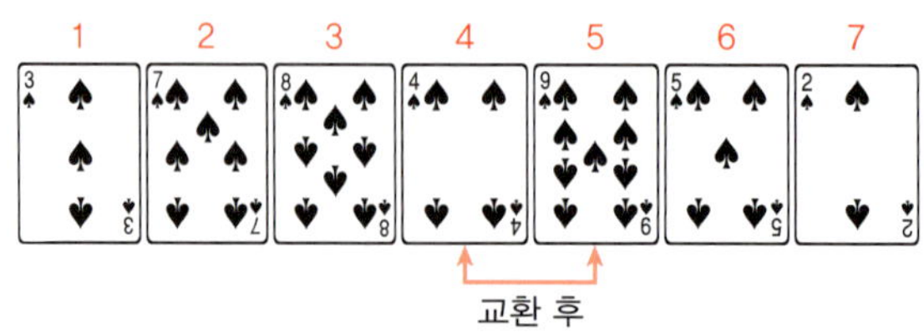

그림 2.10

여섯째, 다섯 번째 수와 여섯 번째 수를 비교합니다.
9와 5를 비교하면 9가 더 크므로 5와 자리를 교환합니다.

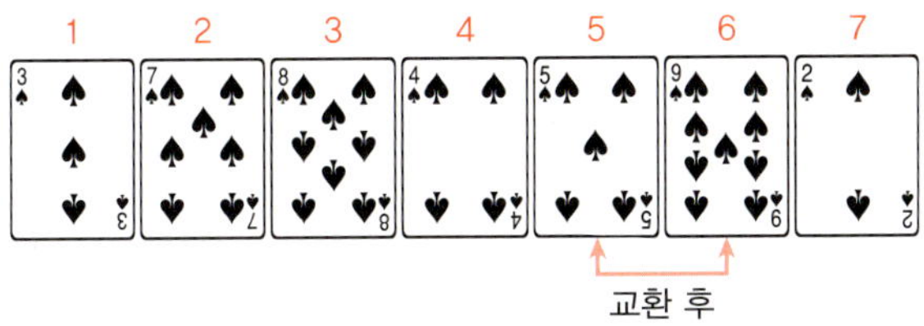

그림 2.11

일곱째, 마지막으로 9와 2를 비교하여 9가 더 크므로 2와 자리를 교환합니다.

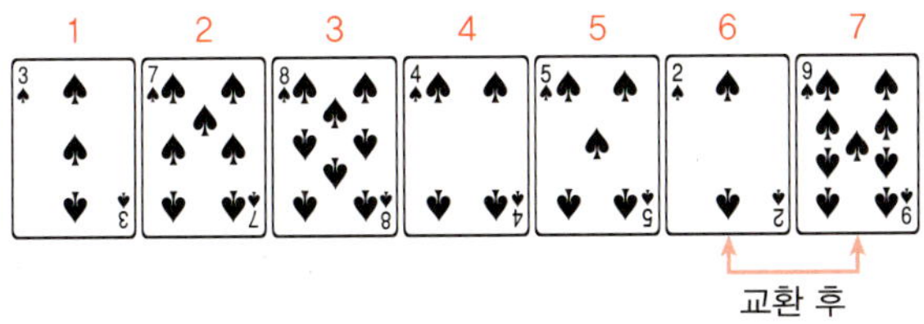

그림 2.12

그리고 맨 오른쪽의 숫자를 고정합니다. 숫자 하나가 고정되면 하나의 사이클이 끝나게 됩니다. 버블 정렬에 대하여 어느 정도 이해가 되시리라 생각됩니다.

이제 숫자 9는 고정되어 있으므로 다음 사이클에서는 비교 대상이 아닙니다.

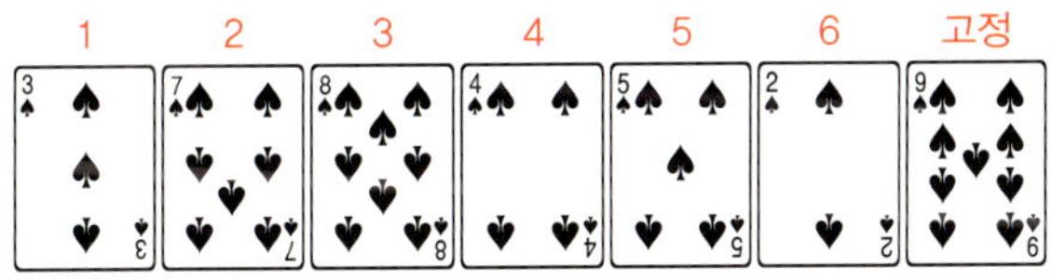

그림 2.13

두 번째 사이클

첫 번째 사이클이 끝났으므로 두 번째 사이클이 시작됩니다. 방법은 동일합니다.

첫째, 첫 번째 수와 두 번째 수를 비교하여 두 번째 수가 작으면 자리를 바꾸고, 아니면 그대로 둡니다. 현재 3과 7을 비교하므로 3이 7보다 작아 자리 교환이 발생하지 않습니다.

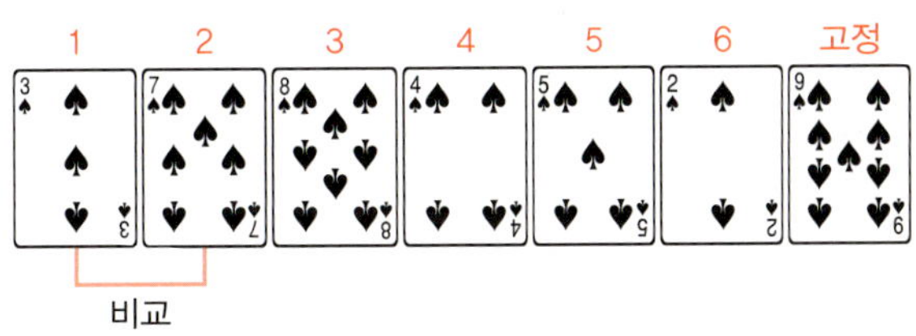

그림 2.14

둘째, 7이 8보다 작으므로 서로 자리를 교환하지 않습니다.

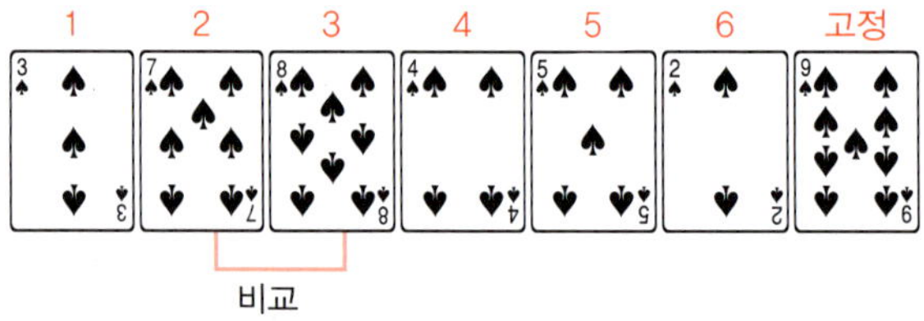

그림 2.15

셋째, 세 번째 수와 네 번째 수를 비교하여 네 번째 수가 작으면 자리를 바꾸고, 아니면 그대로 둡니다.

8과 4를 비교하면 8이 더 크므로 4와 자리를 교환합니다.

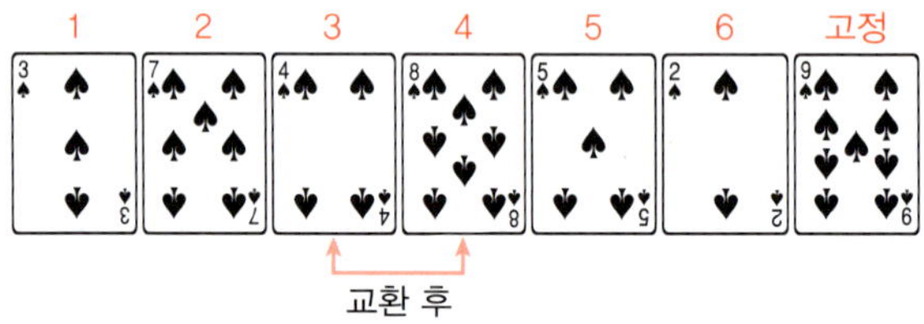

그림 2.16

넷째, 네 번째 수와 다섯 번째 수를 비교합니다.

8과 5를 비교하면 8이 더 크므로 5와 자리를 교환합니다.

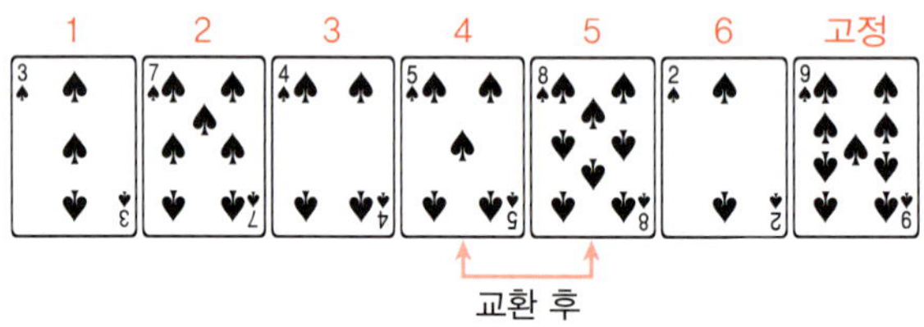

그림 2.17

다섯째, 다섯 번째 수와 여섯 번째 수를 비교합니다.

8과 2를 비교하면 8이 더 크므로 2와 자리를 교환합니다.

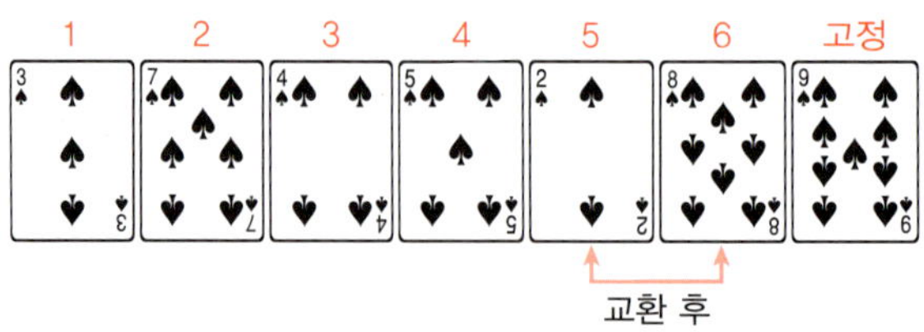

그림 2.18

여섯째, 마지막 여섯 번째 수와 일곱 번째 수를 비교하면 안 됩니다. 숫자 9는 첫 번째 사이클에서 자리가 고정된 수입니다. 카드의 수 중에서 가장 큰 수이기 때문입니다.

즉, 숫자 8도 이제 자리가 고정이 됩니다. 이로써 두 번째 사이클도 끝이 나게 됩니다.

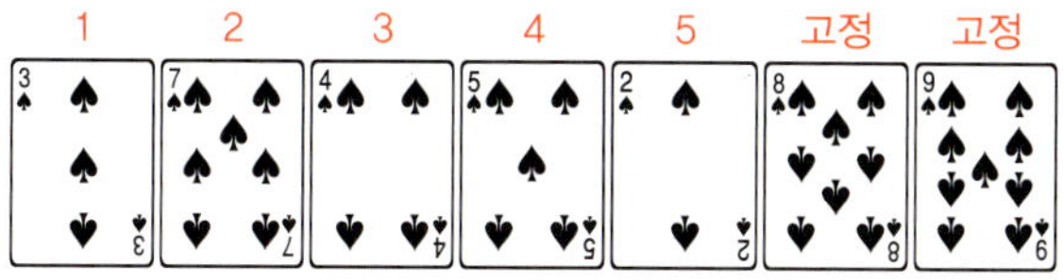

그림 2.19

세 번째 사이클

두 번째 사이클이 끝났으므로 세 번째 사이클이 시작됩니다. 방법은 동일합니다.

왼쪽을 기준으로 첫 번째 수와 두 번째 수를 비교하여 두 번째 수가 작으면 자리를 바꾸고, 아니면 그대로 둡니다. 현재 3과 7을 비교하므로 3이 7보다 작아 자리 교환이 발생하지 않습니다.

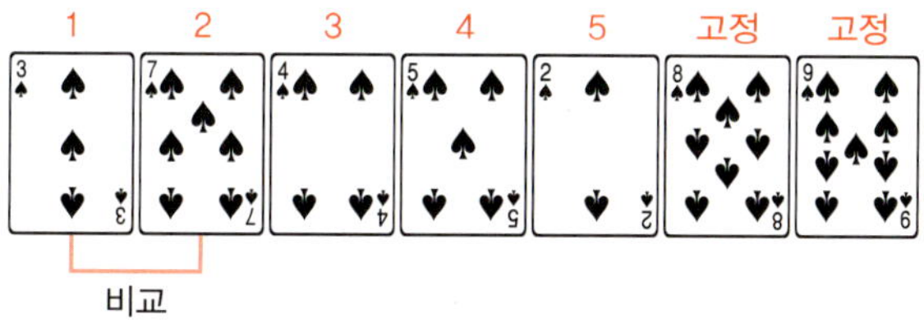

그림 2.20

그리고 두 번째 수와 세 번째 수를 비교하고, 세 번째와 네 번째, 네 번째와 다섯 번째를 비교합니다.

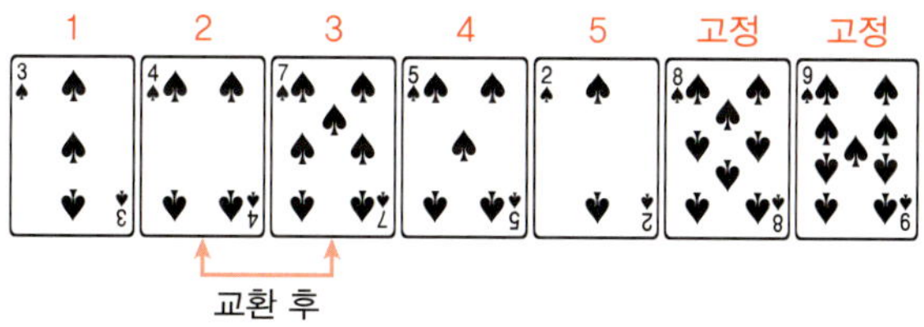

그림 2.21

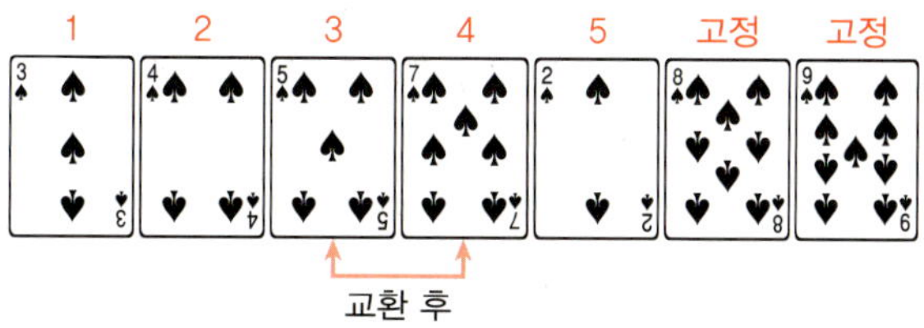

그림 2.22

7과 2를 비교하면 7이 더 크므로 2와 자리를 교환합니다.

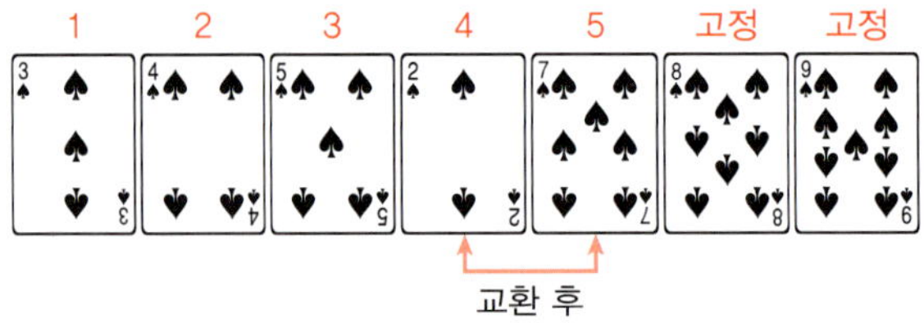

그림 2.23

그리고 세 번째 사이클의 마지막입니다. 8과 9가 고정되어 있는 수이므로 비교를 하지 않고 비교 대상의 수 중에서 7이 가장 크므로 7 또한 고정된 자료가 됩니다.

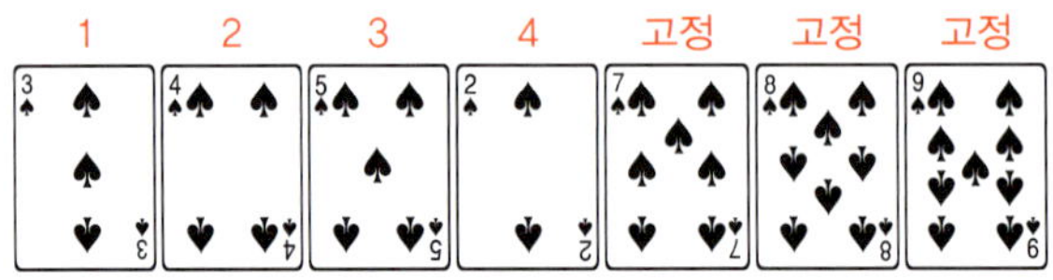

그림 2.24

네 번째 사이클

네 번째에서도 지금까지와 마찬가지로 첫 번째와 두 번째, 두 번째와 세 번째, 그리고 세 번째와 네 번째를 비교합니다.

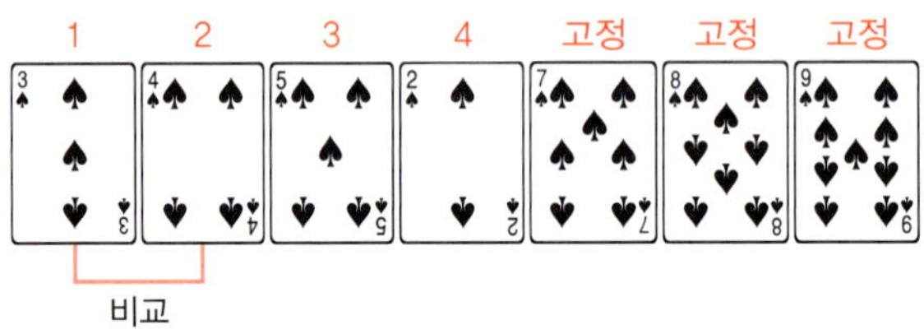

그림 2.25

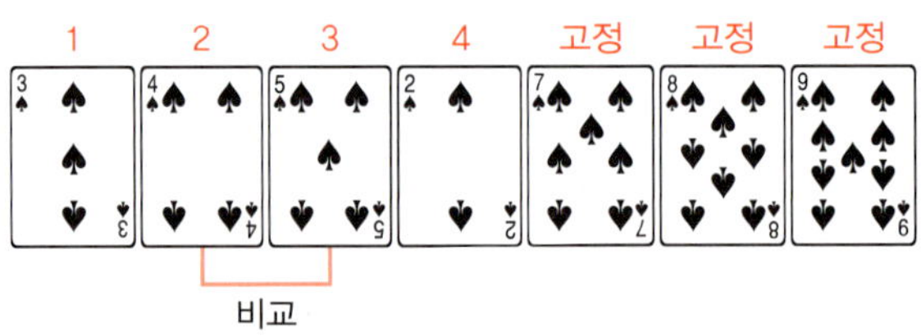

그림 2.26

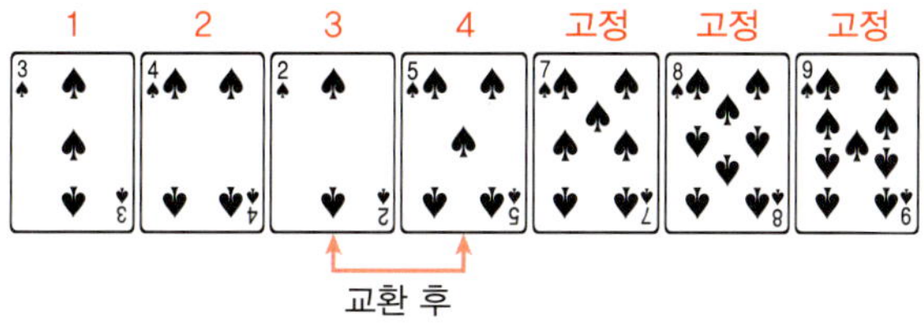

그림 2.27

세 번째와 네 번째 비교 이후, 7과 8, 9가 고정되어 있는 수이므로 비교를 하지 않고 비교 대상의 수 중에서 5가 가장 크므로 숫자 5 또한 고정합니다.

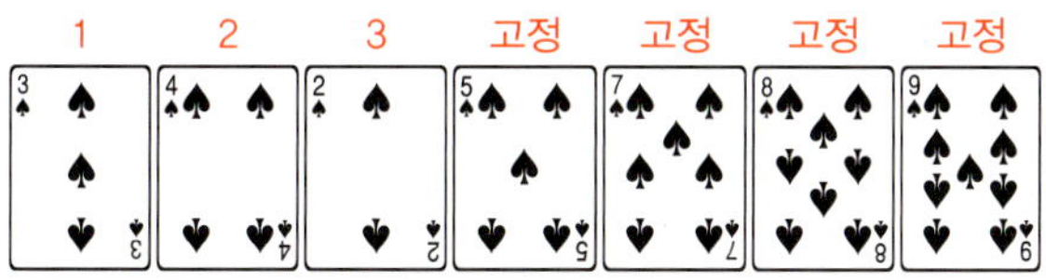

그림 2.28

다섯 번째 사이클

다섯 번째 사이클을 시작해야 합니다. 5, 7, 8, 9 숫자는 고정되었고 남은 수는 세 개 입니다.

동일한 방법으로 비교하고, 수의 크기를 고려하여 교환합니다.

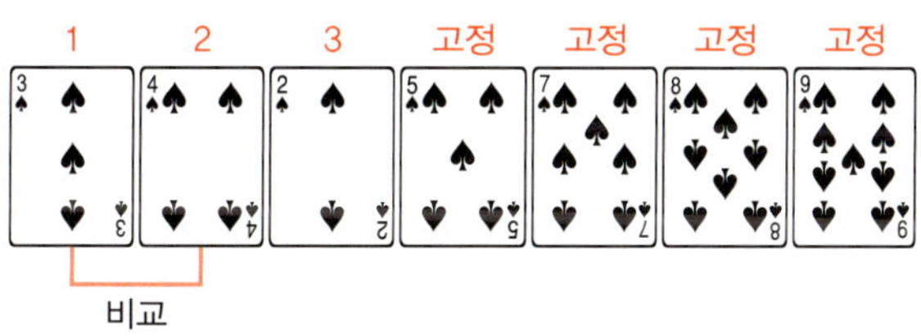

그림 2.29

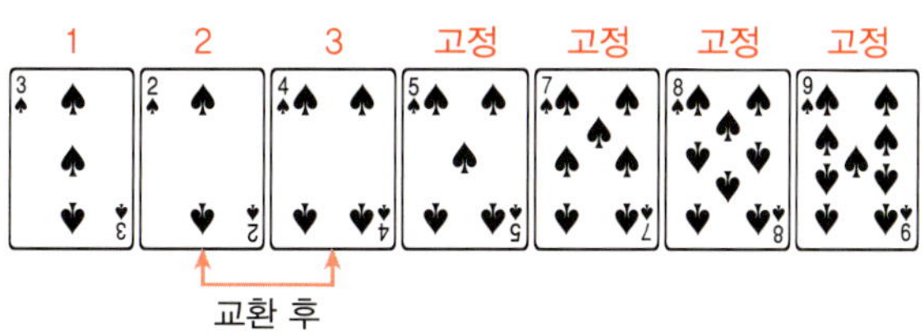

그림 2.30

마지막 단계에서는 고정된 수와 비교하지 않고 마지막의 수를 고정합니다.

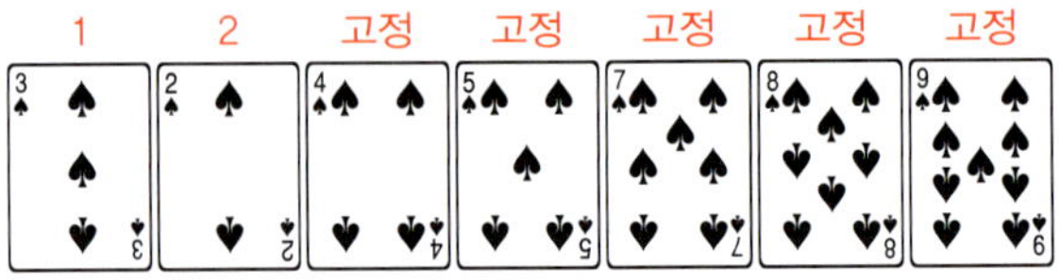

그림 2.31

여섯 번째 사이클

여섯 번째 사이클입니다. 4, 5, 7, 8, 9 숫자는 고정되었고, 남은 수는 두 개 입니다. 동일한 비교 방법을 사용합니다.

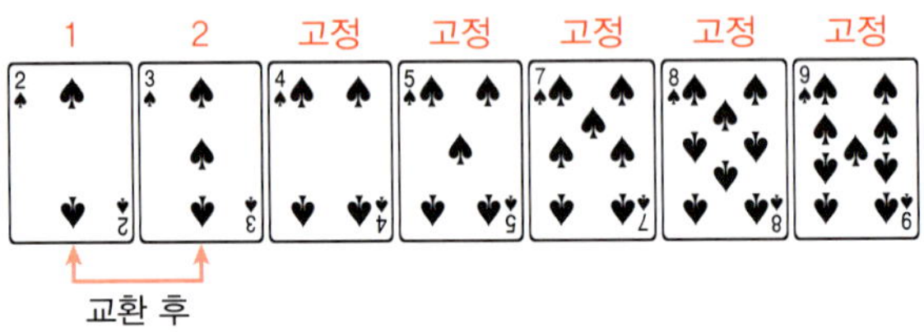

그림 2.32

최종 결과입니다.

모든 정렬 과정은 끝이 났습니다. 결과를 보니 숫자들이 정렬된 것을 확인할 수 있을 것입니다. 지금까지가 버블 정렬이었습니다. 학생들과 이런 활동을 하면 흥미도 유발하고, 실습을 통하여 학생들의 이해도를 높이는 데 많은 도움을 주게 됩니다.

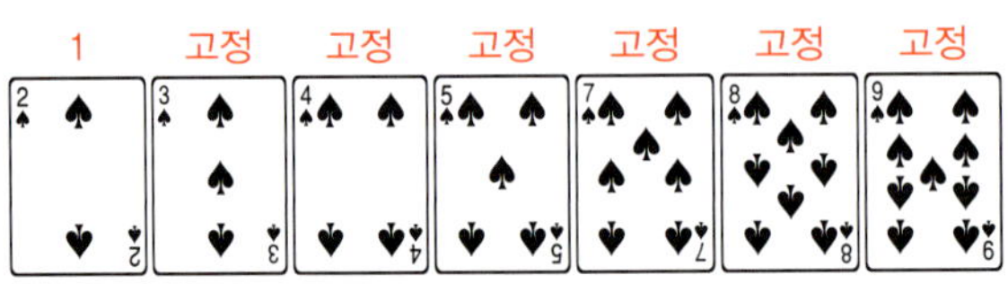

그림 2.33

활동 3 선택된 카드

수업활용 예시

수업활용 예시 1 도입하기

이제 선택 정렬에 대하여 알아보도록 하겠습니다. 선택 정렬은 전체 자료 중에서 기준위치에 맞는 자료를 선택하여 자리를 교환하는 방법입니다.

(1) 선택 정렬(selection sort)의 개념

선택 정렬은 정렬되지 않은 데이터들에 대해 가장 작은 데이터를 찾아 가장 앞의 데이터와 교환해나가는 방식입니다. 일반적으로 우리가 어떤 것을 크기 순서대로 정렬할 때 사용하는 방법과 유사한 방법입니다. 나열된 것 중에 가장 작은 또는 가장 큰 것을 선택하여 앞 또는 끝으로 보내는 작업을 반복합니다. 이상의 반복을 통해 최종적으로 크기 순서대로 정렬이 되는 방식입니다.

선택 정렬 방법은 그림과 같습니다.

첫째, 첫 번째 카드의 위치를 기준키로 정합니다. 둘째, 기준키에 있는 카드(3)와 다른 카드들(8, 4, 1, 7)을 순차적으로 비교합니다. 셋째, 가장 작은 숫자 카드(1)를 찾아 기준키에 있는 카드(3)와 위치를 바꿔줍니다.

이런 방법으로 기준키와 다른 키를 비교하여 작은 수를 앞으로 이동시킵니다.

다음 단계에서는 왼쪽 두 번째 숫자인 8이 기준키가 되겠습니다.

반복적으로 수행하면 오름차순으로 정렬이 됩니다.

즉, 버블 정렬과 선택 정렬은 동일하게 두 개씩 비교하지만 비교하는 숫자의 위치가 다름을 알 수 있습니다.

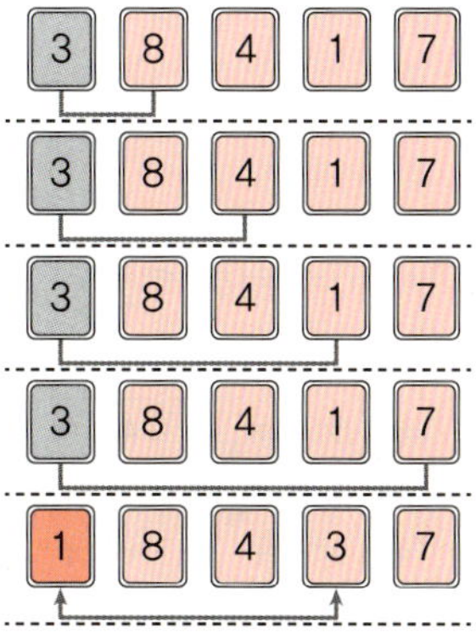

그림 2.34

(2) 선택 정렬 알고리즘

이제 기본적인 지식을 바탕으로 선택 정렬 알고리즘에 대하여 살펴보도록 하겠습니다. 선택 정렬은 자리를 고정하는 정렬 방법입니다.

선택 정렬 알고리즘의 이해

앞에서부터 한 자리씩 고정하고, 나머지 모든 수들과 비교하여 나가면서 처리합니다.

가. 첫 번째 수와 두 번째 수를 비교하여 두 번째 수가 작으면, 자리를 바꿉니다.
나. 첫 번째 수와 세 번째 수를 비교하여 세 번째 수가 작으면, 자리를 바꿉니다.
다. 첫 번째 수와 네 번째 수도 같은 방법으로 비교하여 처리합니다.
라. 첫 번째 수와 마지막 번째 수까지 같은 방법으로 처리하면 한 사이클이 끝납니다.
마. 다음 사이클에서는 두 번째 자리를 고정하고, 나머지 오른쪽의 수들과 비교하여 같은 방법으로 처리합니다.
(한 사이클이 지날 때마다, 고정한 자리에 가장 작은 수가 들어옵니다.)
바. (마지막-1)번째 자리를 고정하고 마지막 자리의 수와 비교하여 처리하면 마지막 사이클이 끝납니다.

수업활용 예시 2 **활동하기**

준비할 것
준비물: 트럼프 카드(또는 숫자가 적힌 카드)

학생들과 같이 수행하는 선택 정렬 활동을 수행해 보도록 하겠습니다. 학생들의 흥미를 위해서 카드를 사용하는 것이 좋습니다.

여기서도 마찬가지로 버블 정렬에 사용된 카드를 이용합니다. 같은 모양과 같은 숫자의 카드를 사용하여 정렬을 위한 비교 횟수나 교환 횟수를 쉽게 비교하기 위함입니다.
맨 왼쪽의 카드인 3이 기준키가 됩니다. 가장 앞의 수가 기준키가 되어 다른 수와 비교하는 것입니다.

다음의 수를 선택 정렬 알고리즘을 이용하여 오름차순으로 정렬해 보겠습니다.

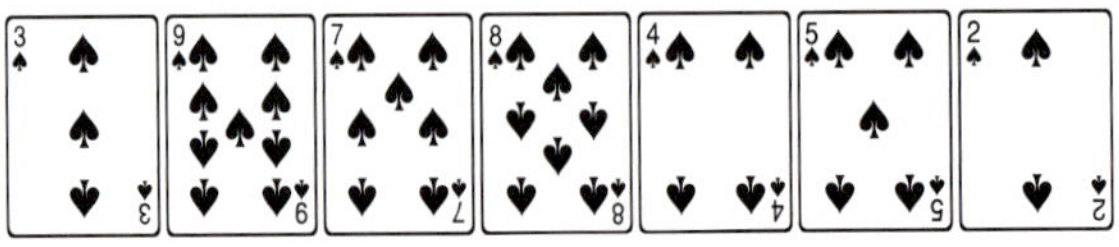

그림 2.35

첫 번째 사이클

첫째, 카드 위에 번호를 붙여 카드들이 잘 정렬이 되고 있는지 확인해 보십시오.

둘째, 첫 번째 수와 두 번째 수를 비교하여 두 번째 수가 작으면 자리를 바꾸고, 아니면 그대로 둡니다.

현재 3과 9를 비교하면 3이 9보다 작아 자리 교환이 발생하지 않습니다.

셋째, 3과 7을 비교해도 3이 작으므로 자리 교환이 발생하지 않습니다.

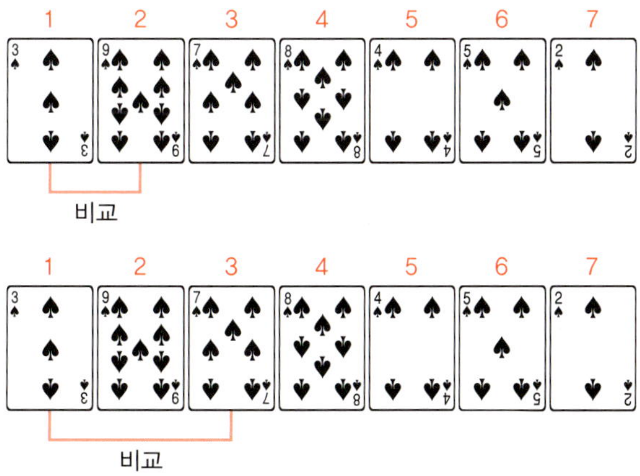

그림 2.36

넷째, 3과 8을 비교해도 3이 8보다 작아 자리 교환이 발생하지 않고, 다섯 째, 3과 4를 비교해도 3이 작으므로 자리 교환이 발생하지 않습니다.

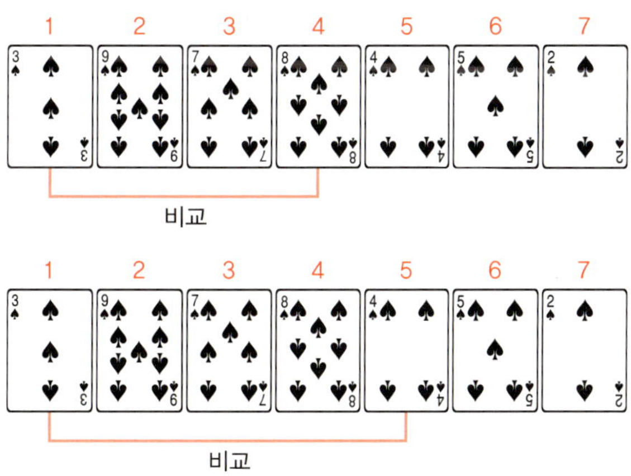

그림 2.37

여섯째, 3과 5를 비교하고 일곱째, 3과 2를 비교합니다. 3이 2보다 크므로 자리를 교환합니다.

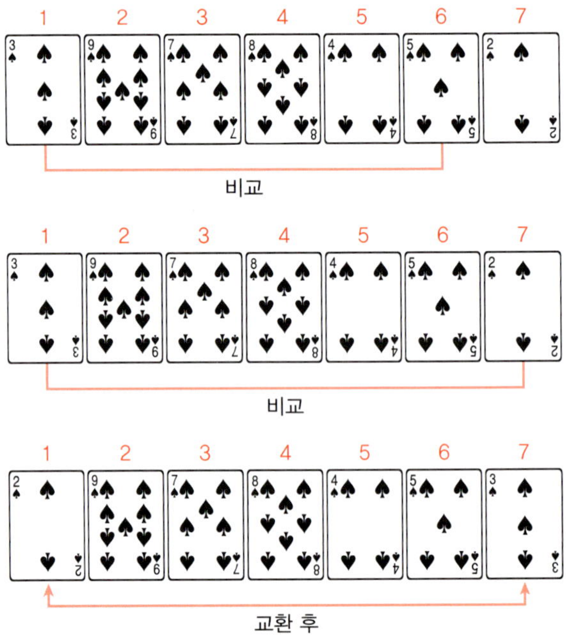

그림 2.38

첫 번째 사이클에서 맨 왼쪽에 가장 작은 수가 들어오고, 1단계가 완료됩니다.

숫자 2는 이제 가장 작은 수이므로 자리가 고정됩니다. 이제 왼쪽에서 두 번째에 있는 9로 기준키를 바꿔 두 번째 사이클을 시작합니다.

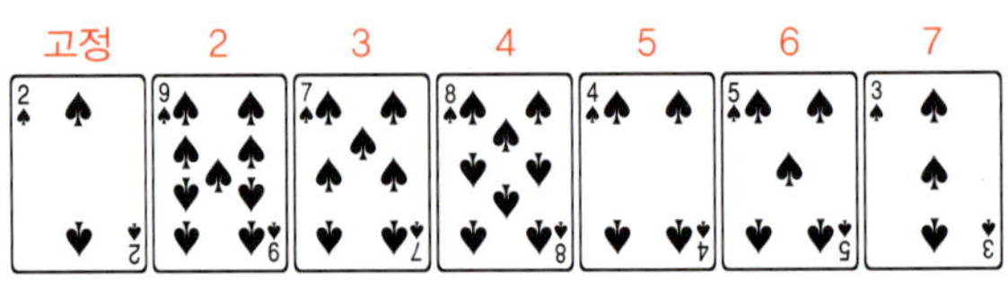

그림 2.39

두 번째 사이클

두 번째 사이클에서는 왼쪽에서 두 번째 수인 9가 기준키가 됩니다.
첫째, 9와 7을 비교합니다. 9가 7보다 크므로 서로 자리를 교환합니다.

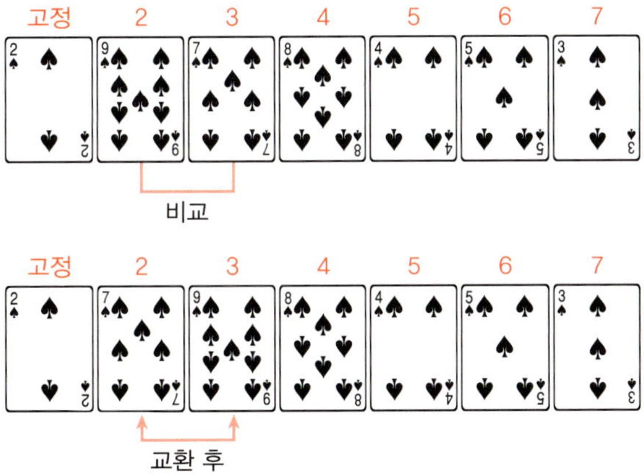

그림 2.40

둘째, 교환한 이후에는 기준키가 7이 됩니다. 셋째, 7과 8을 비교합니다. 7이 작으므로 자리 교환이 발생하지 않습니다. 넷째, 7과 4를 비교합니다. 4가 7보다 작으므로 서로 자리를 교환합니다.

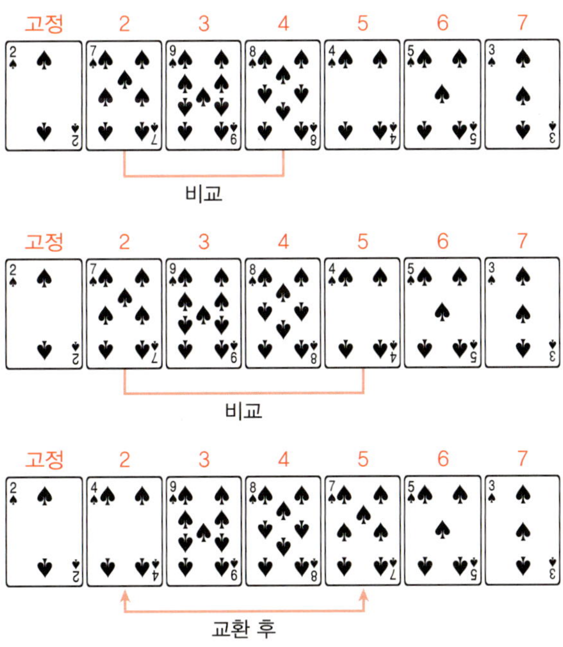

그림 2.41

다섯째, 7과 교환한 4가 기준키로 바뀝니다. 아직 두 번째 사이클이 끝나지 않았으므로 두 번째 자리의 수가 기준키임을 잊지 말아야 합니다.

여섯째, 4와 5를 비교하면 자리 교환이 발생하지 않습니다. 일곱째, 4와 3을 비교하면 3이 작으므로 자리 교환이 발생합니다.

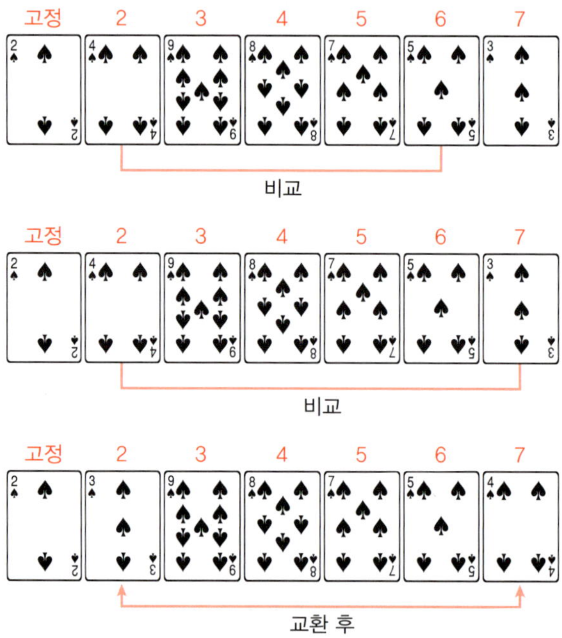

그림 2.42

두 번째 사이클이 끝나면서 3이 가장 작은 수로 마무리 되었습니다.
이제 2와 3은 해당 자리가 고정되고 비교 대상에서 제외됩니다.

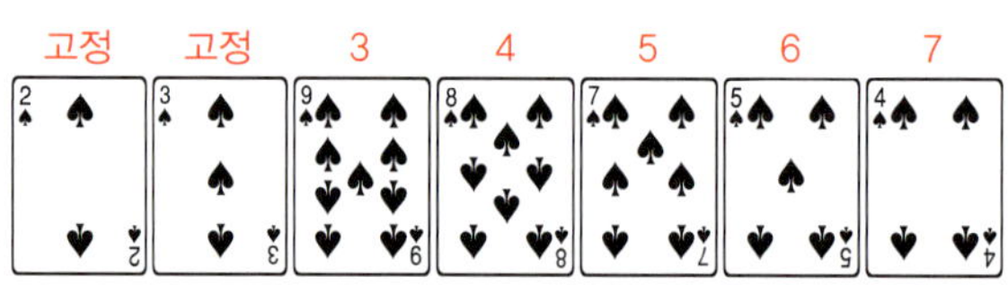

그림 2.43

세 번째 사이클

세 번째 사이클에서는 왼쪽에서 세 번째 수인 9가 기준키입니다.
첫째, 9와 8을 비교해서 8이 더 작으므로 자리를 교환합니다.

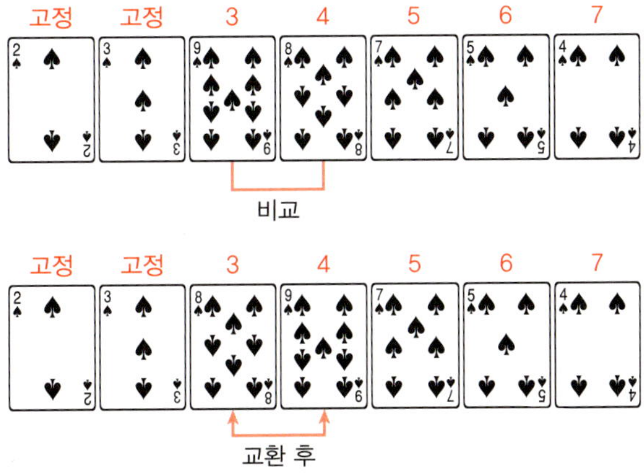

그림 2.44

둘째, 8이 기준키가 됩니다. 8과 7을 비교하여 서로 자리를 교환합니다.

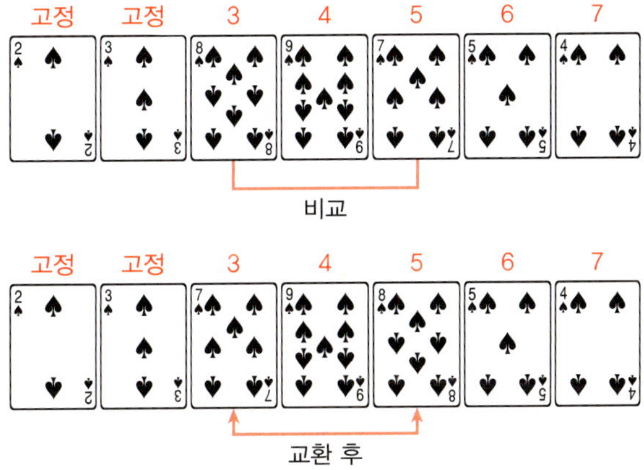

그림 2.45

셋째, 기준키가 7입니다. 세 번째 사이클이므로 왼쪽에서 세 번째 수가 계속 기준키입니다. 7과 5를 비교하여 서로 자리를 교환합니다.

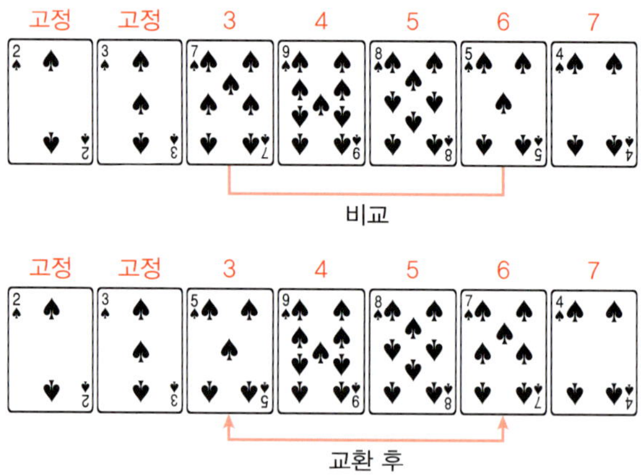

그림 2.46

넷째, 여전히 기준키는 세 번째 숫자입니다. 5와 4를 비교하여 서로 자리를 교환합니다. 이제 또 한 사이클이 끝났습니다.

4도 이제 자리가 고정된 수가 됩니다. 이제 2, 3, 4는 자신의 자리가 고정된 수가 됩니다. 즉, 비교대상에서 제외됩니다.

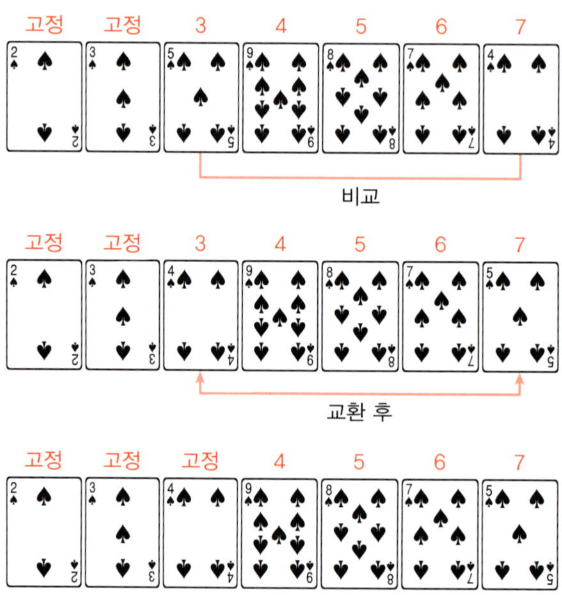

그림 2.47

네 번째 사이클

네 번째 사이클에서는 왼쪽에서 네 번째 수가 기준키가 됩니다. 첫째, 9가 기준키이므로 8과 비교됩니다. 8이 작으므로 서로 자리가 교환됩니다.

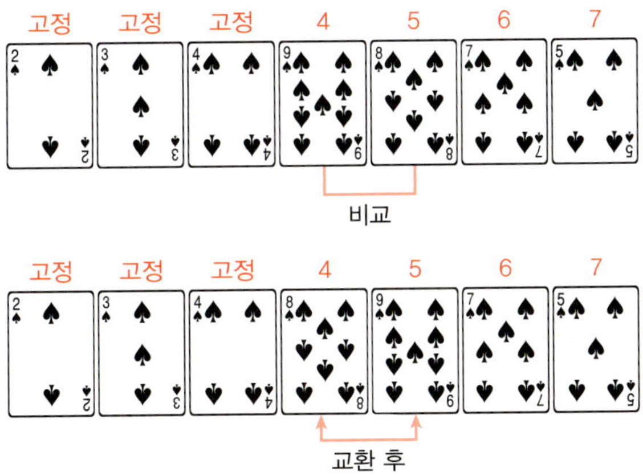

그림 2.48

둘째, 8이 기준키가 되었고, 8과 7을 비교하여 또다시 자리가 교환됩니다.

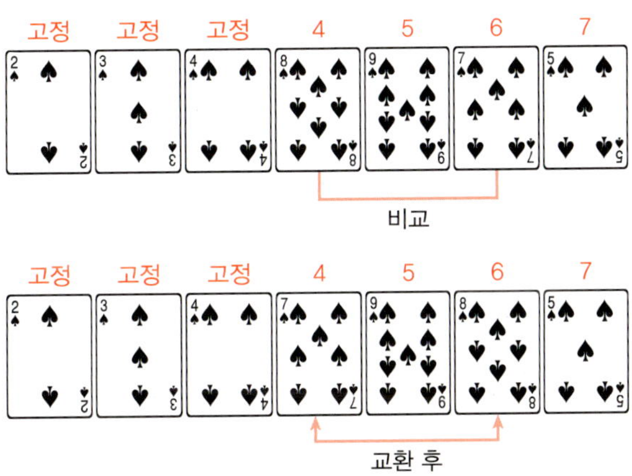

그림 2.49

셋째, 이제 네 번째 사이클의 마지막으로 7과 5를 비교합니다. 7이 크므로 5와 자리를 교환합니다. 네 번째 사이클이 끝나면서 고정된 숫자는 4개로 늘어났습니다.

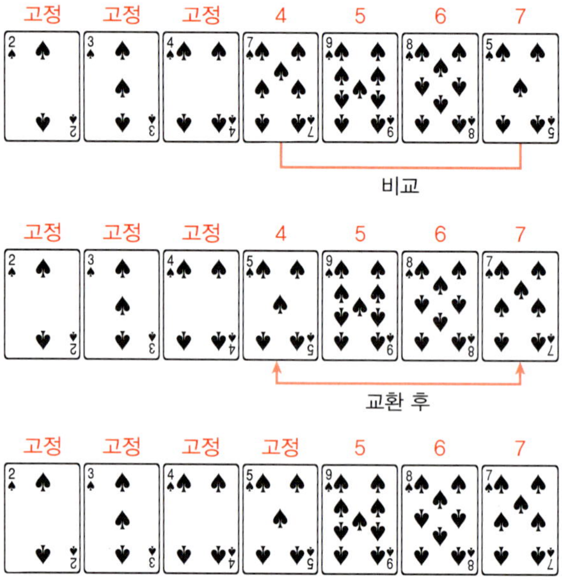

그림 2.50

다섯 번째 사이클

다섯 번째 사이클에서 다섯 번째 수인 9가 기준키 입니다. 9와 8을 비교하여 자리를 교환합니다.

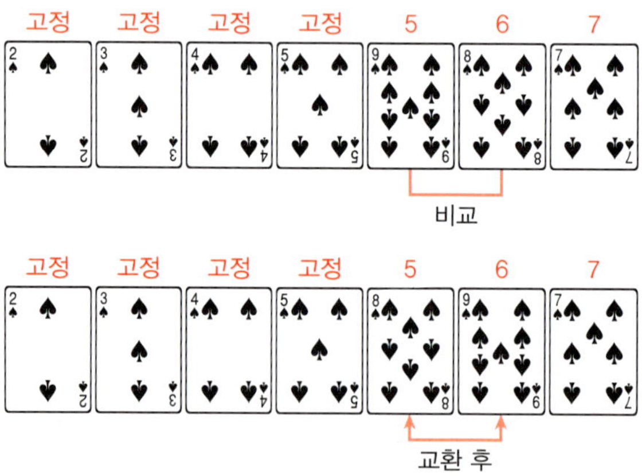

그림 2.51

다섯 번째 사이클의 마지막으로 8과 7을 비교합니다. 자리가 다시 교환되고 고정된 수는 5개로 늘어납니다.

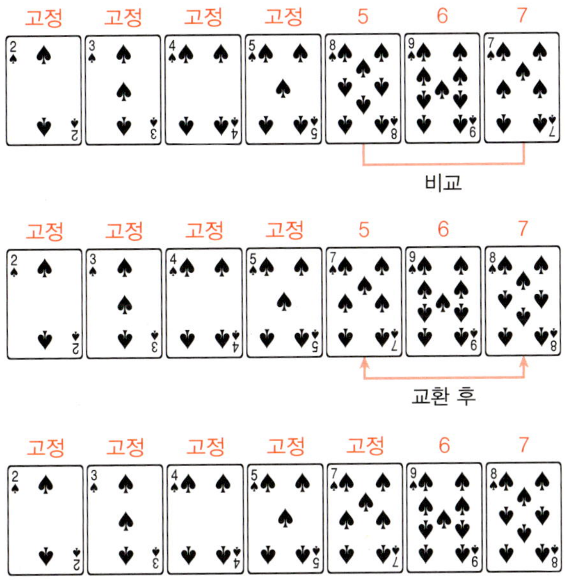

그림 2.52

여섯 번째 사이클

마지막 사이클입니다. 여섯 번째 사이클이므로 9가 기준키가 됩니다. 9와 8을 비교하여 서로 자리를 교환합니다.

이제 모든 정렬 과정은 끝이 났습니다. 결과를 보니 숫자들이 정렬된 것을 확인할 수 있을 것입니다. 선택 정렬이었습니다. 학생들과 이런 활동을 하면 흥미도 유발하고, 실습을 통하여 수행하므로 학생들의 이해도를 높이는 데 많은 도움을 주게 됩니다.

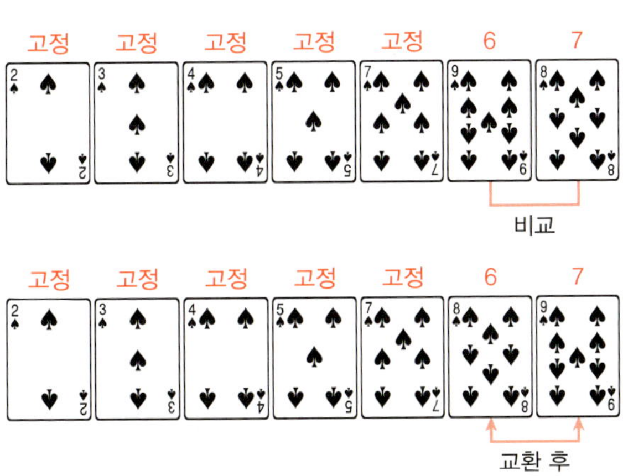

그림 2.53

수업활용 예시 3 주의사항

주의사항 1: 선택 정렬 활용

학생들이 선택 정렬 알고리즘을 쉽게 이해할 수 없기 때문에 사전에 충분히 해당 알고리즘을 연습할 수 있도록 수업하는 것이 중요합니다. 일반적으로 일상생활에서는 사용하는 데이터가 적으면 한눈에 보고 어림잡아 어렵지 않게 정렬할 수 있지만 컴퓨터는 데이터를 서로 비교하면서 정렬합니다. 즉, 두 개씩만 비교하여 교환하는 방법을 반복적으로 진행하기 때문에 이에 대한 이해가 필요합니다.

TIP 교실에서 수업할 때 5~6명 정도의 학생을 앞으로 나오게 하고 각 학생에게 랜덤하게 숫자를 나누어 줍니다. 그리고 나머지 학생들에게 숫자를 가진 학생들을 번호 순서대로 정렬하도록 하는 게임을 하는 것도 좋은 학습방법이 됩니다. 주의할 것은 앞에 있는 학생들은 자신이 가진 번호를 이야기하면 안 되고, 단지 (두 학생간의 비교에서) 누가 누구의 번호보다 큰지 작은지만 묻고 대답하면서 게임을 진행해야 합니다.

주의사항 2: 버블 정렬 활용

학생들의 이해도와 흥미를 유발하고, 버블 정렬의 원리를 알아보기 위하여 수업 전에 동영상 시청을 유도하는 방법도 많은 도움이 될 것입니다. 즉, 플립러닝의 방법을 활용할 수 있습니다. (유튜브 동영상 주소입니다.)

http://www.youtube.com/watch?feature=player_detailpage&v=lyZQPjUT5B4

수업에서 활용

오늘 배운 버블 정렬에 대하여 다시 한 번 다른 수를 가지고 수행해 봅니다. 직접 카드를 이용한다던지 종이에 숫자를 그리면서 실습을 해보시면 정렬에 대하여 잘 이해가 되고, 학생들도 재미있게 수업에 참여하게 됩니다. 자, 정렬의 세계로 떠날까요?

첫째, 학생들에게 카드를 제작하라고 전달합니다.

둘째, 개인별로 게임을 하면 어렵고, 학생들의 수준에 따라 흥미도를 잃어버릴 수 있습니다. 그러므로 분단별이나 모둠별로 학생들을 나누어서 팀별 과제를 제시하면 학생들의 협력도와 참여도 그리고 작업의 수행성을 빠르게 할 수 있습니다.

❶ 문제 제시

단계	테이블						
	5	6	8	4	2	7	3
1							
2							
3							
4							
5							
6							

② 정답 결과 화면

단계	테이블						
	5	6	8	4	2	7	3
1	5	6	4	2	7	3	8
2	5	4	2	6	3	7	8
3	4	2	5	3	6	7	8
4	2	4	3	5	6	7	8
5	2	3	4	5	6	7	8
6	2	3	4	5	6	7	8

수업구성

지금까지의 학습 내용은 학생들의 선수학습의 정도에 따라 달라질 수 있겠지만, 학습 내용을 기준으로 살펴본다면, 2차시의 수업을 진행할 수 있습니다. 먼저 정렬에 대한 개념을 이해하고 원리를 알기 위해 교실에서 간단한 게임을 통하여 개념과 원리를 접하게 합니다. 정렬 방법을 이해하기 위하여 카드나 숫자를 이용하여 각 정렬 알고리즘을 설명하고 알고리즘적인 방법에 따라 학생들이 직접 자료를 정렬하는 방법을 실습하게 합니다. 물론 간단한 자료인 경우에는 개인별로 실습을 해도 되지만 숫자가 많거나 어려운 경우에는 조별, 모둠별로 학생들을 나누어 팀별 과제를 제출하게 하는 것이 수업의 진행에 도움이 됩니다.

차시별 수업 내용 예시

1차시

- 도입 및 학습 목표 설명
- 실험을 통한 정렬의 원리 설명
- 동영상 시청을 통한 정렬의 원리 이해
- 게임을 통한 정렬 방법 설명
- 수업 정리 및 다음 차시 안내

2차시

- 지난 차시 회상 및 학습 목표 설명
- 카드 및 숫자 기구 제작
- 분단별이나 모둠별 조 편성
- 실습을 통한 정렬 알고리즘 이해
- 수업 정리

이렇듯 언플러그드 활동은 컴퓨터를 비롯한 각종 하드웨어와 소프트웨어들을 필요로 하지 않기 때문에 시간과 공간의 제약을 받지 않고, 놀이를 통해 쉽고 재미있게 컴퓨터과학의 원리와 컴퓨터과학적 사고를 습득할 수 있다는 장점이 있습니다.

추가 학습 다양한 정렬 알고리즘 정리

선택 정렬(Selection Sort)

선택 정렬은 컴퓨터가 사용하는 정렬 방법 중 하나입니다. 다음은 선택 정렬이 어떻게 수행되는지 보여줍니다. 우선 정렬된 부분과 정렬되지 않은 부분으로 공간을 구분하고, 정렬되지 않은 부분에서 가장 가벼운 요소를 찾습니다. 비교 과정을 통해서 찾아낸 가장 가벼운 요소를 정렬된 부분으로 옮기고 모든 요소가 옮겨질 때까지 이 과정을 되풀이합니다.

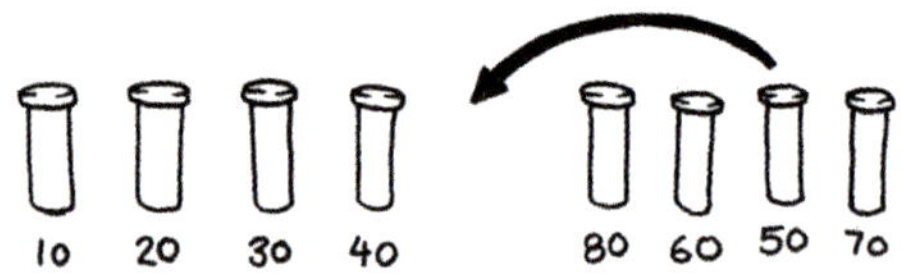

삽입 정렬(Insertion Sort)

삽입 정렬은 정렬되지 않은 그룹에서 한 개씩 가져와서 그것을 순서에 맞는 위치에 삽입시키는 방법입니다. 삽입 정렬은 모든 요소가 정렬될 때까지 정렬되지 않은 그룹의 요소는 줄어들고, 정렬된 요소의 수는 늘어나게 됩니다. 즉, 손 안의 카드를 정렬할 때 정렬할 카드를 정렬된 카드 사이의 올바른 자리에 삽입함으로써 정렬하게 되는 방법과 유사합니다.

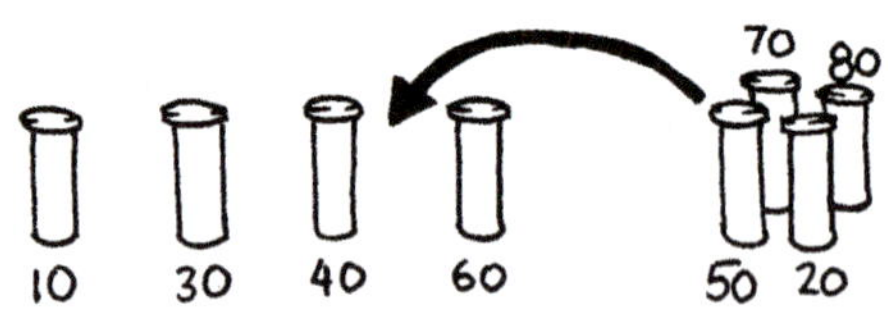

버블 정렬(Bubble Sort)

버블 정렬은 순서가 바뀐 이웃하는 요소끼리 비교하여 위치를 맞바꾸는 과정을 통해서 이루어집니다. 이렇게 위치를 바꾸는 작업이 더 이상 필요하지 않을 때 정렬이 완료되었다고 볼 수 있습니다. 이 방법은 매우 비효율적이지만 다른 방법들보다 이해하기 쉽습니다.

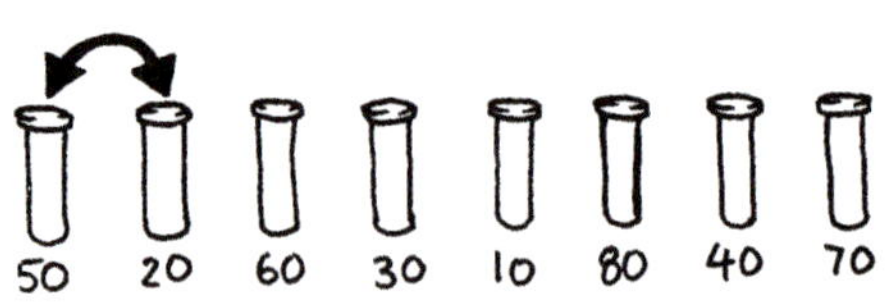

퀵 정렬(Quick Sort)

퀵 정렬은 '분할 정복(Divide and Conquer)' 전략을 바탕으로 하는 정렬 방법입니다. 정렬되지 않은 그룹에서 하나의 기준 요소를 선택한 후, 기준보다 작은 요소는 왼쪽으로 옮기고 큰 요소는 오른쪽으로 옮기는 과정을 통해서 이루어집니다. 기준 요소를 제외한 왼쪽 그룹과 오른쪽 그룹을 같은 방법으로 정렬하면 전체의 요소가 정렬되게 됩니다.

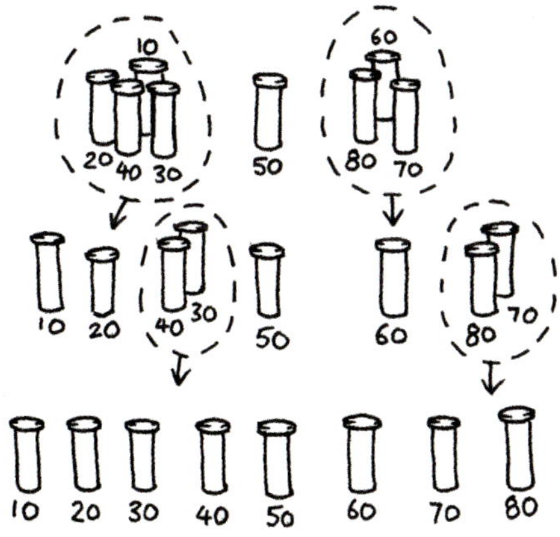

병합 정렬(Merge Sort)

병합 정렬은 '분할 정복(Divide and Conquer)' 전략을 사용하는 또 하나의 방법입니다. 우선 무작위로 정렬이 필요한 요소를 두 그룹으로 나눕니다. 단, 두 그룹에 포함되어 있어야 하는 요소의 개수는 같거나 차이가 크지 않아야 합니다. 두 개의 그룹 요소를 각각 정렬한 후 두 개를 합병합니다. 합병하는 과정에서 각 그룹의 가벼운 요소를 비교하여 더 가벼운 것을 왼쪽에 배치합니다. 아래의 그림과 같이 각 그룹의 앞쪽에 40g과 60g의 물체가 있다면, 다음에 옮겨야 하는 물체는 40g짜리입니다. 이러한 병합 정렬은 정렬이 필요한 요소가 많지 않을 때는 충분히 사용할 수 있으나, 요소가 많아지면 매우 비효율적이므로 다른 정렬 방법을 사용하는 것이 좋습니다.

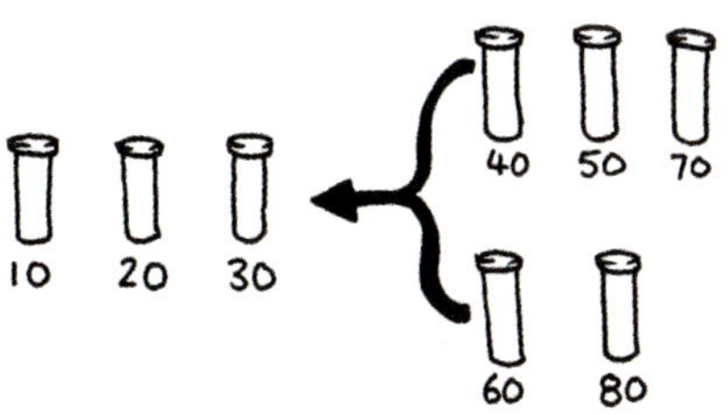

정리하기

- 버블 정렬 알고리즘

서로 이웃한 데이터들을 비교하여 가장 큰 데이터를 가장 뒤로 보내며 정렬하는 방식입니다.

개념과 원리를 이해하기는 쉬우나 수행 속도는 매우 느린 편에 속합니다.

- 선택 정렬 알고리즘

기준 데이터를 설정하고 설정한 데이터와 나머지 데이터를 모두 비교하여 가장 작은(또는 큰) 데이터를 찾아 기준 데이터와 교환하는 방식의 알고리즘입니다.

비교적 간단한 알고리즘으로 구현하기는 쉽지만 수행 속도는 느린 편입니다.

참고문헌

1. http://terms.naver.com/
2. http://cafe.naver.com/csciencel

CS 핵심원리 : 퀵 정렬

정렬된 목록에서 정보를 찾는 것은 매우 쉬운 일입니다. 일상적으로 사용하는 전화번호부나 사전, 책의 목차들은 가나다 순서를 바탕으로 정렬되어 편리하게 찾고 읽어볼 수 있습니다. 또한 숫자의 크기에 따른 내림차순이나 오름차순으로 정렬된 결과가 보여주는 내용을 통해서 편리한 정리가 가능합니다. 이처럼 생활 속에서 정렬이 필요한 부분이 제대로 정렬되어 있지 않다면 삶은 훨씬 복잡해질 수밖에 없습니다.

일반적으로 컴퓨터는 자료를 정렬하기 위해 많은 시간을 소비하고 있습니다. 따라서 컴퓨터과학자들은 이러한 정렬 작업을 빠르고 효율적으로 할 수 있는 방법을 찾아야만 합니다. 삽입(Insertion) 정렬이나 선택(Selection) 정렬, 버블(Bubble) 정렬과 같이 정렬 속도가 느린 방법들은 한정된 상황에서만 사용 가능하지만 퀵(Quick) 정렬과 같이 빠른 수행 속도를 자랑하는 방법은 다양한 상황에서 사용 가능합니다.

퀵 정렬은 '재귀(Recursive)'라고 불리는 컴퓨터과학의 원리를 사용합니다. 또한 퀵 정렬은 요소를 작은 부분으로 나누고, 각각의 부분에서 같은 방법으로 정렬하게 되는데 이러한 전략을 '분할 정복(Divide and Conquer)'이라고 합니다. 정렬이 필요한 목록은 정렬이 끝날 때까지 작은 단위로 반복해서 나누어집니다. 퀵 정렬은 정렬 목록들이 오직 한 개의 요소만 가질 때까지 반복되며, 정렬을 시작하는 과정에서 기준이 되는 하나의 요소를 선정하는 것이 정렬 속도에 영향을 끼칩니다. 하지만 이러한 과정을 포함한다고 해도 정렬이 필요한 자료의 양이 많으면 많을수록 정렬 속도가 빨라집니다. 즉, 실제로 다른 방법(삽입, 선택, 버블 정렬)에 비해서는 매우 빠른 속도를 자랑합니다.

08 학습활동 째깍째깍 시계 소리 — 정렬망

_Sorting Networks

요약

컴퓨터의 처리 속도는 매우 빠르지만, 컴퓨터가 문제를 해결하는 속도에는 한계가 있습니다. 문제를 빠르게 처리할 수 있는 방법 중 하나는 문제를 여러 부분으로 나누어 여러 대의 컴퓨터로 해결하는 것입니다. 동시에 여러 개를 비교해서 정렬을 할 수 있는 정렬망에 대해서 학습합니다.

예를 들어, 숫자를 비교할 때도 여러 개를 동시에 비교해서 정렬할 수 있는 정렬망 등이 있습니다.

관련교과

- 2015 중학교 정보교육과정
  문제해결과 프로그래밍 영역

활동 및 수업활용 예시

- 활동 1 : 숫자 정렬하기
  - 색 테이프나 색 끈 등 바닥에 정렬망을 표시할 수 있는 도구
  - 학습교구 : 정렬망 숫자 카드
  - 준비물 : 6개 카드 세트 2개, 초시계

  ▸ 심화활동

- 활동 2 : 정렬망 만들기

  ▸ CS 핵심원리 : 병렬 처리

* 자세한 준비물은 각 활동에 제시된 '준비물' 내용을 참고하세요.

활동 1 숫자 정렬하기

수업 설계하기

■ 학습목표

- 정렬망의 개념을 설명할 수 있다.
- 정렬망 활동 수업을 효과적으로 진행할 수 있다.

■ 학습내용

- 정렬망을 사용하여 동시에 여러 숫자를 비교하여 정렬하기
- 새로운 정렬망 만들기
- 정렬망 평가하기

■ 핵심키워드

정렬망(sorting network), 병렬 처리(parallel process)

* 정렬망(Sorting Network): 컴퓨터과학 분야에서 비교 네트워크(comparator networks)는 다음의 특성을 갖는 추상화된 장치입니다. 첫째, 내부에 수 많은 선으로 연결되어 있고, 둘째, 선을 통해 값이 전달되고, 셋째, 연결된 두 선에서 값을 비교하는 모듈이 있으며, 넷째, 원하는 순서가 없다면 비교한 값을 바꾸는 모듈로 구성되어 있습니다. 보통 이런 네트워크는 정해진 갯수 만큼의 숫자를 비교하기 위해 설계되며, 정렬망이라고 부릅니다.

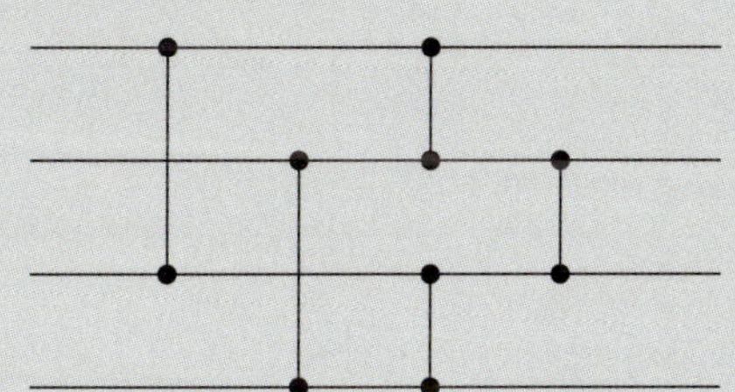

위 그림은 4개의 선과 5개의 연결선으로 구성되어 있는 정렬망 입니다.

참고자료 : https://en.wikipedia.org/wiki/Sorting_network

* 병렬 처리(Parallel Process): 병렬 처리란 프로그램 명령어를 여러 프로세서에 분산시켜 동시에 수행함으로써 빠른 시간 내에 원하는 답을 구하는 작업을 의미합니다. 초기 제작된 컴퓨터는 한번에 오직 하나의 프로그램만 수행하였습니다. 예를 들어, 계산 수행에 1시간 걸리는 프로그램과 테이프에서 데이터 읽기에 1시간 걸리는 프로그램이 있다면, 두 프로그램을 수행시키는데는 총 2시간이 소요된 것 입니다. 병렬 처리는 이 두 프로그램이 섞여서, 한 프로그램이 입출력을 시작하여 작업되는 동안, 계산 수행을 하는 프로그램이 2시간이 안되는 시간 안에 작업을 마치는 방법을 말합니다.

참고자료 : http://www.terms.co.kr/parallelprocessing.htm

수업활용 예시

수업활용 예시 1 도입하기

컴퓨터의 처리 속도는 매우 빠르지만, 컴퓨터가 문제를 해결하는 속도에는 한계가 있습니다. 하지만 사람들은 컴퓨터 한 대가 계산하는 속도는 한계가 있지만, 여러 대의 컴퓨터로 문제를 동시에 해결하면 컴퓨터가 복잡한 문제도 해결할 수 있다고 생각했습니다. 즉, 컴퓨터가 해결해야 하는 문제를 여러 부분으로 나누고 여러 대의 컴퓨터가 동시에 처리함으로써 문제를 해결하는 것이지요.

여러 개의 숫자를 동시에 비교해서 정렬할 수 있는 정렬망에 대해 알아 보겠습니다.

내용의 이해를 돕기 위해 뉴질랜드 켄터베리 대학의 팀 벨 교수팀이 만든 정렬망 활동 소개 동영상을 보고 활동의 전체적인 내용을 파악해 봅시다.

소개 동영상 (1분 43초) : https://www.youtube.com/watch?v=-eI3bbsbOPI

수업활용 예시 2 활동하기

정렬망의 방법을 통해 컴퓨터가 무작위로 섞여 있는 숫자들을 어떻게 정리하는지 살펴보겠습니다.

영어의 알파벳 카드나 숫자 카드 등을 통하여 자신을 표현하는 활동을 진행하겠습니다.

> **교사가 준비할 것**
> **준비물:** 알파벳 표시 카드, 전달할 메시지, 0과 1로 표현할 숫자판

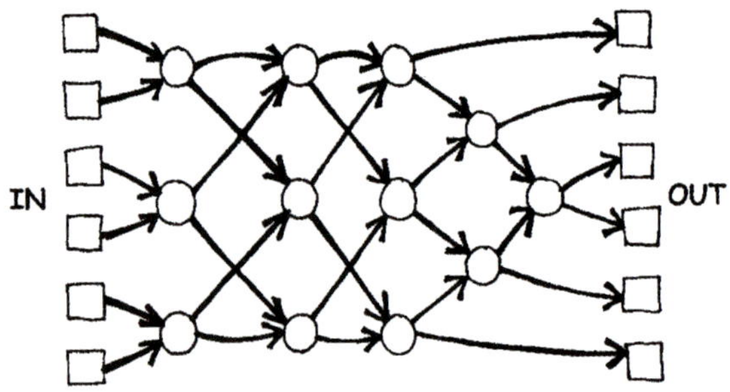

활동을 시작하기에 앞서 교실 바닥(또는 운동장 바닥)에 오른쪽의 정렬망을 표시합니다.

학생들이 네모 칸과 동그라미 칸을 이동할 수 있도록 야외에서 활동하면 더욱 좋습니다.

(네모는 시작과 끝을 동그라미는 진행 중인 내용에 대한 것입니다.)

그리고 한자리부터 세자리 숫자의 숫자 카드 10장을 준비합니다.

숫자 카드는 학생이 들고 정렬망을 따라 움직입니다.

다른 학생들이 볼 수 있도록 A4 용지 크기가 적당합니다.

❶ 활동 1(숫자 정렬하기)

활동 순서는 다음과 같습니다.

1. 6명이 한 모둠이 되도록 구성합니다. 정렬망은 한 번에 한 모둠이 사용할 수 있습니다.
2. 각 모둠의 학생들은 숫자 카드를 하나씩 갖습니다. 이 때 학생들이 가지고 있는 숫자 카드가 무작위로 섞여 있도록 합니다.
3. 학생들은 정렬망 시작 부분에 있는 사각형에 자신이 원하는 자리에 서도록 합니다.
4. 학생들은 표시된 화살표를 따라 한 칸씩 움직입니다. 그리고 다른 학생이 도착할 때까지 기다립니다. (즉, 두 학생이 도착해야 움직일 수 있습니다.)
5. 다른 학생이 원에 도착하면 숫자 카드를 서로 비교합니다. 작은 숫자 카드를 가진 학생은 왼쪽 화살표로, 큰 숫자 카드를 가진 사람은 오른쪽 화살표로 이동합니다.
6. 모든 학생들이 정렬망 끝에 도착하면 숫자 카드가 제대로 정렬되었는지 확인합니다. 정렬망 활동 결과가 잘못되었다면 정렬망 규칙을 다시 확인하고 처음부터 다시 해보도록 합니다.

정렬망은 다음과 같이 진행될 수 있습니다.

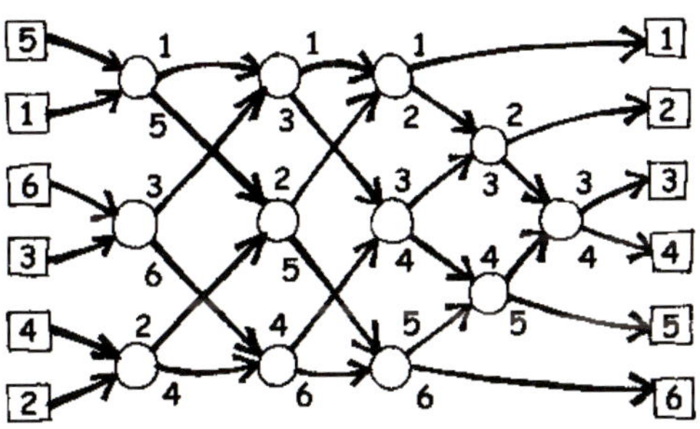

수업활용 예시 3 **토론하기**

학생들과 활동을 마친 후, 교사는 다음 질문을 학생들에게 물어볼 수 있습니다.

1. 만약에 적은 숫자 카드를 가진 학생이 왼쪽 화살표가 아니라 오른쪽 화살표로 이동한다면, 모든 학생들이 마지막 사각형에 도착했을 때 숫자 순서는 어떻게 변할까요?
   - 마지막에 도착된 숫자는 처음 결과와 역순으로 정렬됩니다.

1-1. 왜 그럴까요? (왜 결과가 역순으로 나타날까요?)

- 처음 활동은 작은 숫자 카드를 가진 학생이 왼쪽 화살표로 이동합니다. 그래서 나온 최종 결과는 가장 왼쪽이 가장 작은 숫자가 위치하게 됩니다.
  그런데 작은 숫자 카드를 오른쪽 화살표로 이동하게 한다면, 처음 결과와 반대로 최종 결과가 가장 오른쪽에 가장 작은 숫자가 위치하게 됩니다.

2. 활동에서 사용한 정렬망의 시작과 끝 위치를 바꾸고 화살표의 시작과 끝 모양을 바꿔봅시다. 그리고 끝 위치에서부터 시작 위치로 이동한다면 숫자의 순서는 어떻게 변할까요?

- 숫자가 순서대로 정렬되지 않습니다.

2-1. 왜 그럴까요?

- 즉, 6개의 숫자를 사용한다면, 하나의 숫자는 적어도 5번 비교를 해야 그 숫자의 위치를 정확히 알 수 있습니다.
  그런데 비교하는 방향을 바꾸게 되면 어떤 숫자는 3번, 어떤 숫자는 4번 비교하는 식으로 진행되기 때문에, 정확히 순서대로 정렬되지 않습니다.

정렬망은 처음 시작 모양이 어떤가에 따라 결과가 달라질 수 있습니다.

심화 활동

이번에는 학생들에게 정렬망을 이용하여 정렬된 결과를 찾는 데 까지 걸리는 시간을 측정한다고 설명합니다. 즉, 빠른 판단으로 결과를 얻는 팀이 승리합니다.

교사가 준비할 것
준비물: 초시계, 세자리 수 이상의 큰 수가 적힌 숫자 카드 10장, 한글 자음이 적힌 카드 10장, 그 밖에 비교할 수 있는 단어가 적힌 카드 10장

1. 첫 번째 모둠은 세자리 수 이상의 큰 수가 적힌 숫자 카드를 나눠주고, 정렬망을 이용하여 숫자를 정렬하도록 합니다.
2. 교사는 첫 번째 모둠이 정렬망을 통과하는 동안의 시간을 측정하여 기록합니다.
3. 두 번째 모둠은 한글 자음이 적힌 카드를 나눠주고, 정렬망을 이용하여 자음을 순서대로 정렬하도록 합니다.

4. 교사는 두 번째 모둠이 정렬망을 통과하는 동안의 시간을 측정하여 기록합니다.
5. 세 번째 모둠은 그 밖에 비교할 수 있는 단어가 적힌 카드를 나눠주고, 정렬망을 이용하여 정렬하도록 합니다.
6. 교사는 세 번째 모둠이 정렬망을 통과하는 동안의 시간을 측정하여 기록합니다.

교사는 모둠 수를 고려하여 동일한 형태의 카드를 둘 이상의 모둠이 진행하도록 안내해도 됩니다.

정렬망 활동이 끝난 후, 학생들과 함께 다음 내용을 토론할 수 있습니다.

1. (모둠별로 다양한 종류의 카드를 정렬했을 때) 어떤 종류의 카드를 정렬하는 데 시간이 적게 걸렸나요? 또는 많이 걸렸나요? 그 이유는 무엇일까요?
   - 일반적으로 숫자에 비해 한글 자음의 순서를 비교하기가 어렵습니다.
     숫자는 보는 순간 어떤 숫자가 더 큰지 비교할 수 있지만, 한글 자음의 경우, 평소에 순서를 고려하지 않기 때문에 해당 자음의 순서를 생각한 다음 두 개를 비교하는 과정을 거치게 됩니다.
     즉, 학생들에게 정렬망에서 각 카드를 비교하는 곳에서 얼마나 빠르게 비교하느냐가 전체 정렬망의 진행 시간을 좌우한다는 사실을 알려줍니다.

활동 2 정렬망 만들기

수업활용 예시

수업활용 예시 1 활동하기(정렬망 만들기)

직접 정렬망을 만들어보고, 새롭게 만든 정렬망이 얼마나 좋은지 평가해 보기 위한 것입니다. 실제 자신이 처한 문제를 해결하는 데도 도움을 줄 수 있도록 학생들이 적극적으로 참여할 수 있는 방법입니다.

학습활동

교사가 준비할 것
준비물: 정렬망을 그릴 수 있는 A4 용지 (학생 수에 맞게 제공)

❷ 활동 2(정렬망 만들기)

그럼 먼저 새로운 정렬망을 만들어 봅시다.
숫자를 입력받는 곳과 결과로 출력되는 곳은 네모로 표시합니다.
이동하는 단계는 화살표로 표시하고, 비교하는 곳은 원으로 표시합니다.

1. 3개의 숫자를 정렬할 수 있는 정렬망을 만들어 봅시다. 정렬망은 3개의 숫자를 무작위로 왼쪽에서 오른쪽으로 입력받고, 가장 작은 숫자가 왼쪽에 위치하게끔 정렬망과 이동 규칙을 만듭니다.

다음과 같이 정렬망을 만들 수 있습니다.
이 정렬망은 두 개의 숫자 중 작은 숫자가 왼쪽으로 이동합니다.

예시

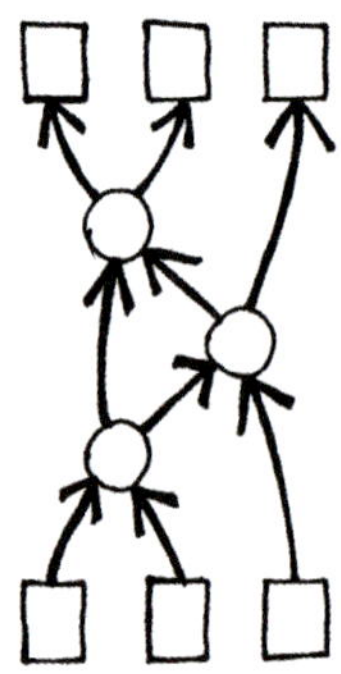

2. 8개의 숫자를 입력받아 가장 작은 숫자만 최종 결과로 남을 수 있는 정렬망을 만들어 봅시다.

입력받는 곳은 8개고, 최종 결과로 출력되는 곳은 한 개 입니다. 더 이상 비교가 필요없는 곳은 X로 표시하면 됩니다.

다음과 같이 정렬망을 만들 수 있습니다.

예시

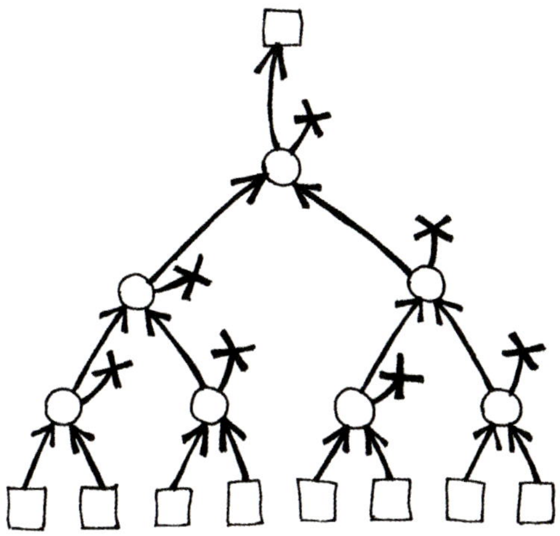

3. 이번에는 4개의 숫자를 정렬하는 정렬망을 만들어 봅시다. 처음과 마찬가지로 4개의 무작위 숫자를 입력받고, 가장 작은 숫자가 왼쪽에 이동하도록 만듭니다.

수업활용 예시 2 활동하기(정렬망 평가하기)

이번에는 4개의 숫자를 정렬할 수 있는 정렬망을 평가해 봅시다.
평가 방법은 다음과 같습니다.

첫째, 정렬망은 비교 횟수와 정렬되는 시간을 측정해서 어느 정렬망이 빠르고 좋은지를 평가합니다.
둘째, 비교 횟수에서 동일한 시간에 진행되는 비교 작업은 그 수에 상관없이 1회로 계산합니다.
셋째, 학생들이 만든 정렬망 중 모양과 단계가 다른 2개를 선택하여 평가합니다.

만약 다음과 같이 2개의 정렬망이 있다면,

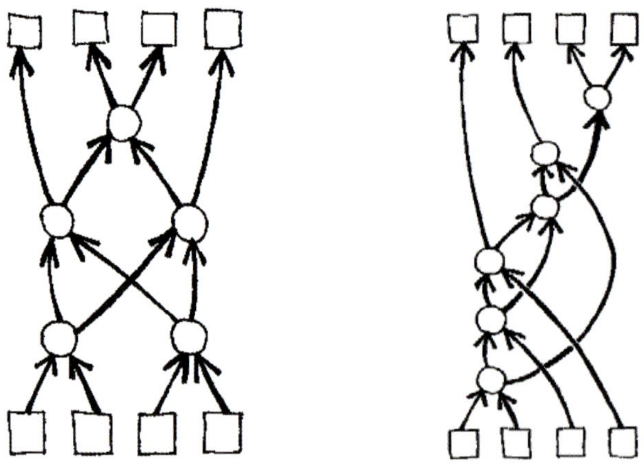

1번 정렬망 2번 정렬망

왼쪽 정렬망은 총 비교 횟수가 5번 입니다.
그러나 처음과 두번째 단계에서는 동시에 2개씩 비교가 진행됩니다.
따라서 시간은 총 3회가 됩니다.

오른쪽 정렬망은 비교 횟수가 6번 입니다.
그리고 각 단계별로 1번씩 비교가 진행되므로, 시간은 총 6회가 됩니다.

1번 정렬망은 첫 번째, 두 번째 단계에서 동시에 2개의 비교 작업을 수행하지만, 2번 정렬망은 각 단계마다 1개의 비교 작업을 수행합니다. 1번은 병렬 처리, 2번은 순차 처리의 예입니다.

수업활용 예시 3 실생활 문제 해결

1. 일상 생활에서 병렬적으로 처리하면 더 빠른 일 또는 병렬적으로 처리할 수 없는 일은 무엇일까요?

   정답: 예를 들어, 저녁 밥상을 차리는 과정을 생각해 봅시다. 두 사람에게 동일한 과제가 주어집니다. 과제는 밥과 반찬, 국을 만드는 것입니다.

   어떤 사람은 반찬을 갯수별로 만들고, 밥을 짓습니다. 그리고 국을 끓인 다음에 밥상을 차립니다.

   하지만 어떤 사람은 가장 오래 걸리는 밥을 먼저 짓고, 요리 도구가 겹치지 않는 순서로 반찬과 국을 끓이면 동시에 반찬이나 국을 만들 수 있습니다.

   따라서 밥상을 차리는 시간이 줄어들 수 있습니다.

   그런데, 하나의 요리 도구로만 요리를 해야 한다면, 하나의 요리가 끝날 때까지 기다려야 하므로 시간이 많이 걸릴 것입니다.

즉, 일을 단계별로 분리할 때, 서로 독립적인 작업 단계로 구분될 수 있다면, 독립적인 작업은 병렬로 처리할 수 있습니다.

생활속에서 병렬적으로 처리할 수 있는 일에 대해 논의합니다.

2. 여러 사람을 고용하여 작업하는 것이 더 빠른 일은 무엇이 있을까요? 그렇지 않은 일은 무엇이 있을까요?

수업활용 예시 4 주의사항

정렬망 활동은 학생들이 정렬망 안에서 실제로 움직이면서 정렬을 하게 됩니다.

그 동안 활동하지 않는 학생들이 주의집중을 잃지 않도록 유의할 필요가 있습니다.

예를 들어, 두 개의 정렬망을 준비하여 더 많은 모둠이 한번에 활동할 수 있도록 할 수 있습니다. 이 방법은 정렬망 활동에서 말하고자 하는 병렬 처리와 유사합니다. 또는 지켜보는 학생들이 값 비교를 잘 하는지 확인하는 데 도움을 주도록 안내할 수도 있습니다.

본 활동의 목적은 정렬망을 통해 병렬 처리의 효율성을 이해하고 어떤 일은 병렬 처리가 가능하고 어떤 일은 병렬 처리가 불가능한지 토론하는 활동입니다.

학생들이 병렬 처리의 "효율성" 개념을 정확히 이해할 수 있도록, 학생 스스로 겪은 사례를 바탕으로 설명하면 더 쉽게 이해할 수 있습니다. 정렬망 활동은 교실 안 보다는 교실 밖에서 활동하는 것이 좋습니다. 따라서 정규 수업시간 뿐만 아니라, 특별 활동이나 교내 운동회와 같이 외부에서 활동해야 하는 활동과 접목해서 진행해도 효과적입니다.

정렬망 활동 수업은 정렬망에 대해 학습하는 2차시 분량의 수업으로 계획할 수 있습니다. 이전 활동인 정렬 알고리즘 수업의 심화 활동으로 소개하거나, 연계된 1차시 수업으로 계획할 수 있습니다.

차시별 수업 내용 예시

1차시

- 도입
- 정렬망 소개 및 모둠 구성
- 정렬망 활동
- 정렬망에 대해 토론하기
- 수업 정리

2차시

- 도입 및 지난 시간 회상
- 정렬망 만들기 및 모둠별로 테스트하기
- 정렬망 평가하기

- 토론하기
- CS 원리 설명
- 수업 정리

정리하기

1. 정렬망 활동

본 활동의 목적은 정렬망을 통해 병렬 처리의 효율성을 이해하고 어떤 일은 병렬 처리가 가능하고 어떤 일은 병렬 처리가 불가능한지 토론하는 활동입니다. 학생들이 병렬 처리의 "효율성" 개념을 정확히 이해할 수 있도록, 학생 스스로 겪은 사례를 바탕으로 설명하면 더 쉽게 이해할 수 있습니다.

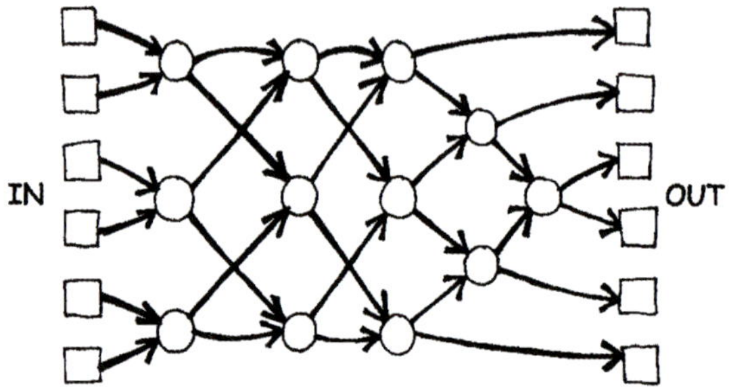

2. 정렬망 만들고 평가하기

정렬망은 입력 받은 개수 보다 하나 적은 수 만큼 비교를 거쳐야 제대로 정렬망을 만든 것입니다. 정렬망 평가 방법은 비교 횟수와 정렬되는 시간을 측정해서 어느 정렬망이 빠르고 좋은지를 평가하고, 비교 횟수에서 동일한 시간에 진행되는 비교 작업은 그 수에 상관없이 1회로 계산합니다.

병렬로 구성된 정렬망은 한 번에 한 번씩 비교하는 시스템에 비해서 보다 빠른 속도로 정렬할 수 있습니다. 그러나 모든 문제를 병렬로 처리한다고 해서 빨리 해결할 수 있는 것은 아닙니다.

3. 정렬망 활동 수업설계

정렬망 활동에 참여하지 않는 학생들이 주의집중을 잃지 않도록 유의할 필요가 있습니다. 두 개의 정렬망을 준비하여 더 많은 모둠이 한번에 활동할 수 있도록 하거나 숫자 비교 과정에서 감독관의 역할을 수행할 수 있습니다.

정렬망 활동은 교실 안 보다는 교실 밖에서 활동하는 것이 좋습니다.

정규 수업시간 뿐만 아니라, 특별 활동이나 교내 운동회와 같이 외부에서 활동해야 하는 활동과 접목해서 진행해도 효과적입니다.

참고문헌

1. Sorting network, https://en.wikipedia.org/wiki/Sorting_network
2. parallel processing, http://www.terms.co.kr/parallelprocessing.htm

CS 핵심원리 : 병렬 처리

정보를 가능한 빠른 속도로 처리하기 위해서는 많은 수의 컴퓨터를 사용해야 합니다.

컴퓨터의 처리 속도를 증가시키는 방법 중 하나는 효율적인 검색 및 정렬 방법들을 사용하여 프로그램을 만드는 것입니다.

컴퓨터의 처리 속도를 높여 문제를 빠르게 해결하는 다른 방법은 하나의 작업을 여러 대의 컴퓨터에 나누어 맡겨 동시에 처리하는 방법입니다. 첫번째 활동의 6개의 숫자를 입력하는 정렬망에서는 총 12번의 비교 작업이 필요하지만, 3번의 비교 작업을 동시에 수행함으로써 처리 속도를 높일 수 있습니다. 3대의 컴퓨터가 동시에 수행한다면 총 5번 비교 작업을 한 것과 동일한 시간이 걸립니다.

이렇게 병렬로 구성된 정렬망은 한 번에 하나씩 비교하는 시스템에 비해서 대략 두 배만큼 빠른 속도로 정렬할 수 있습니다.

모든 문제를 병렬로 처리한다고 해서 빨리 해결할 수 있는 것은 아닙니다.

예를 들어, 한 사람이 10m의 도랑을 판다고 생각해 봅시다.

열 사람이 1m씩 땅을 판다고 하면 한 사람이 파는 것 보다 빨리 도랑을 팔 수 있습니다.

그러나 동일한 방법으로 우물을 10m 깊이로 팔 때는 비효율적입니다.

즉, 두 번째 사람은 첫 번째 사람이 땅을 팔 때까지 기다릴 수 밖에 없습니다.

컴퓨터과학자들은 어떻게 하면 컴퓨터에게 최적의 방법으로 작업을 나누어 병렬적으로 처리하는지에 대한 연구를 활발히 하고 있습니다.

학습교구 : 정렬망 숫자 카드

1. 정렬망 숫자 카드 (1자리 숫자)

1	2
3	4
5	6

2. 정렬망 숫자 카드 (3자리 숫자)

156	221
289	314
422	499

09 학습활동 진흙 도시 — 최소 신장 트리

_Minimal Spanning Trees

요약

우리 주변은 유무선 전화망, 컴퓨터 통신망, 도로망 등과 같이 많은 네트워크로 구성되어 있습니다. 어느 지역에 가면 항상 휴대폰이 갑자기 끊어지는 경우가 있습니다. 네트워크가 끊어진 상태이기 때문입니다. 네트워크를 구성하기 위해서는 특정 장소에 네트워크 장비를 설치해야 합니다. 어떻게 하면 네트워크 장비를 효율적으로 연결시키는 장소를 선택할 수 있을까요?

관련교과

- 2015 고등학교 정보 교육 과정
  - 컴퓨팅 시스템 영역(핵심개념: 네트워크 환경설정)

활동 및 수업활용 예시

- 활동 1 : 네트워크의 이해
  - 준비물 : 활동지(학생 1명당 1개)
- 활동 2 : 진흙 도시
  - 준비물 : 진흙 도시의 도로 크기에 맞는 판지로 만든 종이(도로 포장에 필요한 돌, 학생 1명당 40개)

  ▸ CS 핵심원리 : 최소 신장 트리
- 활동 3 : 아이스크림 차 배치하기
  - 준비물 : 아이스크림 차 배치를 위한 도시 지도(학생 1명당 1개)

  ▸ CS 핵심원리 : 무식 알고리즘

* 자세한 준비물은 각 활동에 제시된 '준비물' 내용을 참고하세요.

활동 1 네트워크의 이해

수업 설계하기

■ 학습목표

- 무선 네트워크 활동을 수행할 수 있다.
- 진흙 도시 활동을 수행할 수 있다.
- 진흙 도시 활동의 컴퓨터과학 원리에 대해서 설명할 수 있다.
- 아이스크림 차 배치하기 활동을 수행할 수 있다.
- 아이스크림 차 배치하기 활동의 컴퓨터과학 원리에 대해서 설명할 수 있다.

■ 학습내용

- 무선 네트워크 활동 준비 및 수행 절차
- 진흙 도시 활동 준비 및 수행 절차
- 진흙 도시 활동의 컴퓨터과학 원리
- 아이스크림 차 배치하기 활동 준비 및 수행 절차
- 아이스크림 차 배치하기 활동의 컴퓨터과학 원리

■ 핵심키워드

지배 집합(dominating set)

용어정리

* 지배 집합(dominating set): 지배 집합은 그래프의 각 정점이 자기 자신과 모든 인접한 정점들과 연결되어 있는 노드(node)의 부분 집합을 말한다.

수업활용 예시

수업활용 예시 1 도입하기

혹시 선생님들 중에 스마트폰을 쓰지 않으시는 분이 계신가요? 한국의 스마트폰 보급률은 2012년 기준 67.6%로 세계에서 가장 높은 것으로 나타났습니다. 세계 평균인 14.8%보다 네 배 이상 높은 수치인데, 한국에 이어 노르웨이(55%), 일본(39.9%), 미국(39.9%)이 뒤를 이었습니다.

한국에 스마트폰이 본격적으로 자리 잡은 것은 지난 2009년으로 거슬러 올라갑니다. 2009년 12월에 애플사의 아이폰 3GS가 한국에 판매되면서 스마트폰의 붐이 일게 되었지요.

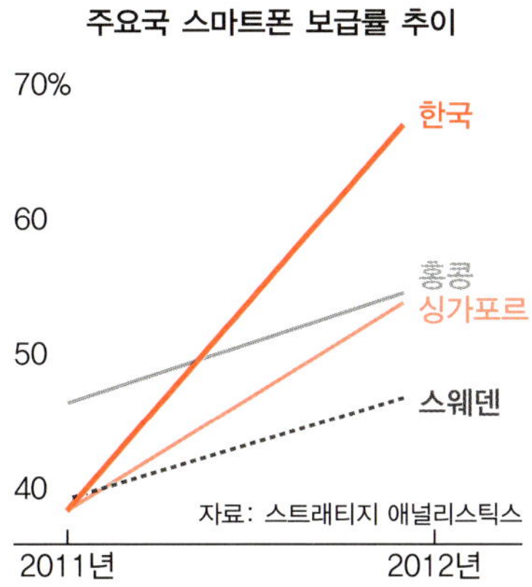

그림 2.54

스마트폰이 아닌 휴대 전화에 대한 보급률을 따지면 더 높은 비율입니다.

버스나 지하철과 같은 대중교통은 물론이고, 어디를 가든 스마트폰에 열중하는 사람들을 쉽게 찾아볼 수 있습니다.

선생님들께서도 평소 스마트폰을 자주 활용하시나요?

인터넷 접속이 되지 않는다면, 스마트폰은 어떻게 될까요?

스마트폰이 인터넷에 접속이 되지 않는 경우는 무선 네트워크 망을 벗어났거나, 통신사 중계기 신호를 받을 수 없는 지역으로 이탈한 경우일 수 있습니다.

예를 들어, 사람이 살지 않는 섬이나 엘리베이터와 같은 밀폐 공간도 가능합니다.

선생님께서 보고 계신 기기는 무엇일까요?

이 기기는 매우 다양한 형태를 띄고 있으며, 최근에는 여러 곳에서 쉽게 찾아볼 수 있는 기기입니다.

바로 통신사의 AP(Access Point)입니다.

흔히 AP는 지하철이나 건물 지하 등 이동 통신사의 네트워크 신호가 단절 될 가능성이 있는 위치에 설치됩니다. 각 AP에는 이동 통신사의 식별 마크가 부착되어 있어, 최근에는 지하에서도 자유롭게 네트워크 연결이 가능하게 하고 있습니다.

그림 2.55

AP는 가정이나 회사에서도 많이 활용됩니다.

바로 무선 인터넷 환경을 구축하기 위해서 입니다.

그러나 AP에도 한계가 존재합니다.

네트워크 신호는 공기를 통해 전달되며, 전달 범위가 한정적이기 때문입니다.

넓은 공간의 경우 여러 대의 AP가 필요할 수도 있습니다.

예를 들어, 집의 거실에 AP가 설치되어 있음에도 불구하고 거리가 좀 떨어져 있는 방에서 신호가 잘 잡히지 않는 현상을 경험해 보신 적이 있으신가요?

가정에서도, 통신사에서도 네트워크 단절이 발생하지 않도록 AP를 설치하는 일은 중요합니다.

그림 2.56

AP 설치를 잘하기 위해서는 각각의 AP를 볼 수 있는 그래프의 노드를 고려해야 합니다.

즉, 최적의 AP 설치지점과 같은 지배 집합을 찾는 것입니다.

최적의 AP 설치지점은 일정한 공간을 최소의 AP 활용으로 최대 네트워크에 연결할 수 있도록 하는 것입니다.

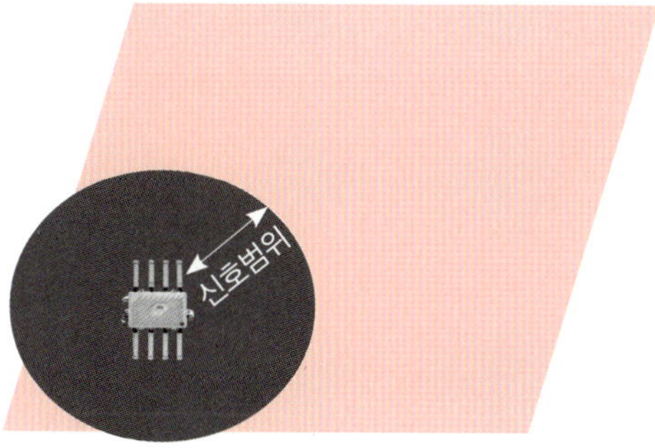

그림 2.57

수업활용 예시 2 **활동하기**

지금부터 무선 네트워크 활동을 진행해 보도록 하겠습니다.

본 활동을 진행하기 위한 준비물은 다음과 같으며 활동시간은 20분입니다.

> **교사가 준비할 것**
> **준비물:** 활동지(학생수 만큼)

간단한 무선 네트워크 활동은 개별 활동을 진행하기에 적합합니다.

본 활동을 진행하기 위해서 선생님께서 학습자들에게 제시하는 문제 상황은 다음과 같습니다.

> **선생님** : 자~ 지금부터 간단한 활동을 진행하도록 하겠습니다. 여러분은 00 텔레콤의 사장입니다. 활동지에 보이는 것처럼 6개의 건물이 존재하는 지역에서 원활한 무선 네트워크 구축을 의뢰하였습니다.
>
> 무선 네트워크 장비는 각 건물마다 설치할 수 있으며 활동지 상에 바로 인접해 있는 건물까지 신호를 전송할 수 있으며 두 블럭 이상 떨어지면 신호가 전송되지 않습니다.
>
> 그런데 이 지역에는 산이 중간 중간 위치하고 있으며 산이 위치한 경로의 경우 신호 전달이 불가능합니다.
>
> 기업이기 때문에 최대의 이윤을 남기기 위해 최소한의 무선 네트워크 장비를 설치해서 모든 건물이 무선 네트워크에 연결되도록 하려고 합니다.
>
> 어느 지점에 무선 네트워크 장비를 설치하면 좋을까요?

〈활동지〉

다음과 같은 문제 상황을 제시하고 학습자들로 하여금 최소한의 무선 네트워크 장비가 설치되면서 모든 건물이 무선 네트워크에 연결되는 지점을 5분정도 찾아보게 합니다.

활동을 진행하는 과정에서 학습자들이 전송이 가능한 경로에 대한 질문을 던질 수 있습니다.

이럴 경우 명확하게 전송이 되지 않는 경로를 다음과 같이 설명해 주실 수 있습니다.

전송이 불가능한 경로를 모두 설명해주시기 보다 예로 제시된 경로 중 하나의 경로를 설명해 주시고 불가능한 경로를 생각해 볼 수 있도록 지도해 주셔야 합니다.

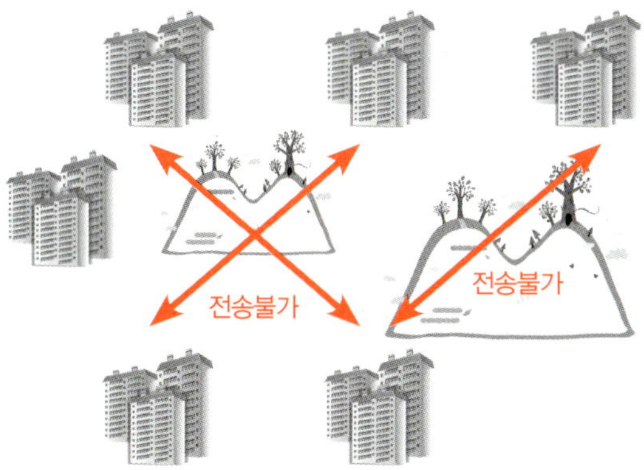

그림 2.58

5분정도 시간이 흐른 후에 학습자들이 찾은 경로를 발표할 수 있도록 합니다.

학습자들이 선택할 수 있는 경로는 세 가지로 압축될 수 있습니다.

첫 번째 경우는 총 세 대의 장비를 설치하여 연결하는 경우입니다.

이렇게 답안을 작성한 학습자의 경우 무선 네트워크로 모두 연결되는 경우이나 최소한의 장비를 설치한 것이 맞는지 다시 한 번 확인해 볼 수 있도록 지도합니다.

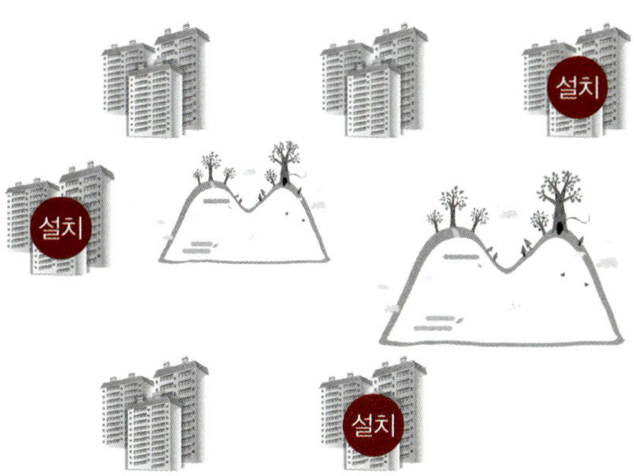

그림 2.59

두 번째 경우는 총 두 대의 장비를 설치하여 연결하는 경우입니다.

그림과 같이 두 건물에 장비를 설치할 경우 모든 건물을 연결하면서 최소한의 장비를 사용하게 됩니다.

이와 같은 정답을 도출한 학습자의 경우 다른 경우의 수가 없는지 다시 한 번 고민해보도록 합니다.

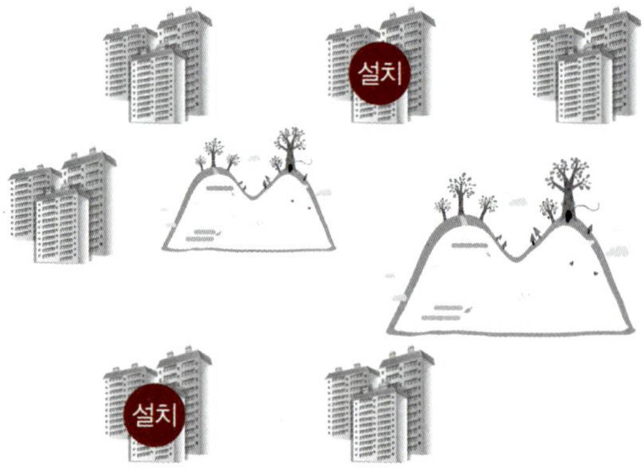

그림 2.60

세 번째 경우도 총 두 대의 장비를 설치하여 연결하는 경우입니다.

그림과 같이 두 건물에 장비를 설치할 경우 모든 건물을 연결하면서 최소한의 장비를 사용하게 됩니다.

정답을 도출한 학습자라 할지라도 마찬가지로 다른 경우의 수가 없는지 다시 한 번 고민해보도록 합니다.

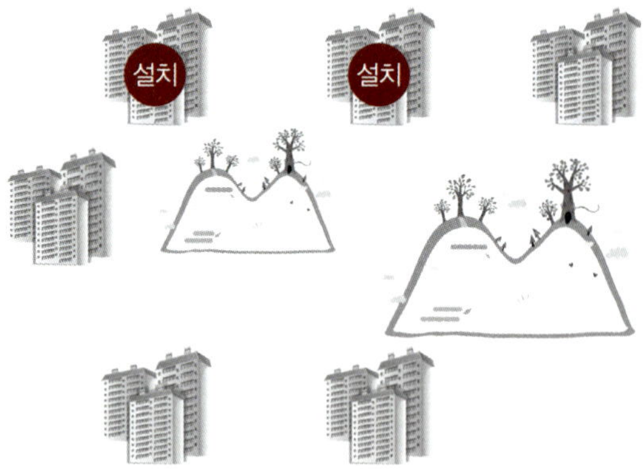

그림 2.61

활동이 마무리 되면 선생님께서는 이러한 문제가 현실에서도 쉽게 벌어질 수 있는 문제 상황임을 강조해 주실 수 있습니다. 이런 문제는 컴퓨터과학 분야뿐만 아니라 다양한 분야에서 관심을 가질 수 있는 문제 상황임을 강조하여 학습자들의 동기를 유지할 수 있습니다.

활동 2 진흙 도시

수업활용 예시

수업활용 예시 1 도입하기

포장된 길이 없는 한 도시가 있습니다. 비가 많이 내린 다음에는 땅이 진흙투성이가 되어 도시 주변을 돌아다니는 것이 매우 어려웠습니다. 차는 진흙투성이가 되고 사람들의 신발 역시 진흙으로 더러워졌습니다. 시장은 몇 개의 도로를 포장하기로 결심했지만, 도시에 수영장을 건설해야 했기 때문에 필요 이상으로 많은 돈을 투자할 수 없었습니다. 그래서 시장은 두 가지 조건을 걸었습니다.

- 모든 사람이 자신의 집에서부터 다른 사람의 집까지 포장된 도로만 이용해서 다닐 수 있을 만큼 충분한 도로가 포장되어야 합니다.
- 도로는 돌로 포장을 하고 돌의 개수에 따라 도로의 포장 비용이 결정됩니다.

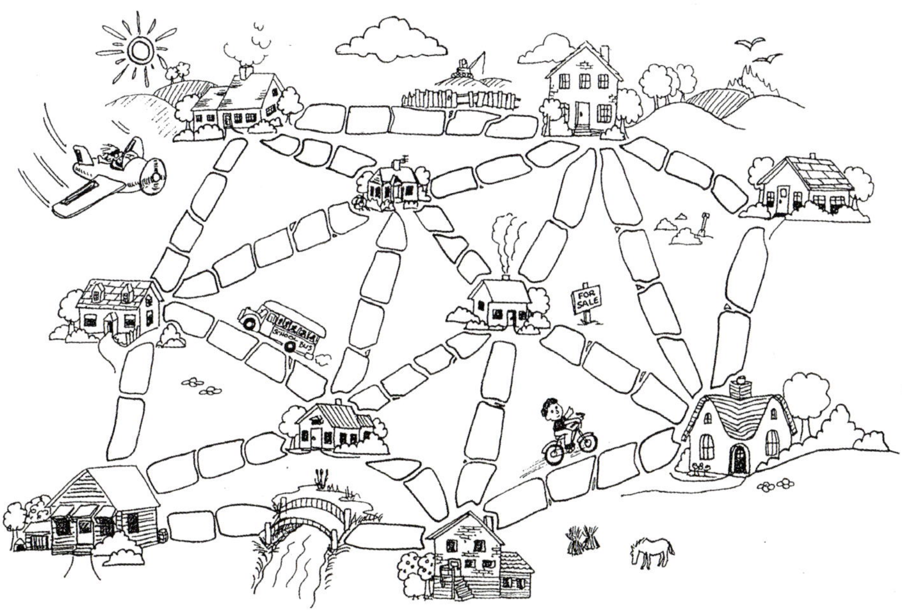

그림 2.62 진흙 도시

수업활용 예시 2 활동하기

교사는 학생들에게 다음과 같이 질문합니다. 여러분이 진흙 도시의 시장입니다.

- 시장이 제시한 조건에 맞게 진흙 도시의 길을 포장해 봅시다. (단, 다리 등은 돌 하나로 간주합니다.)
- 약 5~10분 정도의 시간을 준 이후에 어떻게 포장하려 했는지 확인해 봅니다.
- 다른 친구들은 어떤 길을 포장했는지 비교해 봅시다.
- 가장 적은 수의 돌로 포장하려면 총 몇 개의 돌로 포장해야 합니까?
- 가장 적은 수의 돌로 포장한 친구는 누구일까요?
- 도로의 포장방법은 여러 가지가 있을 수 있습니다.

예시는 다음과 같습니다.

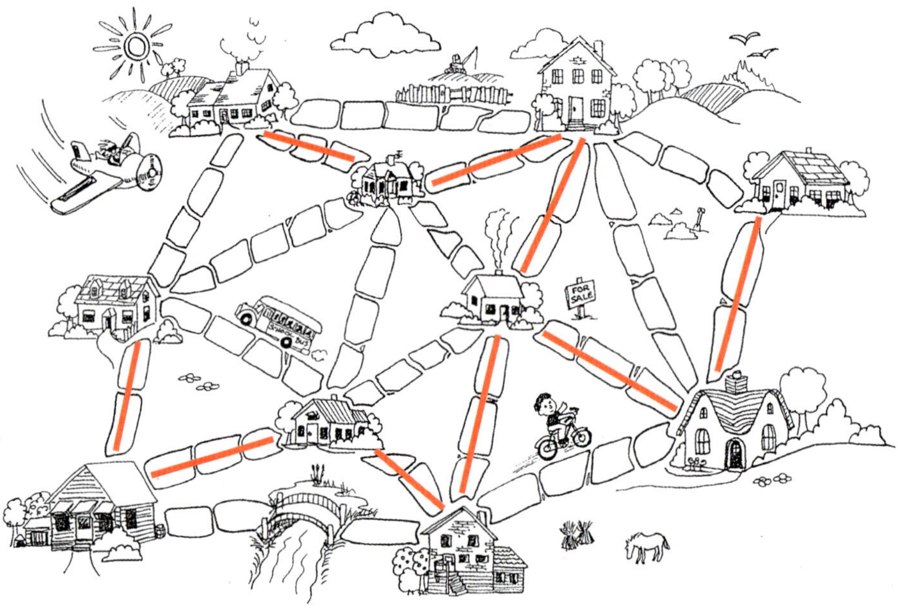

예시 1

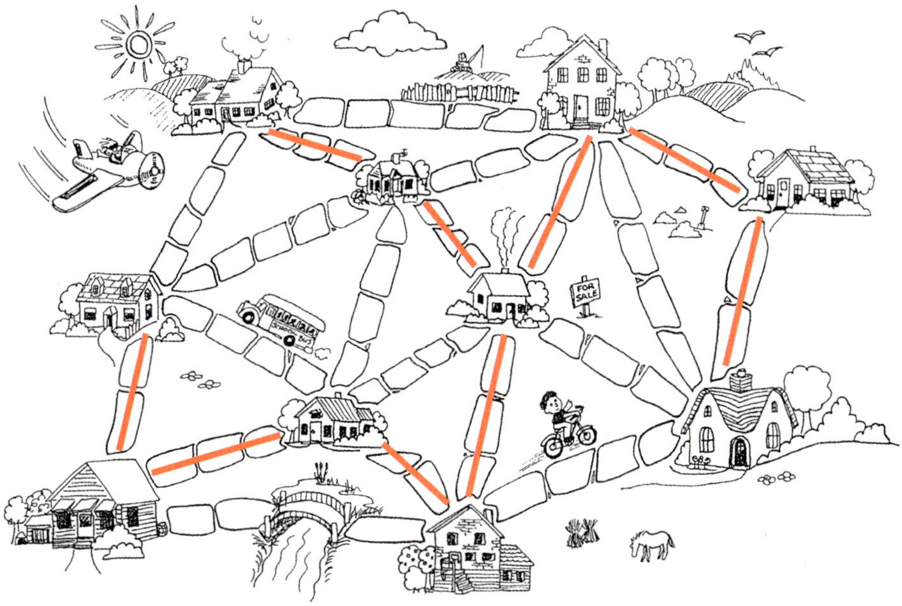

예시 2

그럼 어떻게 하는 것이 포장 비용을 최소화하는 것일까요?

첫째, 아래 그림과 같이 집은 (○)동그라미로 길은 숫자 형태로 연결합니다.

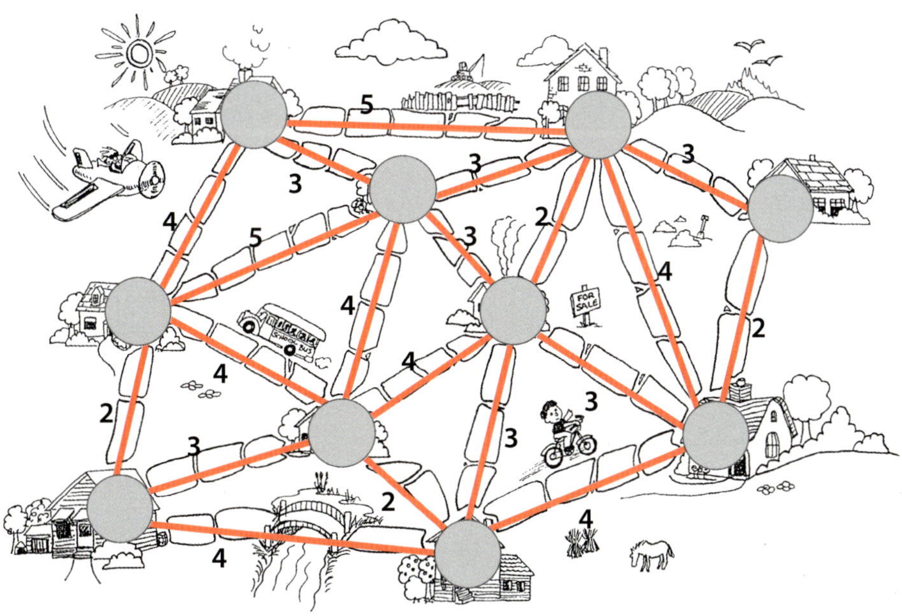

둘째, 숫자가 작은 경우를 먼저 선택합니다. 진흙 도시에는 2개의 돌로 연결된 경우가 4곳 있습니다.

셋째, 두 번째로 작은 수인 3개의 돌로 연결된 길을 선택합니다.

넷째, 2와 3이 겹쳐진 곳을 제외합니다. 그럼 2개의 돌로 연결된 4곳과 3개의 돌로 연결된 5곳 해서 23개의 돌이 있다면 길의 포장은 가능합니다. 예시에서 제시된 바와 같이 일단 그래프를 간소화한 후에 적은 개수의 돌부터 활용해 보는 것입니다.

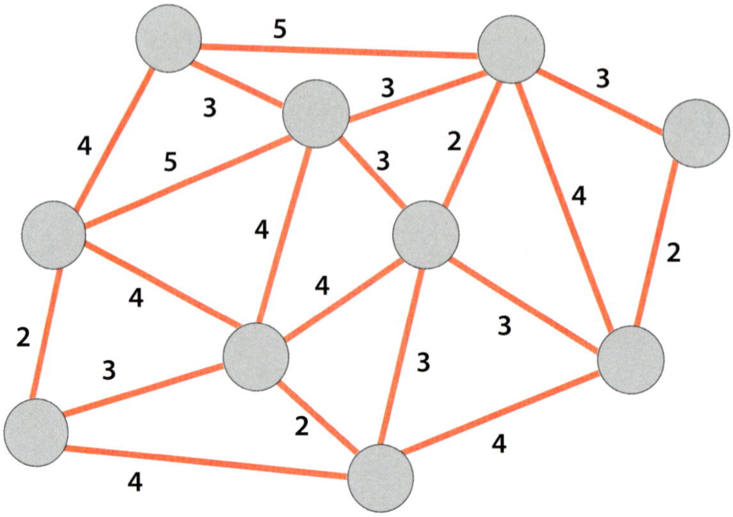

수업활용 예시 3 **활용하기**

아래 그림은 그래프를 이용하여 진흙 도시의 도로를 표시한 그림입니다.

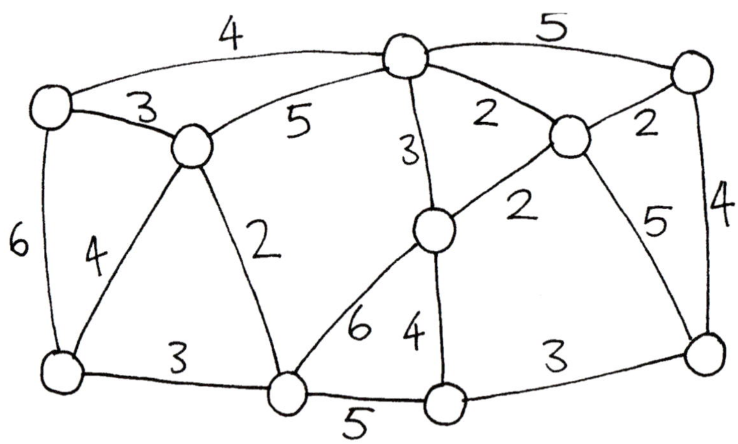

1. 집은 원으로 표시합니다.
2. 진흙 도로는 선으로 표시합니다.
3. 돌의 개수는 선 옆에 숫자로 표시합니다.

학생들에게 그래프를 이용하여 자신만의 진흙 도시 문제를 만들어 친구들에게 풀어보도록 하는 활동을 진행할 수도 있습니다. 즉, 하나의 활동 뒤에는 학생들이 스스로 활동을 구성할 수 있도록 하는 것이 좋습니다.

그래프(Gragh)

컴퓨터과학자들과 수학자들은 이러한 문제를 표현하는 데 다이어그램(Diagram)과 같은 것을 사용합니다. 여기서 다이어그램을 그래프(Graph)라고 부릅니다. 그래프 용어는 통계학에서 숫자정보를 차트로 보여줄 수 있는 막대 그래프와 같은 것으로도 사용하기 때문에 혼란스러울 수도 있습니다. 하지만 컴퓨터과학자들이 사용하는 그래프(Graph)는 정점(Vertex)과 간선(Edge)으로 구성된 자료구조로 통계학에서의 그래프와 구별됩니다. 또한 그래프의 길이가 크기를 의미하는 것은 아닙니다.

해결 방법과 힌트

활동 2: 진흙 도시

- 첫 번째 방법은 비어 있는 지도에서 시작해서 모든 집들이 연결될 때까지 거리가 짧은 길을 순서대로 추가합니다. 여기서 이미 연결되어 있는 집이 다른 길로 접근할 수 없도록 해야 합니다. 만일 같은 길이의 경로가 추가되어서 그 순서를 바꾸는 경우에는 또 다른 방법을 찾아봅니다. 아래는 해결 방법의 두 가지 예 입니다.

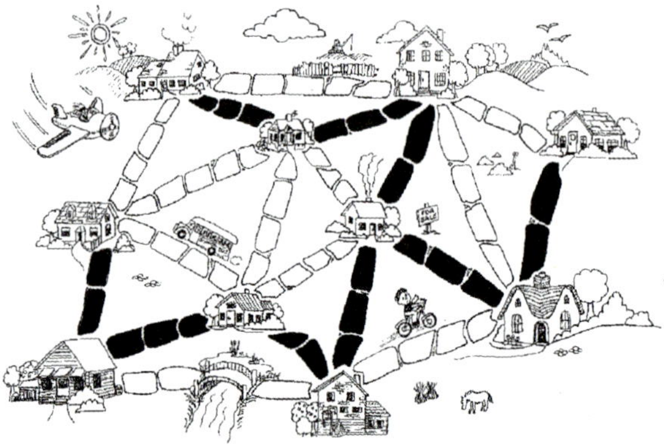

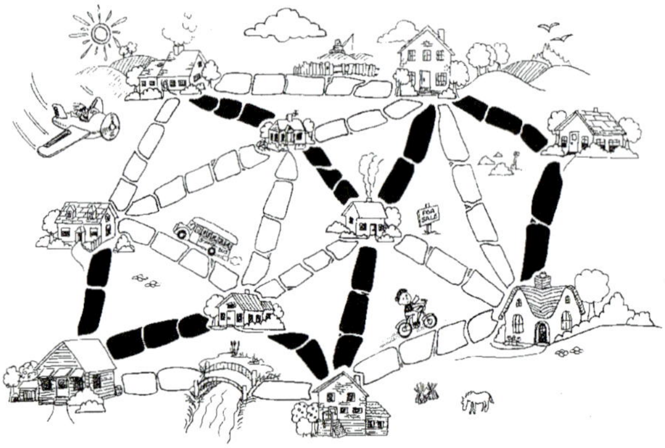

- 또 다른 방법은 모두 포장되어 있는 경로에서 시작해서 필요하지 않는 경로를 순차적으로 지우는 방법입니다. 하지만 첫 번째 방법보다 어렵습니다.
- 컴퓨터과학에서는 이런 네트워크들의 모형을 "그래프(Graph)"라고 부릅니다. 실제로 그래프를 사용함으로써 지역 도시나 국가 간을 연결하는 최적의 항공 경로를 설계하는 것과 같은 문제를 해결합니다.
- 두 개의 점을 연결하는 최단 거리를 찾거나 모든 점을 거치는 가장 짧은 경로를 찾는 것과 같이 그래프를 적용할 수 있는 알고리즘은 무수히 많이 있습니다.

CS 핵심원리 : 최소 신장 트리

전기, 가스, 물과 같은 자원을 새로운 지역에 전달해야 한다고 가정해봅시다. 선이나 파이프 등을 전달하는 회사와 집들이 모두 연결되어야 합니다. 모든 집은 몇몇 지점에서 네트워크와 연결되어야 하지만 공공시설들이 각 집으로 전달되는 경로는 길이 존재하기만 하면 문제없습니다.

최소한의 총 길이로 네트워크를 설계하는 것을 최소 신장 트리(Minimal Spanning Trees) 문제라고 합니다. 최소 신장 트리는 연료나 전력의 네트워크에만 사용되는 것은 아닙니다. 이것은 컴퓨터 통신망이나, 전화망, 기름의 파이프라인, 그리고 비행기의 비행 코스를 결정하는 데에도 도움을 줍니다. 그러나 여행의 가장 좋은 길을 결정할 때는 얼마의 비용으로 얼마나 편안하게 여행을 할지를 고려해야 합니다. 대부분의 사람은 비용이 싸다는 이유만으로 많은 시간을 비행기에서 보내고 싶지는 않을 것입니다. 진흙 도시 알고리즘은 이런 상황에는 그다지 사용되지 않을 것입니다. 왜냐하면 이것은 단순히 가장 짧은 이동 경로만을 구하는 것이기 때문입니다.

최소 신장 트리는 네트워크의 모든 지점을 방문할 수 있는 가장 짧은 경로를 찾는 "외판원 문제"(Traveling Salesman Problem)와 같은 문제를 풀 때에도 유용하게 사용됩니다.

외판원 문제(Traveling Salesman Problem)

여러 도시들이 있고 한 도시에서 다른 도시로 이동하는 비용이 모두 주어졌을 때, 모든 도시들을 단 한번만 방문하고 원래 시작점으로 돌아오는 최소 비용의 이동 순서는 무엇인가에 대한 문제입니다.

이 문제는 1930년에 처음으로 수학 문제로 공식화되었으며 많은 최적화 방법에 대한 기준으로 사용됩니다. 이 문제는 택배회사 등에서 실용적으로 적용될 수 있습니다.

활동 3 아이스크림 차 배치하기

수업활용 예시

수업활용 예시 1 도입하기

이번에는 아이스크림 차를 배치해 보겠습니다.

무선 네트워크 배치하기 활동과 유사하지만 보다 많은 노드가 존재하기 때문에 더 많은 생각을 해야 하는 활동입니다.

개별 활동보다 모둠 활동이 더 적합할 수 있습니다.

본 활동을 진행하기 위해서 요구되는 준비물은 다음과 같습니다.

> **교사가 준비할 것**
> **준비물:** 아이스크림 차 모양의 스티커(각 15개), 관광도시 지도(모둠 수 별, 전지와 같이 큰 면에 그리는 것이 좋음), 여분의 전지(모둠 별), 사인펜(검은 색, 빨간 색 등)

선생님께서는 모둠 수를 고려하여 관광도시 지도를 활동지로 만들어 미리 준비해 주시고, 각 모둠마다 여러 번 떼었다 붙일 수 있는 아이스크림 차 모양의 스티커를 15개씩 준비합니다.

학습자 모둠은 4인 이내의 소규모 모둠이 적당하며 활동 시간은 1시간 정도가 좋겠습니다.

학습자들을 소규모 모둠으로 편성하였다면, 다음과 같은 문제 상황을 제시합니다.

> 선생님 : 매우 더운 나라에 위치한 관광도시가 있습니다.
> 이 관광도시는 유적지와 볼거리가 매우 많아 여름이 되면 관광객들로 붐비는 곳입니다. 관광도시에 사는 사람들은 여름이 되면 교차로에서 관광객들을 대상으로 아이스크림을 판매하곤 합니다.
> 여러분은 이 도시의 시장입니다.
> 보다 많은 아이스크림을 팔기 위해서는 관광객이 쉽게 찾을 수 있는 곳이어야 합니다. 어떻게 아이스크림 차를 배치하는 것이 좋을 까요?

학습자들은 시장의 입장이 되어 시민과 관광객을 동시에 고려해야 합니다.
시장의 입장에서 고민해야 하는 부분은 관광객들의 편의와 시민의 이익 두 가지입니다.

첫째, 선생님께서는 관광객들의 편의를 최대화하기 위해서는 어떻게 해야 할지 질문합니다. 답변은 여러 가지가 있을 수 있으나, 아이스크림 차를 최대한 많이 배치해야 한다는 답으로 수렴될 수 있습니다.

물론 아이스크림의 가격을 내려야 한다 등의 의견이 나올 수 있으나, 이러한 질문의 경우 시민의 입장을 고려하여 어떤 문제가 발생할 수 있을지 다시 고민해 보도록 합니다.

둘째, 시민의 이익을 극대화하기 위해서는 어떻게 해야 할까요?
시민의 이익을 극대화하기 위해서는 무엇보다 지나친 경쟁을 막는 것이 중요할 수 있습니다.
지나치게 많은 아이스크림 차가 배치되면 판매자들 간의 경쟁이 예상되므로 시민의 입장에서 볼 때 판매자가 늘어나는 것은 긍정적인 상황으로 볼 수는 없습니다.

이러한 상황을 고려하면 시장은 최소한의 아이스크림 차를 배치하여 시민의 이익을 높이면서 모든 관광객들이 한 블록 내에 편리하게 접근할 수 있도록 해야 합니다.

수업활용 예시 2 활동하기

실제 문제 상황으로 들어가 보겠습니다.

선생님 : 여러분이 논의한 내용을 종합해 보겠습니다. 시장인 여러분은 시민의 이익을 위해 최소한의 아이스크림 차를 배치하여 경쟁으로 인한 불이익을 줄이고, 모든 관광객들이 한 블럭 이내에 접근하여 편리하게 아이스크림을 사 먹을 수 있도록 해야 합니다.
그럼 지금부터 각 모둠 별로 아이스크림 차를 배치해보도록 합니다.

활동에 사용되는 관광도시 지도는 다음과 같습니다.

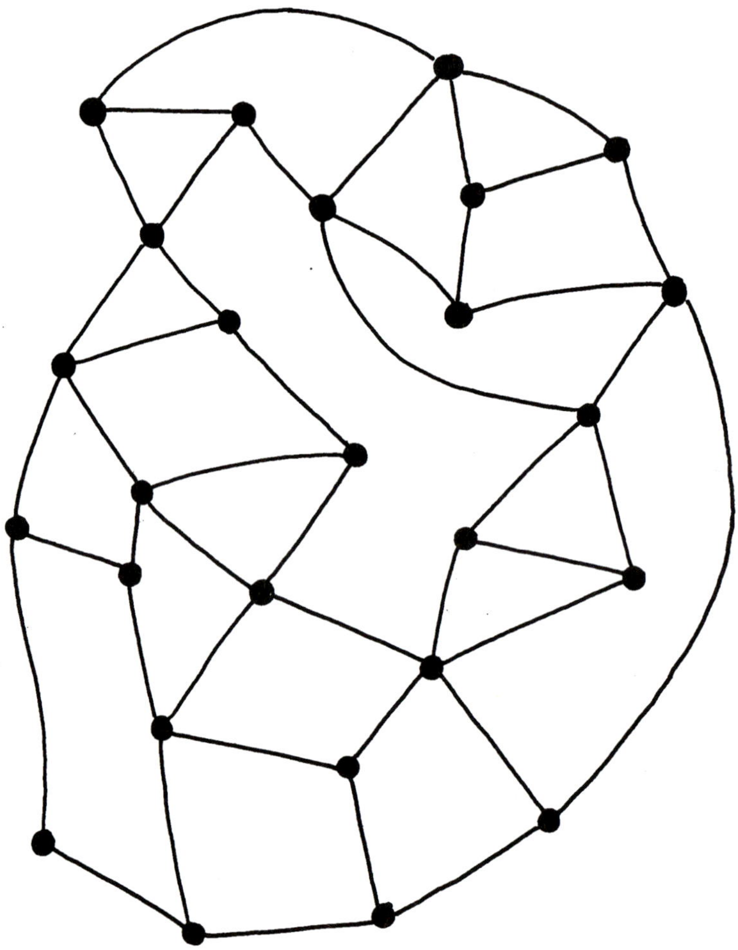

그림 2.63

- **내용**: 점으로 표시된 각 노드가 아이스크림 차가 배치 될 수 있는 지역이며, 노드와 노드가 연결된 선을 하나의 블럭으로 판단합니다.
- **평가**: 최소의 아이스크림 차를 배치하여 문제를 해결하는 모둠이 승리하게 됩니다.
- **활동**: 학습자들의 문제 해결 속도에 따라 유동적으로 진행하실 수 있으며, 20분 내외의 제한 시간동안 진행할 수 있습니다.

교사의 역할

첫째, 많은 학습자들이 참여하도록 합니다.

모둠 활동의 가장 큰 문제점은 모둠 활동임에도 불구하고 개별적인 활동이 이루어진다는 점입니다.

지속적인 관찰을 통해 학습자의 참여를 독려하시는 것이 좋습니다.

둘째, 모둠 간의 정보 공유를 차단합니다.

모둠 간의 경쟁 활동이므로 이러한 경우는 거의 발생하지 않으나, 모둠 간 정보 교류가 이루어지지 않도록 미리 강조해주시고 확인해주시는 것이 좋습니다.

선생님께서는 20분의 제한 시간이 마무리되면
학습자들의 활동을 종료하고
각 모둠의 활동지를 칠판 또는 벽면에 부착하도록 합니다.

각 모둠별로 문제를 해결한 방법과 결과에 대해서 간략하게 설명할 수 있도록 시간을 부여하고, 결과물 중에서 가장 최적화된 결과물을 선정하도록 합니다.

본 활동의 최적화된 아이스크림 차 배치는 다음과 같습니다.

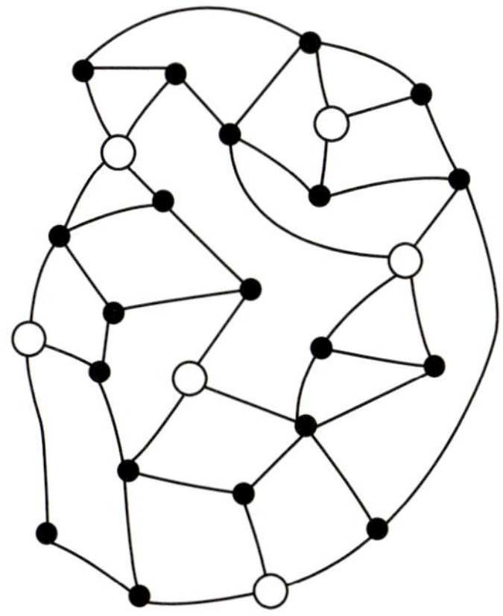

그림 2.64

만일 다음과 같은 아이스크림 차 배치가 결과물로 나오지 않았다면, 선생님께서는 학습자들에게 한 번 더 고민할 수 있는 기회를 부여할 수 있습니다.

> 선생님 : 각 모둠의 발표는 잘 들었습니다. 결과물을 종합해 보면 ○○ 모둠이 가장 적은 차를 배치하면서 모두 연결 되는 배치를 찾았습니다. 그런데 이 결과 보다 더 적은 차를 배치해서 모두 연결할 수 있는 방법이 있습니다.
>
> 지금부터 10분의 시간을 더 줄테니 각 모둠 별로 최적화된 경로를 한 번 더 고민해 보세요.
>
> ○○ 모둠에서 7대를 사용하였으니, 7대 미만을 활용한 결과이겠지요?

이처럼 최소한의 결과를 도출해 볼 수 있도록 각 모둠을 독려합니다.

활동이 진행되는 과정에서 결과에 수렴되지 않는다면, 6대의 차량을 활용할 수 있다는 결정적인 힌트를 제시할 수도 있습니다.

수업활용 예시 3 주의사항

이렇게 활동이 마무리되면 선생님께서는 모둠 별로 관광 지도를 만들어 보는 활동을 진행합니다.

모둠 별로 관광 지도를 만들어 보는 활동을 진행하기 위해서 선생님께서는 학습자들에게 관광지도를 만드는 법에 대해서 간단히 설명해주실 필요가 있습니다.

첫째, 문제 해결에 활용된 관광지도를 그림과 같이 분리하여 학습자들에게 제시하도록 합니다.

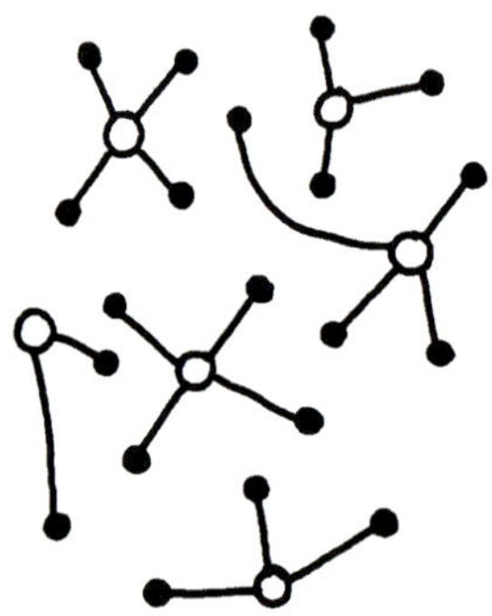

그림 2.65

둘째, 그림처럼 관광지도는 빈 원으로 표시된 아이스크림 차 배치 지역과 검은 점으로 표시된 연결이 되는 지역으로 나누어 그릴 수 있습니다.

셋째, 지도를 그릴 때 먼저 아이스크림 차가 배치될 빈 원을 그리고 그 주변에 검은 점을 그려 서로 연결하면 하나의 분리된 부분이 완성됩니다.

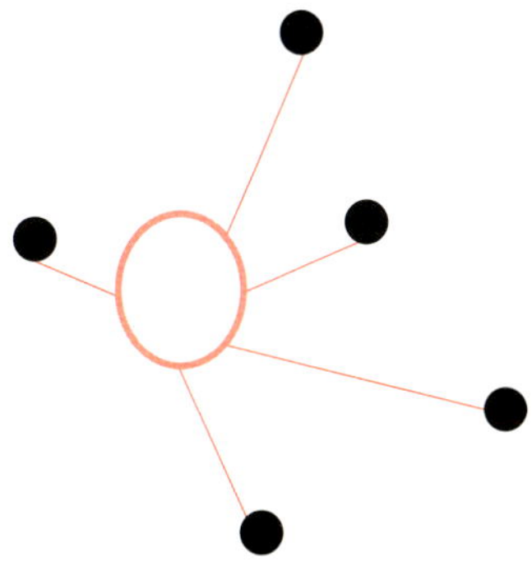

그림 2.66

넷째, 검은 점들을 서로 복잡하게 연결하면 지도를 완성할 수 있습니다.

그렇다면 왜 이런 방법을 활용해서 지도를 만들어야 하는 것일까요?

선생님께서 학습자들에게 별도의 설명 없이 각 모둠 별로 지금 해결한 것과 비슷하면서 어려운 지도를 만들어 보라고 지시하였다고 가정해 보겠습니다.

학습자들이 어떻게 지도를 만들게 될까요?

지나친 경쟁 심리일 수도 있으나 대부분의 학습자들이 해결이 불가능할 정도로 복잡하고 어려운 지도를 그리게 될 것입니다. 여기서 해결이 불가능하다는 것은 상대 모둠뿐만 아니라 지도를 그린 모둠도 포함됩니다.

예시

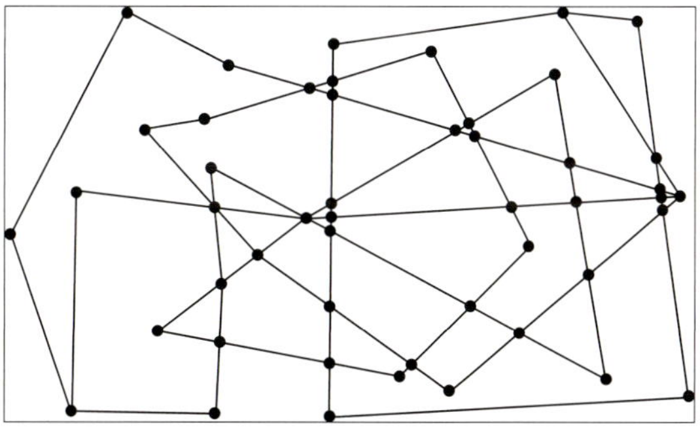

이러한 문제를 방지하기 위해서 지도를 합리적으로 만드는 법을 설명할 필요가 있으며, 사용되는 아이스크림 차량은 15대 이내로 한정하는 것처럼 복잡도를 제한할 필요가 있습니다.

모둠 별로 새로운 종이에 지도를 그려 보도록 한 다음 두 모둠 간 지도를 바꾸어 문제를 해결해 보도록 합니다.

그럼 아이스크림 차 배치하기 활동 과정을 간단하게 정리해보도록 하겠습니다.

1. 문제 상황을 제시(관광도시의 시장)
2. 문제 상황을 해결하기 위한 방안 논의
3. 문제 해결(전지에 아이스크림 차 배치)
4. 해결 방안 발표 및 피드백
5. 모둠 별 관광지도 만들고 해결하기

이와 같이 총 5단계에 걸쳐 활동이 진행됩니다.

CS 핵심원리 : 무식 알고리즘

모든 활동이 마무리 된 후 학습자들에게 다음과 같은 질문을 던질 수 있습니다.

> 선생님 : 최소의 차를 배치하기 위한 가장 효율적인 전략이 무엇이 있을까요?

이러한 질문에 학습자들은 쉽게 답변하지 못할 수 있습니다.
왜 그럴까요?

가장 효율적인 전략이라는 것은 일정한 규칙 또는 법칙으로 정리될 수 있어야 하지만 이러한 문제는 알고리즘과 같은 형태로 정리될 수 없기 때문입니다.

이처럼 무식할 정도로 모든 경우의 수를 찾아보아야만 최적의 결론을 도출해 낼 수 있는 문제들을 해결하기 위한 알고리즘을 컴퓨터과학 분야에서는 무식 알고리즘(Brute-force algorithm)이라 합니다.

컴퓨터가 문제를 해결하기 위해 '무식 알고리즘'을 수행하는 시간은 교차로의 수에 따라 기하급수적으로 증가하게 되며, 이럴 경우 '지수적 시간 알고리즘(exponential time algorithm)'이라고 표현합니다.

일반적으로 컴퓨터과학에서 어떠한 문제를 계산하는 데에 걸리는 시간을 다항 시간(polynomial time)이라합니다. 즉, 다항 시간을 활용한 알고리즘은 일정한 규칙에 근거하여 충분한 시간만 주어진다면 컴퓨터가 해결할 수 있는 문제로 볼 수 있습니다. 그렇다면 이번시간에 알아본 아이스크림 차 배치 활동과 같은 문제를 다항 시간에 해결할 수 있는 알고리즘이 존재할까요?

결론부터 말하면 아직까지는 발견되지 않았다는 것이 정답입니다.

다항식 시간 내 해결 가능한지 결정되지 않았음을 의미하는 NP-완전 문제(Non-Deterministic polynomial complete problem)를 해결하기 위해서 수많은 컴퓨터과학자들이 다항식 시간 알고리즘을 찾기 위해 노력해 왔고, 아직까지 그 해결책은 발견되지 않았습니다.

선생님께서는 단순하지만 가장 효과적인 알고리즘이 될 수 있는 문제 해결방안인 무식 알고리즘이 인간에게는 비효율적인 방안이 될 수 있으나, 성능이 뛰어난 컴퓨터의 경우 효율적인 문제 해결방안이 될 수도 있음을 보여줄 수 있습니다.

9-1 학습활동 도로의 구성 — 최소 스타이너 트리

_Minimal Steiner Trees

수업 설계하기

■ 학습목표

- 얼음길 활동을 수행할 수 있다.
- 복잡한 얼음길 활동을 수행할 수 있다.
- 얼음길 활동의 컴퓨터과학 원리에 대해서 설명할 수 있다.

■ 학습내용

- 얼음길 활동 준비 및 수행 절차
- 복잡한 얼음길 활동 준비 및 수행 절차
- 복잡한 얼음길 활동의 컴퓨터과학 원리

■ 핵심키워드

최소 스타이너 트리(Minimal Steiner Trees)

용어정리

* 최소 스타이너 트리(Minimal Steiner Trees): 삼각형에서 거리의 합이 최소가 되게 하는 단일점을 스타이너 점이라 부릅니다. 그러나 이 문제의 해를 구하기 위한 최적화 알고리즘을 찾아내는 것이 어렵고, 최적화 알고리즘이 존재해도 문제의 크기가 증가함에 따라 전체 최적점을 찾는 것은 높은 계산복잡도와 공간복잡도를 요구하여 실용성이 떨어질 수 있습니다.

활동 1 도로의 구성

수업활용 예시

수업활용 예시 1 도입하기

선생님께서 평소 모르는 지역을 방문하셨을 경우 길을 찾기 위해서 어떤 시도를 하시나요?

일상적으로 스마트폰을 활용할 수 있을 것입니다.

이러한 지도 어플리케이션을 활용하면, 원하는 위치의 검색과 이동 경로까지 편리하게 알아볼 수 있습니다. 특히, 이동 경로의 탐색은 지하철 및 버스와 같은 대중교통을 이용할 때 큰 힘을 발휘하게 됩니다.

예를 들어, 복잡한 지하철 노선도에서 목적지까지 이동하기 위해 최소 환승 정보를 탐색할 수도 있습니다.

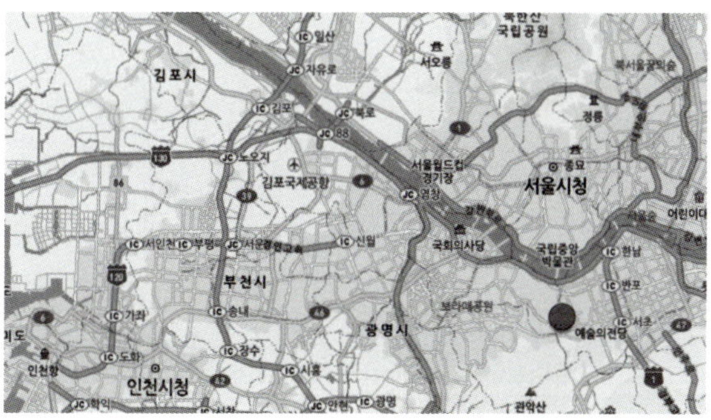

그림 2.67

컴퓨터과학 분야에서 최단 경로에 대한 연구는 매우 중요한 이슈 중 하나입니다.

네트워크 분야에서 최단 경로 설정은 오랫동안 연구되고 있는 분야 중 하나입니다.

네트워크 분야에서 최단 경로가 중요한 이유는 무엇일까요?

최근에는 무선 인터넷이 일상적으로 활용되고 있지만 무선 인터넷이 활성화되기 이전의 네트워크는 유선 네트워크 중심으로 구성되어 있었습니다. 아직도 인터넷, 전화와 같은 주요 네트워크의 대부분이 유선으로 연결되어 있습니다.

네트워크를 구축하는 과정에는 많은 비용과 시간이 투자 되어야 합니다. 국가 대 국가를 연결하는 거대 네트워크의 경우, 비용은 기하급수적으로 늘어날 수밖에 없습니다. 만일 최적화된 네트워크 연결 지점을 설정하여 최단 거리로 연결한다면 네트워크 연결을 위한 시간과 비용의 절감이 가능하기 때문에 매우 중요하게 여겨지고 있습니다.

네트워크 최단 경로 설정에 대한 연구는 최소 신장 트리(minimal spanning trees) 방식과 최소 스타이너 트리(minimal steiner trees) 방식을 중심으로 이루어져 왔습니다.

두 가지 용어가 어렵고 익숙하지 않게 여겨질 수 있습니다. 그러나 두 가지 개념은 복잡한 수학적 계산을 요구하지 않으며, 논리적이고 순차적인 판단에 따라 최적의 답을 찾아내는 것입니다.

수업활용 예시 2 활동하기(얼음길)

다음 활동은 '얼음길' 입니다. 본 활동의 배경은 다음과 같습니다.

> 겨울이면 항상 많은 양의 눈이 내리는 지역이 있습니다. 매우 큰 호수조차 얼어붙어 버리는 이 지역은 제설기를 이용해서 길을 만든 후 거점 도시들을 연결해야 사람들이 서로 왕래할 수 있습니다. 그들이 최소 길이의 도로를 건설하고자 한다면 여러분은 어디에 도로를 만들어야 할까요?

그림 2.68

이미 진흙 도시 문제를 했기 때문에 유사하다고 생각할 수 있습니다.

본 활동도 최단 경로를 설정하는 것과 밀접하게 관련이 있기 때문입니다.

따라서 네트워크 관련 내용의 동기 유발 활동으로 활용하시거나, 진흙 도시, 아이스크림 차 배치 등에 대한 심화 활동으로 활용 가능합니다.

진흙 도시나 아이스크림 차 배치 문제와의 관련성을 학습자들에게 미리 알려주실 필요는 없습니다.

다만, 활동이 완료 되었을 경우 두 활동을 비교 설명해 주시는 것은 학습자의 이해를 높이는 데 도움이 될 수 있습니다.

얼음길 활동에 대해서 알아보겠습니다.

얼음길 활동에 요구되는 시간과 준비물은 다음과 같습니다.

> **교사가 준비할 것**
> **활동 시간:** 20분 이상
> **준비물:** 땅에 박을 수 있는 못(모둠 당 5개), 노끈(10m), 줄자(10m)

본 활동은 교실에서도 가능하지만, 가능하면 운동장과 같은 외부 공간에서 이루어지는 것이 좋습니다.

학습자들의 흥미를 자극하기 위해서는 충분한 공간을 확보하여 규모가 큰 지역을 만들어 보는 것이 좋습니다.

예를 들어, A4 용지를 기준으로 본 활동을 설계한다면, 학습자들은 수학 문제 해결과 별다른 차이를 느끼지 못할 수도 있습니다.

본 활동은 예비 활동의 성격을 지니고 있지만 모든 학습자들이 참여할 수 있는 형태로 준비해 주시는 것이 좋습니다. 즉, 반 학생을 4명 이내의 모둠으로 구분하여 모든 학생이 참여할 수 있도록 준비물과 활동 공간을 확보하시면 좋습니다.

첫째, 학습자들을 4명 이내의 모둠으로 나누고 모든 팀에 준비물을 분배합니다.

각 모둠별로 5개의 못과 각각 10m의 노끈과 줄자의 분배가 완료되면 문제 상황을 제시합니다.

> 선생님 : 자~ 여러분! 이번시간에 여러분은 도시 계획자가 되어 보도록 할 거에요! 도시 계획에 있어서 가장 중요한 것은 무엇일까요?
>
> 학 생 : 건물이요.
>
> 학생 2 : 도로요.
>
> 선생님 : 도시를 구성하는 것 중 중요하지 않은 것은 없겠지만, 편리한 이동을 위해서 도로를 정비하는 것은 무엇보다도 중요한 일이 될 수 있어요. 그러면 다음과 같은 상황을 가정해보고, 어떻게 하면 최적화된 도로를 설계할 수 있을지 고민해 봅시다.

학습자들에게 해결해야 하는 문제 상황을 인지시키고, 앞서 제시하였던 얼음길 상황을 제시합니다.

둘째, 학습자들이 해결해야 하는 구체적인 문제를 제시합니다.

구체적 문제는 눈으로 뒤덮인 지방의 도시가 정삼각형 형태로 배치되어 있다고 가정해 보는 것입니다.

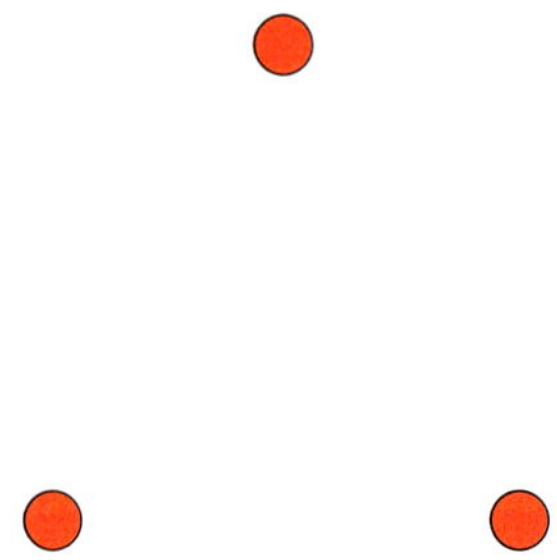

그림 2.69

선생님 : 자, 여기 바닥에 보이는 것처럼 눈에 덮여 있는 지방은 총 3 개의 도시로 이루어져 있습니다. 여기 보이는 못이 하나의 도시라고 가정하면, 세 도시는 어떤 도형으로 이루어져 있나요?

학　생 : 삼각형이요!

선생님 : 맞아요! 삼각형입니다. 그 중에서도 한 변이 1m인 정삼각형 형태로 이루어져 있다고 생각해 봅시다. 이 세 도시를 어떻게 하면 최소 길이로 연결하는 얼음길을 만들 수 있을지 모둠별로 알아봅시다.

구체적인 문제 상황을 제시한 선생님께서는 각 모둠별로 일정한 거리이상 떨어진 곳에 위치하여 각각 한 변이 1m인 정삼각형 형태로 못을 박을 수 있도록 합니다. 못 박기가 완료되면 각 모둠별로 최소 길이로 연결하는 얼음길을 만들어 볼 수 있도록 합니다. 각 얼음길은 못과 못을 노끈으로 연결하는 것으로 대체합니다.

선생님께서는 제한시간을 10분 이내로 부여하시고, 학습자들의 문제 해결 과정을 관찰합니다.

대부분의 모둠은 학습자들이 문제 해결 과정에 적극적으로 참여하지 않을 수 있습니다.

지속적인 관찰과 관심을 통해 학습자들이 활동과정에 참여할 수 있도록 격려해 주시는 것이 좋습니다.

TIP 본 활동이 수행되는 과정에 못을 활용하기 때문에 장난으로 인한 사고 발생의 위험이 있습니다. 학습자들에게 미리 발생할 수 있는 위험에 대해 강조해 주시고, 문제가 일어나지 않도록 주의해 주세요.

선생님께서 문제 해결 과정을 지켜보실 때 다음과 같은 경우를 많이 관찰하실 수 있을 것입니다.

바로 세 지점을 연결하되, 별다른 고민 없이 새로운 포인트를 추가하지 않고 연결하는 경우입니다.

그러나 문제 상황에 대해서 깊이 있는 고민을 한 모둠은 새로운 점을 추가하는 등 도로의 위치가 어디에 있어도 문제가 없는지 질문하게 될 것입니다.

즉, 선생님께서는 처음부터 새로운 점을 추가할 수 있다는 상황을 알려주실 필요는 없습니다.

문제 해결 과정에서 고민 후 질문하는 모둠에게는 새로운 시도에 대한 가능성을 알려주실 수 있습니다.

또한, 그림과 같은 문제 해결 방안을 제시한 모둠에게는 좀 더 발전된 문제해결 방안의 가능성이 있음을 시사해 주실 수도 있습니다.

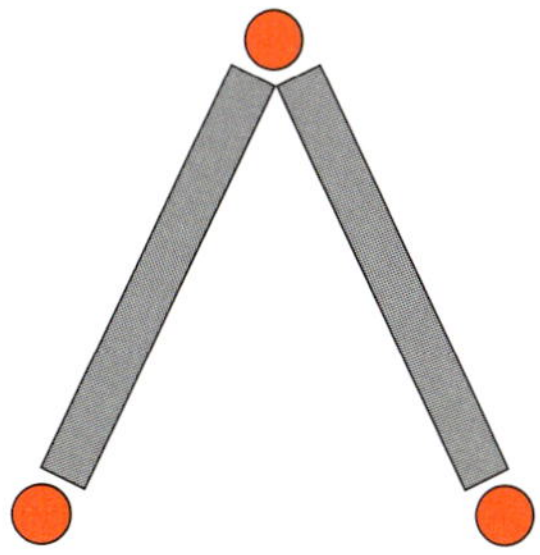

그림 2.70

제한시간이 종료되면 선생님께서는 각 모둠별로 생각한 도로의 형태를 노끈과 못을 이용해서 표현하도록 하고, 줄자를 이용해서 정확한 길이를 측정합니다.

정삼각형 형태의 도시위치는 그림과 같이 하나의 스타이너 점을 추가할 경우 최단거리로 연결이 가능합니다.

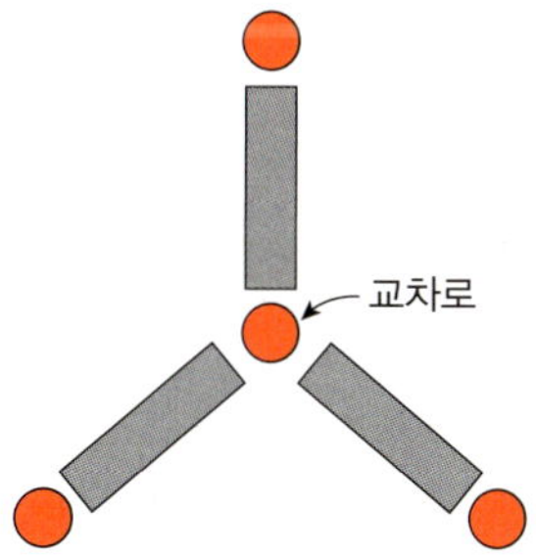

그림 2.71

만일 모든 학습자들이 정답을 발견하였을 경우에는 다음과 같이 수업을 진행합니다.

> 4팀의 모둠이 모두 같은 도로를 구성하였습니다. 지금은 하나의 포인트를 추가하여 구성하였는데 과연 이것이 최선일까요? 만약 하나의 포인트를 더 추가하면 어떨까요?

학습자들이 스타이너 점을 두 개 이상도 사용할 수 있음을 시사하여 새로운 생각을 열어주실 수 있습니다.

만약, 학습자들이 정답에 가까운 결과를 도출하지 못했을 경우, 추가 시간을 부여하시고 스타이너 점의 위치를 고민해 볼 수 있도록 유도해주시면 됩니다.

그러나 수업 중 스타이너 점이라고 하시기보다 교차로 정도로 안내해주시면 학습자들이 쉽게 이해할 수 있습니다.

활동 2 복잡한 얼음길

수업활용 예시

수업활용 예시 1 활동하기

세 곳의 도시가 연결되어야 하는 지방의 얼음길을 설계해보는 활동을 수행했습니다.

세 도시의 문제를 모두 해결했다면, 조금 더 복잡한 도시의 문제를 해결해 보도록 하겠습니다.

이번 활동의 준비물은 얼음길 활동과 마찬가지로 못, 노끈, 줄자입니다.

TIP 단, 도시를 표현하는 못의 개수가 늘어나므로 충분한 개수의 못과 충분한 길이의 줄자를 준비해주세요.

교사가 준비할 것
준비물: 못(30개), 노끈(30m), 줄자(10m)

선생님들께서 학습자들에게 제시할 문제는 그림과 같습니다.

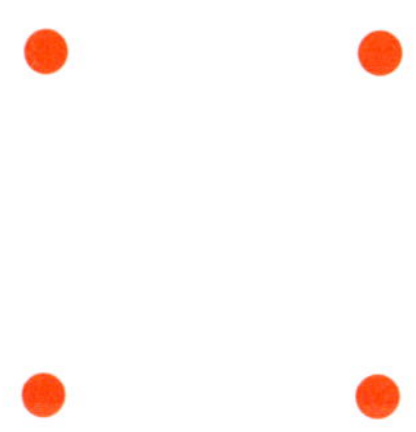

그림 2.72

첫째, 그림은 정사각형으로 가로, 세로가 각각 1m로 구성됩니다.
둘째, 학습자 모둠 별로 충분한 공간을 확보할 수 있도록 합니다.
셋째, 그림과 같이 도시를 배치할 수 있도록 합니다.

모든 배치가 완료된 후, 제한 시간을 10분 이내로 부여하시고 문제를 해결할 수 있도록 합니다.

이전에 문제를 해결한 경험이 있기 때문에 대부분의 모둠은 하나 이상의 스타이너 점을 사용해서 문제를 해결하고자 시도할 것입니다.

학습자들이 내는 답안은 다음과 같은 예가 있을 수 있습니다.

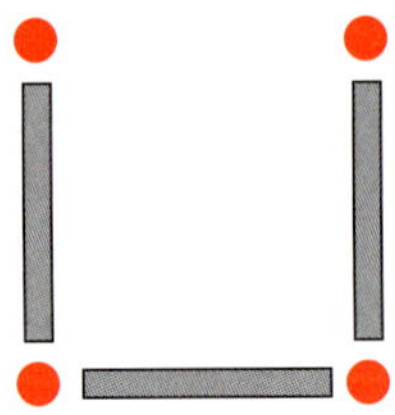

그림 2.73

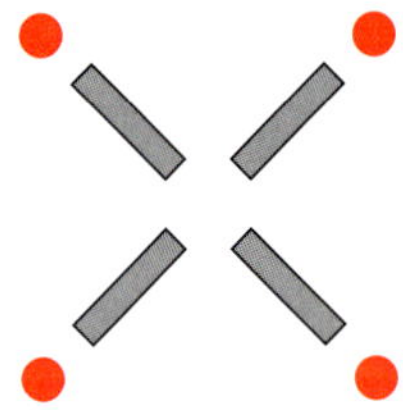

그림 2.74

스타이너 점을 추가하지 않고 세 변을 연결하는 경우 3m의 도로로 모든 도시를 연결할 수 있습니다.

이런 답안을 제시하는 경우는 드물 수 있습니다.

스타이너 점을 하나 추가하여 그림 2.74와 같이 구성하는 경우 도로의 길이는 2.83m가 되어 그림 2.73에 비해 좀 더 단축된 결과를 얻을 수 있습니다.

선생님께서는 제한 시간동안 그림 2.74 외의 답안이 제시되지 않을 경우에는 다음과 같이 가이드라인을 줄 수 있습니다.

> 여러분이 고안해낸 도로는 두 가지 형태입니다.
>
> 교차로가 추가된 도로와 추가되지 않은 도로입니다.
>
> 여러분은 교차로가 중간에 추가될 경우, 추가되지 않았을 때에 비해 총 거리가 줄어들게 됩니다.
>
> 교차로를 더 추가하면 어떻게 될까요?

선생님께서 '두 개 이상의 교차로를 배치하여 최단 거리를 찾아보라'고 학습자들에게 언급한 상황은 일종의 함정입니다.

학습자들에게 두 개 이상이라고 하는 의미는 두 개, 또는 세 개 이상의 교차로가 될 수 있습니다.

따라서 선생님께서는 학습자들이 최대한 여러 교차로를 추가하여 결과를 검증해 볼 수 있도록 유도해 주시기 바랍니다.

제시된 문제의 최적화된 해결 방안은 그림과 같습니다.

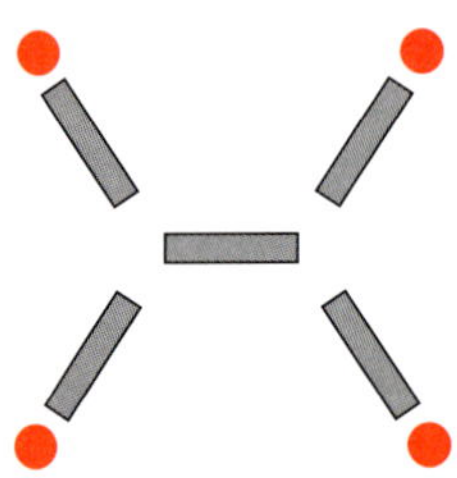

그림 2.75

그림과 같이 두 개의 교차로(스타이너 점)를 추가할 경우 최단 거리로 4개의 도시를 연결할 수 있습니다.

구체적으로 말씀드리자면, 왼쪽의 두 도시가 교차되는 교차점의 내각을 120도로 설정할 경우 전체 길이는 2.73m가 됩니다.

선생님께서 학습자들에게 제시한 문제의 제한점에는 두 개 이상의 점이라고 하셨으므로 반드시 학습자들에게 확인해주셔야 할 부분이 있습니다.

혹시라도 3개 이상의 점을 활용하여 최단 거리를 발견한 학생이 있는지 말입니다.

만일 그런 시도를 하였고, 결과물을 도출하였다면 반드시 검증과정을 거쳐 발견한 사실의 참, 거짓을 판별해주시는 것이 좋습니다.

학습자가 3개 이상의 점을 활용하여 답안을 제시하였을 경우, 이렇게 대처하실 수 있습니다.

학 생 : 선생님! 저희 모둠은 총 세 개의 교차로를 배치해서 2.83m보다 짧은 2.79m의 경로를 완성했어요!
선생님 : 그래? 어디 한 번 볼까?
음... 이렇게 경로를 완성해서 1개의 점보다 거리를 단축시켰구나.
그럼 이 거리가 최단 거리라고 너희 모둠은 확신하니?
학 생 : 그럼요!
선생님 : 그럼 지금부터 다른 모둠의 결과와 비교해 볼까?

항상 학생들과 함께 답안을 도출하십시오.

본 활동은 답안이 정해져 있는 활동입니다. 그렇지만 학습자들의 최대한의 참여와 창의적인 답안을 유도하는 것이 중요합니다. 따라서 선생님께서는 학습자들로 하여금 정답을 도출하는 것이 아니라, 최적에 가까운 답을 도출해 나가는 것이 중요함을 강조해 주실 필요가 있습니다.

TIP 만약 운동장을 활용하기 어려운 상황이라면, 10m를 50cm 정도로 1/20의 축척을 통해 활용하실 수 있습니다. 즉, 운동장이 어렵다면, 교실 내에서 활동을 진행하십시오.

수업활용 예시 2 조금 더 어려운 활동

선생님께서는 두 활동이 마무리 된 후 남은 시간을 고려하여 추가적인 활동을 설계하실 수 있습니다.

본 활동은 도시의 개수가 늘어나면 늘어날수록 문제 해결을 위한 복잡도가 올라가게 됩니다.

첫 번째로 제시하실 수 있는 확장 활동은 총 8개의 점이 추가된 도시입니다.

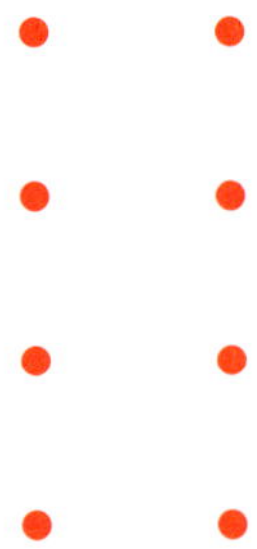

그림 2.76

본 활동도 모둠 활동으로 진행할 수 있으며, 10분 이내의 제한시간을 부여할 수 있습니다.

학습자들은 앞선 문제와 유사한 형태로 인식하게 되므로 다음과 같은 형식의 답안이 나타날 수 있습니다.

4개의 도시를 최단 거리로 연결한 예가 그림 2.75와 같으므로 다음과 같은 답안을 구상하는 것입니다.

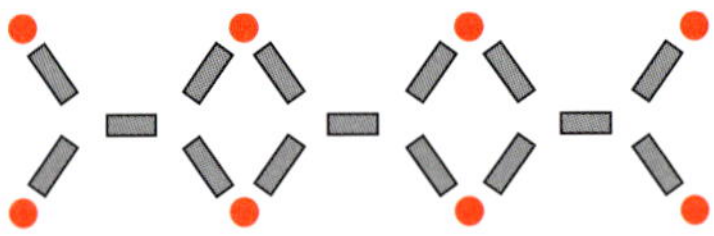

그림 2.77

물론 학습자들의 답안은 고민이 배제된 단순한 시도입니다.
그러나 선생님께서는 이런 답안을 생각한 학습자들에게 이유를 물어보시기 바랍니다.

선생님 : 너희 모둠은 이전에 생각했던 네 도시의 최적화된 도로망과 큰 차이가 없는 것 같구나!
왜 이런 답안을 구상했을까?

학 생 : 당연히 4 도시를 연결한 최적화된 도로 모양을 생각해서 도시가 추가된다고 해서 달라지지 않을 거라고 생각했어요!

선생님 : 그럴 수도 있겠지만, 도시와 도시를 구분해서 생각해보는 것은 어떨까?
너희 모둠이 생각한 도시는 4개의 도시로 구성된 3 지역을 연결한 형태가 되었는데...
4개의 도시로 구성된 2 지역으로 구분해서 생각해 보면 어떨까?

즉, 그림과 같이 도시를 구분지어 생각한다면 최적화된 도시의 연결은 다음과 같이 표현될 수 있습니다.

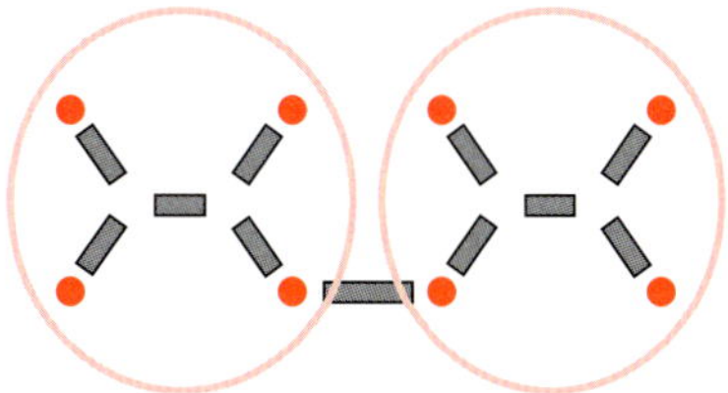

그림 2.78

선생님께서는 단순한 개념일 수 있으나, 학습자들의 입장에서 본 답안은 개념을 뒤흔드는 파격일 수 있습니다.

그러므로 좀 더 학습자의 입장에서 생각하시고, 최적화된 답안을 유도해 낼 수 있도록 지도하시는 것이 좋습니다.

CS 핵심원리 : 최소 스타이너 트리

최소 스타이너 트리(minimal steiner trees)는 각각의 지점이 원형으로 연결되지 않고, 각자 뻗어나가는 구조입니다. 최소라고 불리는 이유는 모든 지점을 연결하는 최소 네트워크를 찾아내는 것이 본 활동의 궁극적인 목표이기 때문입니다.

진흙 도시 활동에서는 주어진 도시를 연결하기 위해서 전체 길이가 최소가 되는 지점을 연결하는 것이 목표였다면, 본 활동은 새로운 지점을 추가하여 최적의 연결을 지향합니다.

새로운 지점, 즉, 스위스의 수학자 야콥 스타이너(Jacob steiner, 1796~1863)가 공식화한 개념인 스타이너 점은 새로운 점을 추가함으로써 전체 경로를 줄일 수 있다는 획기적인 개념이었습니다.

최소 신장 트리(minimal spanning trees)의 경우 최단 경로를 찾아내는 매우 효율적인 알고리즘이 존재합니다. 물론, 욕심쟁이 알고리즘(greedy algorithm)에 가깝지만 최적화된 문제해결방안을 설계할 수 있습니다. 최소 신장 트리 문제를 해결하기 위해 설계한 알고리즘을 프로그래밍 언어로 구현하여 적절한 시간 내에 문제 해결이 가능합니다.

그러나 최소 스타이너 문제를 해결하기 위한 효율적인 방법은 아직까지 존재하지 않습니다.

즉, 효율적으로 최소 스타이너 문제를 해결할 수 있는 알고리즘은 설계가 어렵습니다.

일반적으로 정해진 시간 내에 해결 가능한 알고리즘이 존재하는 문제는 "다루기 쉬운 문제"로 구분합니다. 여기서 정해진 시간 내에 해결 가능하다는 것은 알고리즘이 매우 복잡하여 컴퓨터가 처리하는데 오랜 시간이 걸린다 하더라도 유한한 시간에 문제가 해결될 수 있다는 뜻입니다.

예를 들면 '최소 신장 트리' 문제입니다.

최소 스타이너 문제의 경우 지도 제작자의 퍼즐, 여행자 도시 문제와 같이 아직까지 다루기 쉬운 문제인지 알 수 없습니다. 즉, 효율적인 알고리즘이 존재하지 않으므로 문제가 복잡해질 경우 컴퓨터가 문제 해결을 위해 반복적인 수행을 한다 하더라도 유한 시간 내에 해결한다는 보장은 없습니다.

컴퓨터는 인간이 설계한 알고리즘을 바탕으로 끊임없이 문제해결을 위한 시도를 반복할 수 있습니다. 효율적인 알고리즘이 존재하지 않더라도, 구체적인 문제해결방안을 설계하면 오랜 시간이 걸릴지언정 문제해결의 가능성이 존재한다는 것입니다.

이러한 컴퓨터의 강점은 인간의 유전자지도를 해독하고, 인간이 해결하지 못했던 수학의 난제를 해결하는 등 인류 역사의 새로운 지평을 열어가고 있습니다.

10 학습활동 오렌지 게임 — 네트워크에서의 라우팅과 교착상태

_Routing and Deadlock in Networks

요약

한 도로에 너무 많은 차들이 집중되거나, 어떤 사이트에 동시 접속자가 너무 많을 경우 문제가 발생할 수 있습니다. 한정된 자원을 동시에 너무 많은 사람이 요구하게 된다면 "교착상태(Deadlock)"가 발생할 수 있습니다. 교착상태를 피하기 위해서는 논리적인 협동 작업이 필요합니다.

관련교과

- 2015 중학교 정보 교육 과정
  - 컴퓨팅 시스템 영역

활동 및 수업활용 예시

- 활동 1 : 내 오렌지를 잡자!
- 활동 2 : 내 오렌지를 다시 잡자!
  - ▶ CS 핵심원리 : 교착상태

* 자세한 준비물은 각 활동에 제시된 '준비물' 내용을 참고하세요.

활동 1 내 오렌지를 잡자!

수업 설계하기

■ 학습목표

- 교착상태의 의미를 설명할 수 있다.
- 효과적인 오렌지 게임 활동 수업을 진행할 수 있다.

■ 학습내용

- 내 오렌지 잡기 게임 – 교착상태 확인 및 문제해결 전략 고안
- 내 오렌지 다시 잡기 게임 – 구조에 따른 교착상태 확인 및 문제해결 전략 고안

■ 핵심키워드

교착상태, 라우팅, 충돌

용어정리

* 교착상태(Deadlock): 컴퓨터 상에서 처리해야 하는 두 개 이상의 작업이 서로 상대방의 작업이 끝나기만을 기다리고 있기 때문에 결과적으로 아무것도 완료되지 못하는 상태를 말합니다. 예를 들어 하나의 사다리가 있고, 두 명의 사람이 각각 사다리의 위쪽과 아래쪽에 있다고 가정해 봅시다. 이 때 아래에 있는 사람은 위로 올라가려고 하고, 위에 있는 사람은 아래로 내려오려고 한다면, 두 사람은 서로 상대방이 사다리에서 비켜줄 때까지 하염없이 기다리고 있을 것입니다. 결과적으로 아무도 사다리를 내려오거나 올라가지 못하게 되듯이, 컴퓨터과학에서 교착 상태란 다중 프로그래밍 환경에서 흔히 발생할 수 있는 문제입니다.
* 라우팅(Routing): 라우팅은 네트워크 상에서 정보를 전달하기 위한 목적지 정보를 가지고 있는 라우팅 테이블(Routing Table)을 바탕으로 하는 정보 전달 과정을 말합니다.
* 충돌(Collision): 충돌은 동일한 이더넷 상에서 두 장치들이 동시에 데이터를 전송하려는 시도를 했을 때 생기는 결과입니다. 네트워크는 전송된 패킷들에서 충돌이 일어나면, 둘 모두를 버립니다. 이더넷에서 충돌이 일어나는 것은 지극히 자연스러운 현상입니다.

수업활용 예시

수업활용 예시 1 도입하기

그림 2.79 고속도로 정체

명절 연휴가 되면 많은 사람들이 고향으로 가기 위해 고속도로를 이용합니다.

수많은 차들이 한 번에 고속도로로 몰리게 되면 아무리 넓은 고속도로도 차로 가득 차게 됩니다.

차가 많아지면 평소에는 10분이면 지나갈 도로라 해도 얼마나 많은 시간이 걸릴지 모를 수 있습니다. 차가 이동하다가 사고라도 나면 도로는 더욱 복잡해 집니다.

많은 차량이 제한된 도로를 이용하다 보면 발생할 수 있는 문제입니다.

그림 2.80 교차로 교착상태

만약에 그림과 같이 교차로에 많은 차가 몰렸을 경우에는 어떻게 해야 할까요?

A는 B가 움직여야 움직일 수 있고, B는 C가 움직여야 움직일 수 있습니다. C는 D가 움직여야 움직일 수 있으며, 마지막으로 D차량은 A차량이 움직여야 자신이 움직일 수 있

습니다.

그럼 누가 먼저 움직여야 할까요? 또는 누가 움직일 수 있을까요? 학생들에게 질문해 보세요.

이런 상태를 교착상태(deadlock)라고 합니다.

그림 2.81 네트워크

교착상태는 교통체증 상황에서만 발생하는 것은 아닙니다.

인터넷 상에서도 수 많은 사람들이 동시에 특정 정보의 사용을 요청하거나, CPU에게 여러 프로그램과 다양한 입출력장치의 작업이 동시에 몰리는 경우에도 교착상태가 발생할 수 있습니다.

즉, 교착상태는 한정된 자원을 동시에 너무 많은 사람이 요구할 때 발생할 수 있습니다.

이런 현상을 피하기 위해서는 어떻게 해야 할까요?

교차로에서 교착상태가 발생하면, 교통 경찰관이 논리적인 과정을 통해 문제를 해결해야 합니다. 인터넷이나 컴퓨터에서는 논리적인 협동 작업을 통해 문제를 해결합니다.

이번 활동은 오렌지 게임을 통해 교착상태를 만들어 보고, 어떻게 해야 문제해결을 할 수 있을지를 토론해 보는 활동입니다.

다음 동영상을 보고 오렌지 게임 활동의 전체적인 내용을 파악해 봅시다.

소개 동영상 (2분 1초) : https://www.youtube.com/watch?v=DDffwl2z9YA

수업활용 예시 2 활동하기

'내 오렌지를 잡자!' 활동은 자신의 이름을 쓴 오렌지를 섞은 다음에 다시 찾아오는 활동입니다.

모둠의 모든 학생들이 자신의 오렌지를 잡게 되면 게임이 끝나게 됩니다.

그럼 시작해 볼까요?

❶ 활동 1(내 오렌지를 잡자!)

학습활동

교사가 준비할 것
준비물: 오렌지(학생 수 만큼), 네임 라벨 스티커

오렌지를 직접 준비하기 어려우면, 테니스공이나 탁구공 등 학생들이 쉽게 전달할 수 있는 물체를 사용할 수 있습니다.

이름 이니셜 작성은 네임 라벨 테이프를 이용할 수 있으며 반투명 테이프와 매직을 이용하여 작성할 수도 있습니다.

활동 순서는 다음과 같습니다.

1. 5명이 한 모둠이 되도록 구성하여 원 모양으로 앉게 합니다.
2. 학생들은 두 개의 오렌지에 스티커를 사용하여 자신의 이니셜을 써서 붙입니다. 단, 5명 중 한 명의 학생은 하나의 오렌지에만 자신의 이니셜을 붙입니다.
   A. 4명의 학생들은 양 손에 오렌지를 하나씩 들고 있고, 한 명의 학생들은 한 손에만 오렌지를 들고 있어야 합니다.
3. 학생들이 들고 있는 오렌지를 원 가운데 모아 놓습니다. 그리고 한 명씩 일어나서 눈을 감고 오렌지를 무작위로 두 개씩 가지고 옵니다.

TIP 만약 고른 오렌지 두개에 모두 자신의 이니셜이 적힌 경우, 다시 오렌지를 고릅니다.

마지막 학생은 남은 오렌지 한 개를 가지고 자리로 돌아옵니다.
   A. 자신의 이니셜이 적힌 오렌지를 모두 갖고 있는 학생이 있어서는 안됩니다.
4. 학생들은 자신의 이름이 붙은 오렌지가 넘어 올 때까지 오렌지를 옆 학생에게 넘겨줍니다. 이 때, 두 가지 규칙에 따라서 게임이 진행됩니다.
   A. 한 손에는 하나의 오렌지만 들고 있을 수 있으며, 전달이 진행되는 방향은 오직 한 방향으로만 이루어집니다(예, 시계방향으로 전달하기, 시계 반대방향으로 전달하기).
   B. 바로 옆자리에 있는 학생의 한 손이 비어있는 경우에만 오렌지를 넘겨줄 수 있습

니다(학생은 두 개의 오렌지 중 하나를 넘겨줄 수 있습니다).

5. 제한된 시간 내에 모든 학생들이 자신의 이니셜이 적힌 오렌지를 가지고 있어야 게임이 끝납니다.

수업활용 예시 3 토론하기

활동을 한 번 진행한 후에 학생들과 다음 사항에 대해서 토론해 봅시다.

1. 제한된 시간 내에 게임을 성공한 모둠과 실패한 모둠을 골라 왜 성공했는지, 왜 실패했는지 이야기 하도록 합니다.

게임을 실패한 모둠에서는, 학생들이 자신의 이니셜이 붙어있는 오렌지를 확보한 후, 욕심으로 인해 다른 사람에게 넘기지 않으려고 할 수도 있습니다. 그러나 곧 게임이 성공적으로 끝날 수 없다는 사실을 스스로 알게 될 것입니다.

본 활동은 개인이 오렌지를 모두 확보함으로써 승리하는 것을 목적으로 하는 것이 아니라, 모든 학생이 자신의 오렌지를 가져야 게임에서 승리한다는 점을 강조해야 합니다. 강조점은 개인이 아니라 모두 입니다.

게임을 성공한 팀과 실패한 팀의 이야기를 들은 후, 다시 한 번 활동을 진행해 봅시다.

2. 게임에 참여하는 학생 수가 많아지면 어떻게 될까요? 또는 서로 이야기 하지 않고 게임을 진행하면 어떻게 될까요?

누군가의 오렌지를 전달하기 위해 자신이 가지고 있는 자신의 오렌지를 옆 사람에게 넘겨야 합니다. 학생 수가 많아지면 게임을 성공하는 데 더 많은 시간이 걸릴 수 있습니다.

친구의 오렌지가 어디에 있는지를 서로 이야기 하면서 확인하면 보다 쉽게 오렌지를 주고 받을 수 있습니다. 그러나 이야기 하지 않고 게임을 한다면 논리적인 협동을 하기 위해 어려움을 겪을 수 있습니다.

활동 2 내 오렌지를 다시 잡자!

'내 오렌지를 다시 잡자!' 활동은 원 모양이 아닌 다른 모양으로 앉아서 자신의 이름을 쓴 오렌지를 섞은 다음에 다시 찾아오는 활동입니다.

모둠의 모든 학생들이 모두 자신의 오렌지를 잡고 있을 때 게임이 끝나게 됩니다.

수업활용 예시

수업활용 예시 1 활동하기

❷ 활동 2(내 오렌지를 다시 잡자!)

학습활동

교사가 준비할 것
준비물: 오렌지(학생 수 만큼), 네임 라벨 스티커

오렌지를 직접 준비하기 어려우면, 테니스공이나 탁구공 등 학생들이 쉽게 전달할 수 있는 물체를 사용할 수 있습니다.

이름 이니셜 작성은 네임 라벨 테이프를 이용할 수 있으며 반투명 테이프와 매직을 이용하여 작성할 수도 있습니다.

활동 순서는 다음과 같습니다.

1. 6명이 한 모둠이 되도록 구성합니다.
2. 다음 3가지 모양 중 하나를 선택하도록 해서 자리에 앉습니다. 그리고 연결된 학생들끼리 실 또는 띠로 연결합니다.

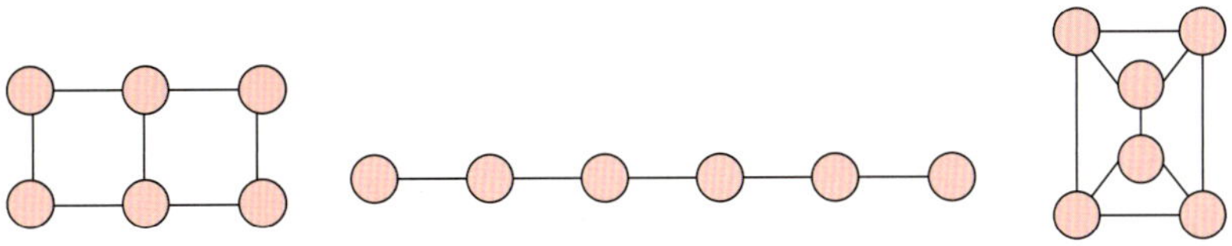

3. 학생들은 두 개의 오렌지에 스티커를 사용하여 자신의 이니셜을 써서 붙입니다. 단, 6명 중 한 명의 학생은 하나의 오렌지에만 자신의 이니셜을 붙입니다.
4. 학생들이 들고 있는 오렌지를 모아 놓습니다. 그리고 한 명씩 일어나서 눈을 감고 오렌지를 무작위로 두 개씩 가지고 옵니다. 고른 오렌지 두 개에 모두 자신의 이니셜이

적힌 경우, 다시 오렌지를 고릅니다. 마지막 학생은 남은 오렌지 한 개를 가지고 자리로 돌아옵니다.

5. 학생들은 자신의 이름 라벨이 붙은 오렌지가 넘어올 때까지 오렌지를 옆 학생에게 넘겨줍니다. 이 때, 두 가지 규칙에 따라서 게임이 진행됩니다.
   첫째, 한 손에는 하나의 오렌지만 들고 있을 수 있으며, 전달이 진행되는 방향은 연결된 모든 방향으로 가능합니다(즉, 오른쪽, 왼쪽 어느 방향이든 가능합니다).
   둘째, 바로 옆자리에 있는 학생의 한 손이 비어있는 경우에만 오렌지를 넘겨줄 수 있습니다(학생은 두 개의 오렌지 중 하나를 넘겨줄 수 있습니다).
6. 제한된 시간 내에 모든 학생들이 자신의 이니셜이 적힌 오렌지를 가지고 있어야 게임이 끝납니다.

수업활용 예시 2 토론하기

활동을 한 번 진행한 후에 학생들과 다음 사항에 대해서 토론해 봅시다.

1. 문제 해결을 위해서 어떤 전략을 사용하였는지 생각해 봅시다.

각 모둠별로 제한된 시간 내에 문제를 해결하기 위해 다양한 전략을 사용했을 것입니다. 어떤 전략을 사용했을 때 더 빠르게 문제를 해결했는지 등을 토론해 봅시다.

예를 들면, 학생들이 앉은 모양에 따라 이동 순서를 정하고, 순서에 맞게 오렌지가 위치할 수 있도록 변경한 다음에 차례대로 자신의 오렌지를 잡을 수 있습니다.

또한 교착상태를 해결하기 위해 근본적인 해결책을 물어볼 수 있습니다. 예를 들면, 앉아 있는 모양을 어떻게 변경하면 교착상태가 만들어지지 않을지를 고민할 수 있습니다.

2. 실생활에서 교착상태를 경험해 본 적이 있는지 생각해 봅시다.

도입에서 설명했던 교차로에서의 교통정체 상태나 또는 야구 경기에서 베이스를 돌고 있는 야구 선수의 모습을 예로 들 수 있습니다.

그리고 하나의 문을 여러 사람이 동시에 지나가는 모습도 들 수 있습니다.

수업활용 예시 3 주의사항

오렌지 게임 활동은 자신의 이니셜이 적힌 오렌지를 찾는 과정을 통해 교착상태를 경험하고 이를 논리적인 협동 과정을 통해 해결하는 과정을 겪어보는 활동입니다.

목적 달성을 위해 고려할 점

본 활동은 교착상태가 발생하는 이유와 문제를 해결하는 방법을 이해하는 것입니다.

오렌지 게임 활동 내에서 교착상태가 발생할 수 있도록 유도하고, 실생활에서 발생하는 교착상태 사례를 제시하면 좋습니다.

또한 교착상태 문제를 해결하기 위해 모둠 안에서 다양한 전략들, 예를 들면 서로 이야기를 하거나 자신의 이니셜이 적힌 오렌지를 무조건 가지고만 있지 말고 적절하게 이동하도록 하면 좋습니다.

활동 진행 과정에서 고려할 점

오렌지 게임 활동은 5~6명의 학생들이 모둠을 구성하여 게임을 진행합니다.

모둠은 원, 직선 또는 다양한 모양에 맞춰 학생들이 앉아야 하고, 앉는 모양에 따라 오렌지를 주고 받을 수 있는 방향이 2개 또는 3개가 될 수 있으므로 학생들이 정확하게 방법을 이해할 수 있도록 안내해야 합니다.

또한 학생들이 교착상태 문제를 해결하기 위한 전략을 세울 수 있도록 게임 과정에서 안내하고, 학생들이 사용한 전략을 잘 정리해서 토론시간에 발표할 수 있도록 해야 합니다.

수업 설계

오렌지 게임 활동 수업은 1차시 분량으로 수업을 계획할 수 있습니다.

2번째 활동의 경우, 모둠별로 각각의 모양을 선택하게 하거나, 하나의 모양을 모든 모둠이 순서대로 게임을 진행할 수 있도록 진행해도 좋습니다.

차시별 수업 내용 예시

1차시

- 도입
- 내 오렌지를 잡자! 활동 진행
- 토론하기
- 내 오렌지를 다시 잡자! 활동 진행
- 토론하기
- 수업 정리 및 CS 원리 설명
- 참여하는 학생수를 늘리거나 줄여서 게임을 진행해 봅시다.
  - 학생들에게 새로운 규칙을 적용하도록 해봅시다.
  - 서로 이야기하지 않고 게임을 진행해 봅시다.
  - 그림 2.82처럼 학생들이 한 줄로 앉거나, 두 명 이상의 이웃을 가지게 되는 등 다양한 형태로 바꿔서 진행해 봅시다.

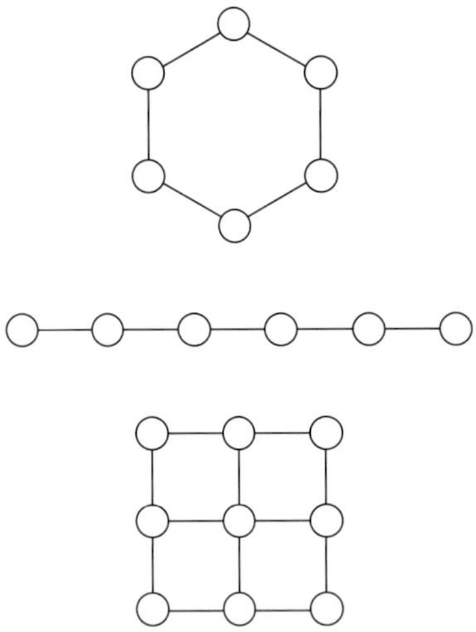

그림 2.82 다양한 형태의 네트워크

정리하기

- 내 오렌지를 잡자!

내 오렌지를 잡자! 활동은 원 모양으로 앉아서 자신의 이름을 쓴 오렌지를 섞은 다음에 다시 찾아오는 활동입니다.

모둠의 모든 학생들이 자신의 오렌지를 잡고 있을 때 게임이 끝나게 됩니다.

게임에 실패한 모둠은 다음과 같은 문제가 발생한 경우입니다. 학생들이 자신의 이니셜이 붙은 오렌지를 확보한 후, 욕심으로 자신의 오렌지를 넘기지 않은 경우입니다. 이렇게 되면 교착상태가 발생해서 게임이 실패합니다.

본 활동은 개인이 오렌지를 모두 확보함으로써 승리하는 것을 목적으로 하는 것이 아니라, 모든 학생이 자신의 오렌지를 가져야 게임에서 승리할 수 있으며 누군가의 오렌지를 전달하기 위해 자신이 가지고 있는 자신의 오렌지를 옆 사람에게 넘겨야 합니다.

- 내 오렌지를 다시 잡자!

내 오렌지를 다시 잡자! 활동은 원 모양이 아닌 다른 모양으로 앉아서 자신의 이름을 쓴 오렌지를 섞은 다음에 다시 찾아오는 활동입니다.

모둠의 모든 학생들이 자신의 오렌지를 잡고 있을 때 게임이 끝나게 됩니다.

각 모둠별로 제한된 시간 내에 문제를 해결하기 위해 다양한 전략을 사용했을 것입니다.

예를 들면, 학생들이 앉은 모양에 따라 이동 순서를 정하고, 순서에 맞게 오렌지가 위치할 수 있도록 변경한 다음에 차례대로 자신의 오렌지를 잡을 수 있습니다.

실생활에서 교착상태를 경험할 수 있는 사례로는 교차로에서의 교통정체 상태나 또는 야구 경기에서 베이스를 돌고 있는 야구 선수의 모습 그리고 하나의 문을 여러 사람이 동시에 지나가는 모습도 들 수 있습니다.

참고문헌

1. 교착 상태, https://ko.wikipedia.org/wiki/교착_상태
2. 라우팅, https://ko.wikipedia.org/wiki/라우팅
3. 충돌, http://www.terms.co.kr/collision.htm
4. 죽은 링크, https://ko.wikipedia.org/wiki/죽은_링크
5. 스니핑, http://tip.daum.net/openknow/3731693

CS 핵심원리 : 교착상태

라우팅(Routing)과정에서 발생하는 교착상태(Deadlock)는 도로, 전화, 컴퓨터 시스템과 같은 한정된 통신망에서 발생하는 문제입니다. 컴퓨터과학자들은 이런 문제에 대한 해결 방안을 설계하기 위해서 많은 시간을 투자하고 있으며, 문제가 발생하지 않거나 보다 쉽게 해결할 수 있는 네트워크를 구축하려고 합니다.

라우팅과정에서 충돌(Collision)이나 교착상태는 머리 아픈 문제로 인식되고 있습니다.

첫째, 사람들이 차를 가장 많이 사용하는 시간대의 교통 체증을 생각해봅시다.

큰 도시라 할지라도 한정된 도로에 너무 많은 차가 몰려 움직일 수 없는 교착상태의 교통 체증이 발생할 수 있습니다.

둘째, 엄청난 양의 정보가 존재하고 있는 인터넷 상에서, 하나의 정보에 대한 갑작스러운 요청 증가는 인터넷 서비스를 마비시킬 수 있습니다.

따라서 컴퓨터과학자들은 쉽고 효율적인 라우팅이 가능하며, 충돌이 최소화 될 수 있는 네트워크를 설계하려고 노력하고 있습니다.

어떠한 특정 정보는 다양한 사람들이 접근하여 관리할 수 있습니다.

예를 들면, 은행의 잔액 정보를 변경해야 한다면, 변경하는 과정에서는 다른 사람이 정보에 접근하지 못하도록 잠금(Lock) 과정이 반드시 선행되어야 합니다.

잠금 과정은 자물쇠로 사물함을 잠그듯이 정보에 대한 접근을 막는 작업을 말합니다.

만일 잠금 과정이 선행되지 않는다면, A가 정보를 수정하는 순간에 B도 같이 정보수정이 가능해서 정보가 이중으로 수정될 수 있으며 결과적으로 부정확한 정보가 되어 버립니다. 따라서 잠금기능을 꼭 사용해야 합니다.

그러나 이런 잠금 과정도 마찬가지로 다른 정보의 잠금 과정과 충돌하거나 간섭이 발생하게 되면 교착상태를 일으킬 수 있습니다.

컴퓨터의 기계적인 발전에서 가장 흥미로운 점은 수 백 개 혹은 수 천 개의 프로세서가 결합되어 하나의 강력한 프로세서를 구성하는 병렬 컴퓨팅의 등장입니다. 병렬 컴퓨팅이 효율적으로 작동한다는 것은 오렌지 게임과 같은 많은 문제들이 네트워크에서 지속적이며 굉장한 속도로 처리되고 있다는 것을 의미한다고 볼 수 있습니다.

학습교구 : 다양한 형태의 네트워크

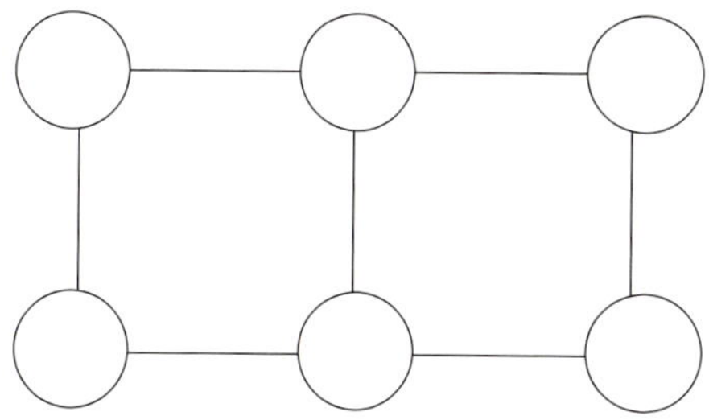

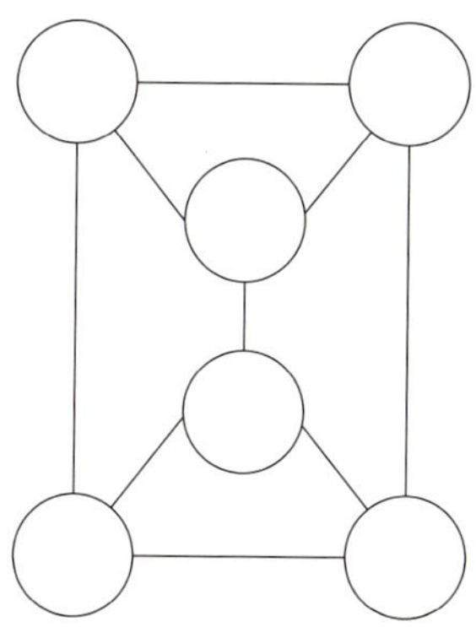

Computer Science Unplugged

COMPUTER SCIENCE UNPLUGGED

CHAPTER

03 컴퓨터에게 무엇을 어떻게 할지 말하기: 절차 표현

학습활동 11 보물찾기—유한-상태 오토마타

학습활동 12 행진 순서—프로그래밍 언어

컴퓨터에게 어떻게 명령을 줄 수 있을까요?

컴퓨터는 매순간 수백만 개의 명령어를 수행합니다. 그러므로 컴퓨터가 무엇을 어떻게 해야 하는지를 알게하기 위해서는 모든 명령어를 정확하게 주어야 합니다. 하지만 이것은 말처럼 쉽지 않습니다.
사람이 명령을 받았을 때는 그것이 무엇을 의미하는지 자신의 상식을 적용하여 해석합니다. 즉, 정보의 전달이 명확히 이루어져야 합니다.

어떤 사람이 당신에게 '저 문을 통해 가라'고 말한다면 그것은 문을 부수고 지나가라는 말이 아니라 필요할 경우 문을 열고 가라는 의미입니다. 하지만 컴퓨터는 다릅니다. 로봇에게 '저 문을 통해 가라'고 명령을 그대로 전달하면 문장 그대로 해석하여 문을 부수고 지나가서 피해를 입히거나 위험스러운 상황을 발생시킬 것입니다. 컴퓨터는 스스로 판단이 없이 명령을 그대로 정확하게만 수행합니다.
그럼, 컴퓨터에게는 어떻게 명령을 주어야 할까요?

이 단원에서는 다음과 같은 내용을 배울 것입니다.

❶ 컴퓨터가 이해할 수 있는 문자를 인식하는 데 사용하는 "기계"(Finite-State Automata)
❷ 사람과 컴퓨터가 의사소통할 수 있는 방법(Programming Languages)

11 학습활동 보물찾기 — 유한-상태 오토마타

_Finite-State Automata

요약

컴퓨터 프로그램은 문서상의 단어나 문자 또는 다른 컴퓨터 프로그램의 문자를 처리합니다. 컴퓨터과학자들은 이런 작업을 위해 유한-상태 오토마타(Finite-State Automata)를 이용합니다. 유한-상태 오토마타를 이용하면 단어나 문자열을 컴퓨터가 인식할 수 있는지 확인할 수 있습니다. 본 활동에서는 유한-상태 오토마타와 유사한 활동을 할 수 있습니다.

관련교과

- 2015 중학교 정보 교육 과정
  - 컴퓨팅 시스템 영역

활동 및 수업활용 예시

- 활동 1 : 간단한 보물지도
  - 학습교구 : 간단한 보물지도, 섬 카드(총 3개)

▶ 심화활동

▶ CS 핵심원리 : 유한-상태 오토마타

* 자세한 준비물은 각 활동에 제시된 '준비물' 내용을 참고하세요.

활동 1 간단한 보물지도

수업 설계하기

■ 학습목표

- 간단한 보물지도 활동을 수행할 수 있다.
- 보물찾기 활동을 수행할 수 있다.
- 유한-상태 오토마타에 대해서 설명할 수 있다.

■ 학습내용

- 간단한 보물지도 활동 준비 및 수행 절차
- 보물찾기 활동 준비 및 수행 절차
- 유한-상태 오토마타에 대한 이해

■ 핵심키워드

유한-상태 오토마타, 보물찾기

용어정리

* **유한-상태 오토마타:** 오토마타는 자동 기계를 의미하며, 대표적인 예로 컴퓨터를 들 수 있습니다. 일반적으로 오토마타는 유한한 상태를 갖고, 입력을 받아 입력에 따라 일정하게 상태를 전이하며, 값을 출력하게 됩니다.

수업활용 예시

수업활용 예시 1 도입하기

이번 시간에는 '보물찾기'를 해보겠습니다.

선생님의 학창시절 소풍에서 보물찾기를 떠올려 보시기 바랍니다. 행복했던 순간이 떠오르시나요?

아마도 선생님께서 해 보셨던 보물찾기 활동은 무작위로 숨겨져 있는 보물을 빠르게 찾아내는 활동이었을 것입니다. 그러나 이번 시간의 보물찾기 활동은 정해진 규칙에 따라 섬을 탐방하며 보물을 찾아보는 활동입니다.

이번에는 어떤 컴퓨터과학 원리가 숨어 있을까요?

첫 번째 활동은 본 차시 활동을 학습자들이 효과적으로 수행할 수 있도록 전체적인 규칙과 수행방법을 이해하기 위한 예시 활동으로 볼 수 있습니다.

간단한 보물지도 활동에 활용되는 보물지도는 보시는 것과 같습니다.

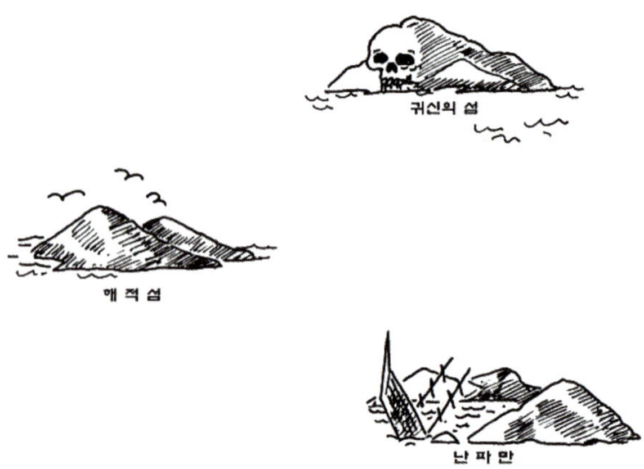

그림 3.1 간단한 보물지도(항해 지도)

총 세 개의 섬으로 구성된 보물지도는 해적섬, 귀신의 섬, 난파만으로 구성되어 있습니다.

그럼 간단한 보물지도 활동에 필요한 준비물에 대해서 알아볼까요?

본 활동을 수행하기 위한 준비물은 보물지도와 각 섬을 표시하는 섬 카드입니다.

준비물(수행시간 10분 내외)

수행학생 : 6명 이내
탐험가 수에 맞추어 보물지도 준비
각 섬의 카드 : A4 이상의 크기 (각 섬별로 준비)

총 여섯 명 이내의 학생이 수행하는 본 활동은 두 가지 역할로 구분됩니다.
첫 번째 역할은 탐험가 역할로서 총 세 명의 학생이 수행합니다.
두 번째 역할은 섬 역할로서 각 섬마다 한 명씩 총 세 명이 수행합니다.

선생님께서는 섬 카드를 각 섬마다 A4 이상의 크기로 인쇄합니다.

앞면에는 섬의 그림과 이름, 뒷면에는 섬 역할을 수행하는 학생이 볼 수 있는 지시 사항이 나타날 수 있도록 준비합니다.

섬 카드의 경우 앞면과 뒷면으로 구성되기 때문에 지나치게 얇은 종이를 사용할 경우 뒷면의 지시 사항이 앞면에서 보이는 경우가 발생합니다. 따라서 선생님께서는 뒷면이 비치지 않는 두꺼운 종이를 사용하거나, 여분의 종이를 덧대어 뒷면의 지시 사항이 보이지 않도록 해 주셔야 합니다.

수업활용 예시 2 활동하기(준비)

간단한 보물지도 활동은 총 여섯 명의 학습자가 수행합니다.

활동이 시작되기 전 선생님께서는 각 역할을 분담해 주시고, 각 역할 별 수행 방법을 자세하게 설명해 주셔야 합니다.

첫째, 섬 역할의 학습자들에게 구체적인 수행 방법을 설명합니다.

섬 역할을 수행하는 학습자들은 각각의 섬 카드를 하나씩 받게 됩니다.

섬 카드의 앞면에는 섬의 그림 및 명칭이, 뒷면에는 지시 사항이 추가되어 있습니다.

그림 3.2

둘째, 선생님께서는 탐험가 역할 학습자들이 듣지 못하도록 하시고, 섬 역할 학습자들에게 다음과 같이 설명합니다.

교사 : 탐험가 학생이 섬에 도착하게 되면,

"당신이 선택할 수 있는 경로는 A와 B가 있습니다. 하나의 경로를 선택하세요!"라고 질문합니다.

탐험가가 둘 중 하나의 경로를 선택하게 되면 이동하게 될 섬을 알려주세요.

주의할 점은, 다른 탐험가 친구들이 듣지 못하게 작은 목소리로 현재 도착한 탐험가 학생에게만 선택한 경로를 알려줍니다.

그림 3.3

셋째, 선생님께서는 탐험가 역할 학습자들에게 다음과 같이 설명합니다.

교사 : 탐험가 역할을 수행하는 여러분의 보물지도를 보세요.

총 세 개의 섬이 있습니다.

여러분이 출발하는 섬은 해적섬입니다.

해적섬에 도착하게 되면 섬 역할을 수행하는 학습자들이 여러분에게 질문을 하게 됩니다.

그러면 여러분들은 질문을 잘 듣고 한 가지를 선택하면 됩니다.

선택을 하면 선택한 결과에 따라 여러분이 가야할 길을 섬 역할을 하는 친구가 알려줄 것입니다.

주의할 점은 첫 번째, 반드시 섬 역할을 수행하는 친구가 안내해 준 경로로 이동해야 합니다.

두 번째, 한 번 선택한 결과를 그 자리에서 변경할 수 없습니다.

세 번째, 자신이 선택한 경로와 방향을 항해지도에 화살표로 표시합니다.

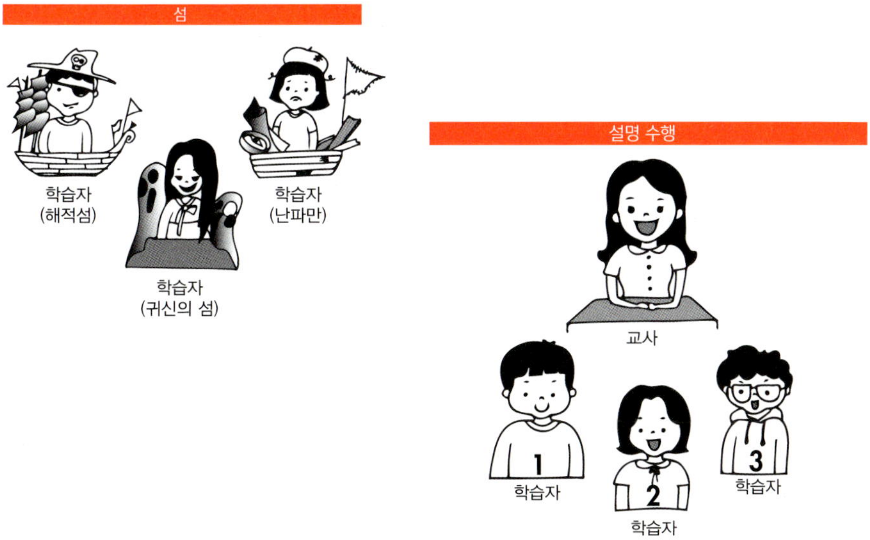

그림 3.4

탐험가나 섬 역할 학생들에게 하는 설명은 본 활동을 위한 예시 활동이므로 활동을 지켜보고 있는 학습자들은 모두 다 설명을 들을 수 있어야 합니다.

자칫 분위기가 매우 소란스러울 수 있으므로, 활동을 수행하는 학습자들에게 모든 활동(본 활동까지)이 마무리 된 이후에 질문을 받는 게 좋습니다.

예비활동

활동이 시작되기 직전 학습자들의 배치는 다음과 같습니다.

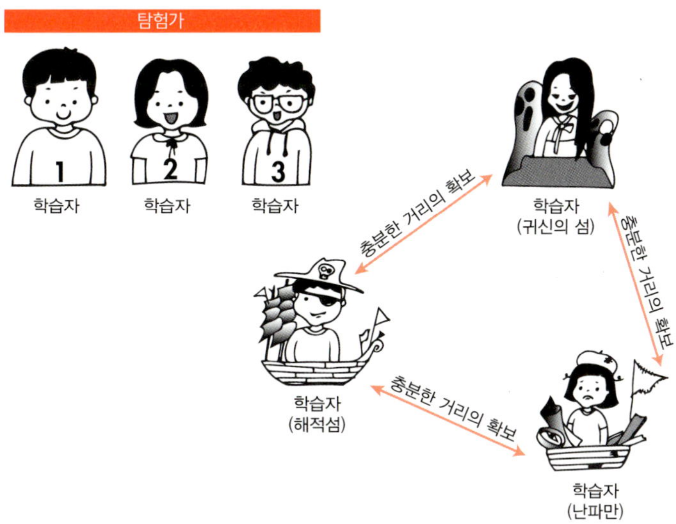

그림 3.5

활동은 교실에서 진행해도 무방하나, 공간이 넓을수록 학습자들의 흥미 및 동기 유지에 도움이 되므로 운동장 또는 강당을 이용하는 게 좋습니다.

선생님께서는 탐험가 학습자들의 출발지역을 정해주시고, 섬 역할 학습자가 탐험가 학습자에게 질문합니다.

섬 역할을 수행하는 학습자들은 멀리 떨어질수록 좋습니다.

첫 번째 절차는 탐험가 학습자가 교사의 지시에 따라 해적섬으로 이동하는 것입니다. 탐험가 학습자가 해적섬에 도착하면, 섬 역할 학습자가 탐험가 학습자에게 질문합니다.

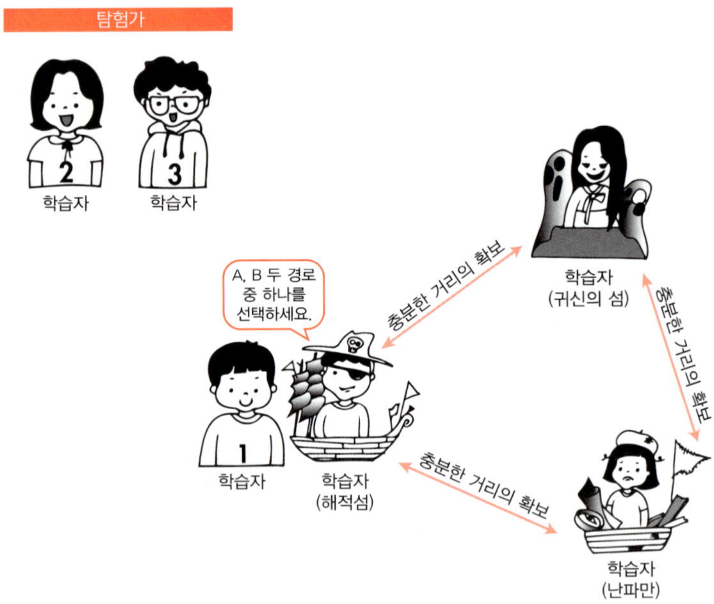

그림 3.6

'A, B 두 경로 중 하나를 선택하세요!'

질문을 받은 탐험가가 선택을 하면, 섬은 경로를 안내합니다.

교사는 안내된 경로에 따라 첫 번째 탐험가가 이동하게 되면 두 번째 탐험가를 해적섬으로 이동시켜 줍니다.

탐험가들은 다음과 같이 보물지도에 경로를 표시합니다.

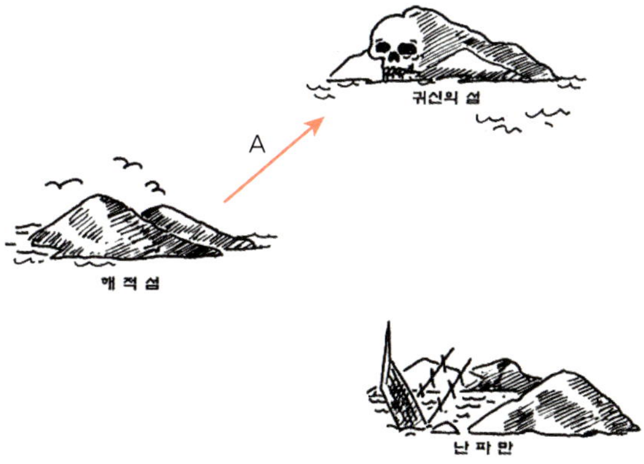

그림 3.7

보물지도에 표시된 경로는 나중에 최적화된 경로를 탐색하는 데 반드시 필요한 정보이므로, 반드시 표시할 수 있도록 강조해 주셔야 합니다.

귀신의 섬으로 경로를 선택한 학생의 경우 '어떤 배도 이 섬에 들어오면 항해 불가' 상태가 되므로 탐험가가 섬 근처에 대기할 수 있도록 합니다.

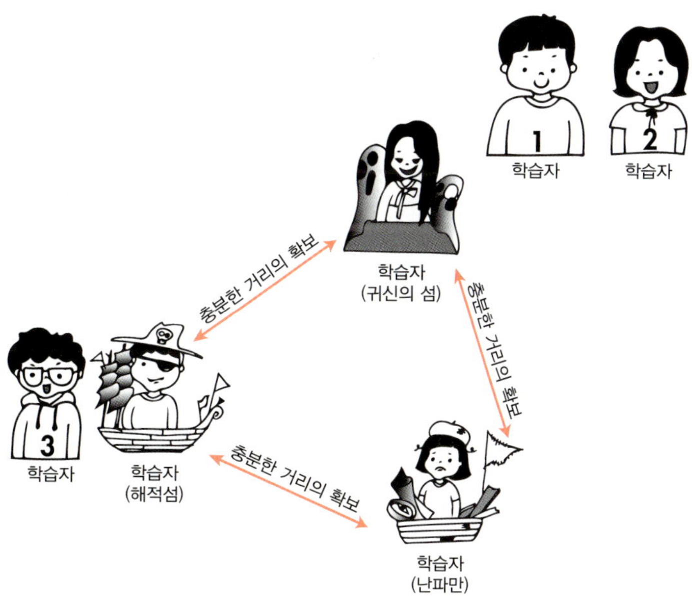

그림 3.8

이 때, 모든 탐험가가 활동을 마칠 때 까지는 귀신의 섬에 갇힌 탐험가는 다른 학생(탐험가, 섬)과 대화를 하지 못하도록 합니다.

세 명이 모두 탐험을 수행(모두 귀신의 섬에 갇히게 되면)하면, 서로 작성한 경로를 비교해 볼 수 있도록 합니다.

지금까지의 활동은 본 활동을 위한 예비 활동이므로 학습자들이 활동을 수행하는 방식과 절차를 이해하는 수준으로 진행해 주시는 게 중요합니다.

TIP 탐험가의 역할 및 항해지도 표시, 섬 역할을 다시 한 번 강조합니다. 예비 활동에 비해 본 활동의 경우 지도가 복잡해 진다는 점을 강조해 주세요.

수업활용 예시 3 보물찾기

이제 실제 보물찾기 활동을 진행해 보도록 하겠습니다.

예비 활동인 간단한 보물지도 활동을 통해서 규칙은 충분히 이해하셨을 거라 생각됩니다.

본 활동에 사용되는 항해지도는 다음과 같습니다.

그림 3.9

총 네 개의 섬이 추가 되어 7개의 섬으로 구성되어 있으며, 각각의 섬을 탐험하여 보물섬으로 가는 것이 본 활동의 목표입니다.

본 활동의 준비물은 다음과 같습니다.

준비물(한 모둠당 수행시간 20분 내외)
수행학생 : 10명 이상 탐험가 수에 맞추어 보물지도 준비 각 섬의 카드 (각 섬별로 준비)

예비 활동은 역할의 전환 없이 한 번 수행으로 마무리 하였으나, 보물찾기 활동의 경우 탐험가 역할과 섬 역할을 번갈아가며 수행하여 모든 학습자들이 보물지도를 완성하도록 합니다.

따라서 반 학생 수에 해당하는 보물지도(항해지도)를 준비하셔야 하고,

섬 그림의 경우 훼손의 우려가 있으므로 코팅하거나 튼튼한 종이를 활용해서 제작해 주시는 게 좋습니다.

한 반의 학생을 30명을 기준으로 역할을 분담해 보도록 하겠습니다.

첫째, 섬 역할에 총 7명이 필요합니다.

둘째, 나머지 23명은 탐험가 역할을 수행하게 됩니다.

이런 경우 탐험가 학습자들이 지나치게 많아서 보물섬을 일찍 탐험한 학습자들의 대기시간이 길어지게 됩니다.

따라서 25명 이상의 학습자들을 대상으로 수업을 진행하실 경우 두 모둠(10명 이상 15명 내외)으로 편성하여 운영하시는 것이 좋습니다.

1Set

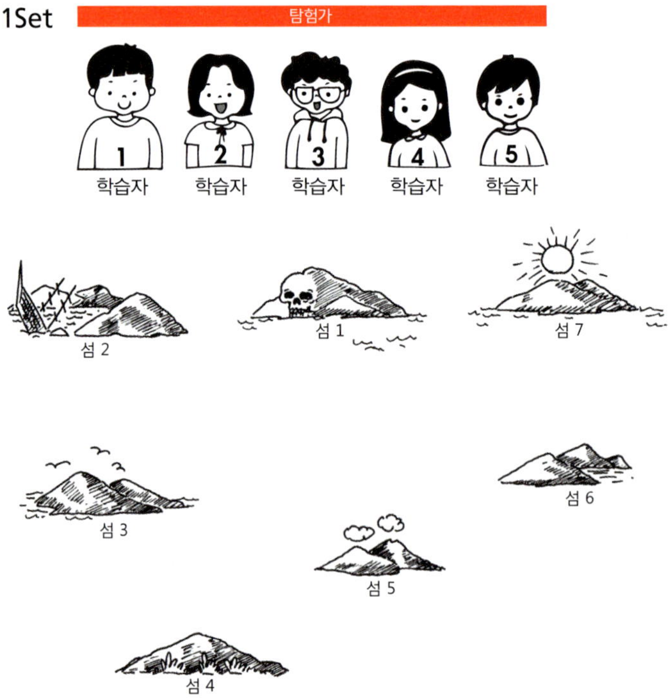
탐험가
1 학습자
2 학습자
3 학습자
4 학습자
5 학습자
섬 2
섬 1
섬 7
섬 3
섬 6
섬 5
섬 4

2Set

탐험가
1 학습자
2 학습자
3 학습자
4 학습자
5 학습자
6 학습자
섬 2
섬 1
섬 7
섬 3
섬 6
섬 5
섬 4

넓은 강당이나 운동장의 경우 두 그룹이 동시에 진행할 수 있도록 두 셋트의 섬 지도가 필요합니다.

학습자들의 배치는 다음과 같습니다.

그림 3.10

예비 활동과 마찬가지로 섬들은 10m 이상 충분한 거리를 확보해 주시는 것이 좋습니다.

선생님께서는 탐험가들에게 주의 사항을 한 번 더 강조해 주시고, 목표를 설명합니다.

> **교사** : 여러분이 수행하는 탐험의 목표는 보물섬을 찾는 항해지도를 완성하는 것입니다. 각 섬을 방문 할 때 마다 지시하는 경로를 표시하고 보물섬에 도착할 수 있는 지도를 완성하세요.

선생님의 신호에 따라 첫 번째 탐험가가 해적섬으로 이동하고, 해적섬에서 다음 섬으로 탐험가가 이동할 때 다음 탐험가가 해적섬으로 출발할 것을 지시합니다.

학습자들의 배치는 다음과 같습니다.

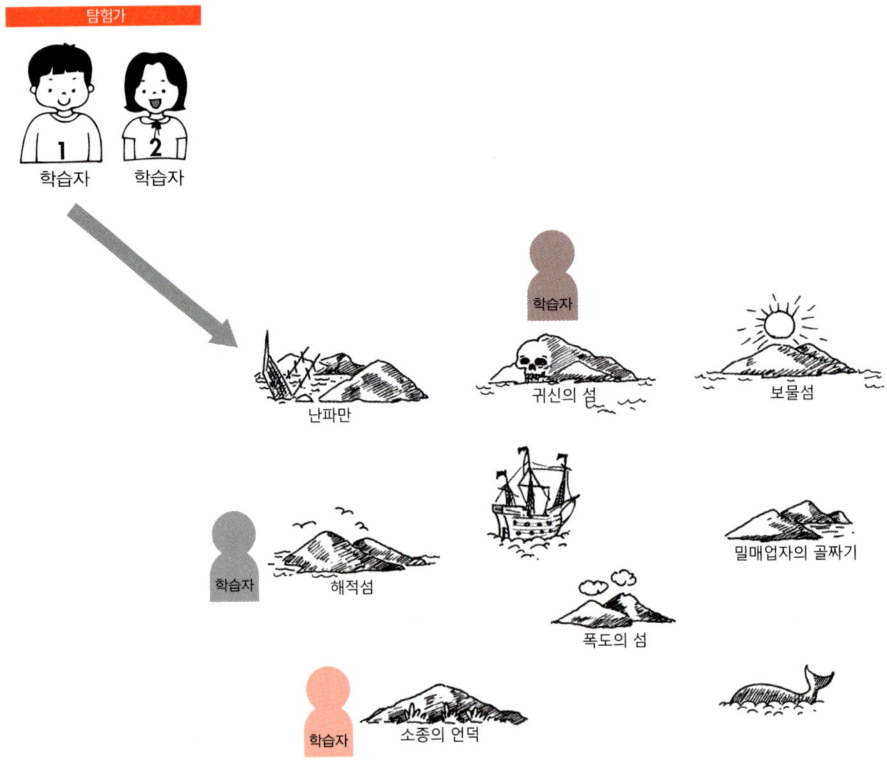

그림 3.11

활동을 수행하게 되면 탐험가는 섬의 지시에 따라 보물섬으로 도착하게 되는 경로를 찾아가게 됩니다.

활동이 수행되는 과정에 선생님께서는 섬 역할이 지나치게 큰 소리로 경로를 설명하지 않는지, 탐험가가 다른 탐험가나 섬과 대화하지 않는지 수시로 확인해주셔야 합니다.

그림 3.12

일정 시간이 흐르면 학습자들이 보물섬에 도착하게 됩니다.

학습자가 보물섬에 도착하게 되면 선생님께서는 반드시 항해지도를 확인해 주셔야 합니다.

TIP 아무리 강조하더라도 이동하는 데 집중하여 항해지도를 완성하지 않은 학습자가 대다수 나타납니다. 그러므로 항해지도를 그리지 않은 학습자의 경우 다시 해적섬으로 돌려보내 항해지도를 완성하도록 합니다.

항해지도를 모두 완성한 학습자가 도착한 경우에는 다음과 같이 질문합니다.

"A 탐험가가 완성한 항해지도보다 빠른 경로는 없을까?"

이렇게 완성한 경로가 최적의 경로인지 확인해 볼 수 있도록 다시 한 번 해적섬에서 출발하여 새로운 경로를 찾아보도록 지시합니다.

활동에 참여하는 모든 탐험가 학습자들이 두 번 이상 경로를 탐험하게 되면 선생님께서는 활동을 종료하시고, 역할을 바꾸어 활동을 수행하도록 합니다.

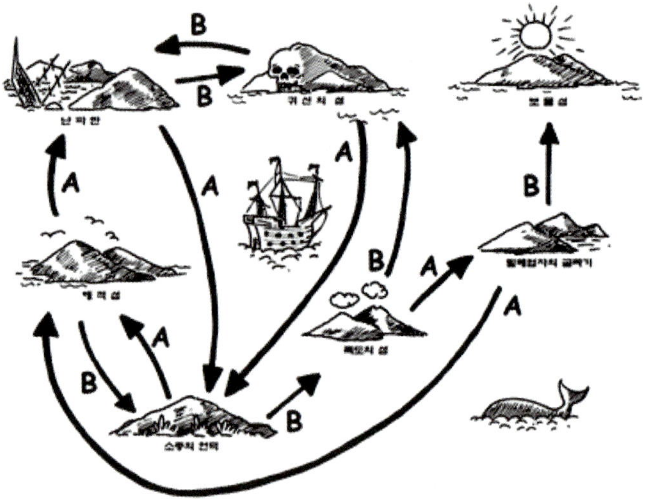

그림 3.13

■ 역할 바꾸기 시작

탐험가 역할이 각각 섬 역할을 수행하도록 하고, 섬 역할 학습자들은 탐험가 역할을 수행하도록 합니다.

역할을 바꾸어 수행하는 활동도 앞에서 진행한 활동과 마찬가지로 모든 탐험가들이 두 번 이상 경로를 탐색하여 항해지도를 완성하였을 경우 활동을 종료합니다.

모든 활동이 종료되면 교실로 이동하거나 칠판이 있는 환경으로 이동 후 선생님께서는 학습자들이 경로를 탐색하면서 완성한 항해지도를 종합해보는 활동을 진행합니다.

첫째, 학습자들에게 가장 빠른 경로라고 생각되는 경로에 대해 질문합니다.
학습자들에게 순차적으로 이동 경로를 불러 볼 수 있도록 하거나, 가장 최적화된 경로라고 생각하는 학습자가 직접 앞에 나와 경로를 그려보도록 합니다.
학습자들이 완성한 경로가 최단 경로인 경우도 있으나, 최단 경로가 아닌 경우도 있습니다.

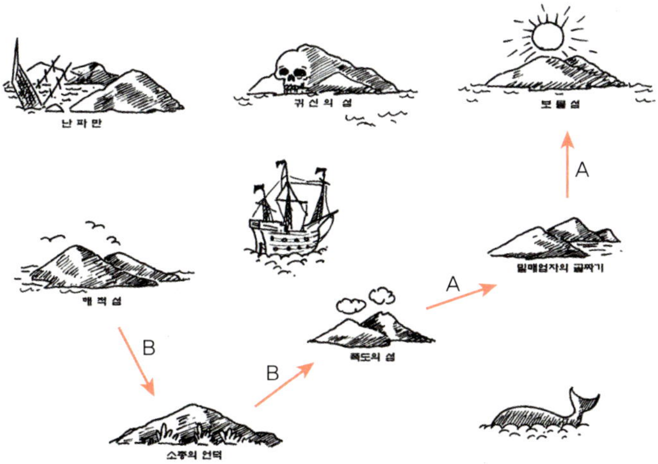

그림 3.14

둘째, 학습자들에게 반복되는 경로를 찾은 적이 있는지 질문합니다.

여기서 반복되는 경로란, 같은 경로를 선택할 경우 무한히 같은 섬을 반복해서 이동하게 되는 경우를 말합니다.

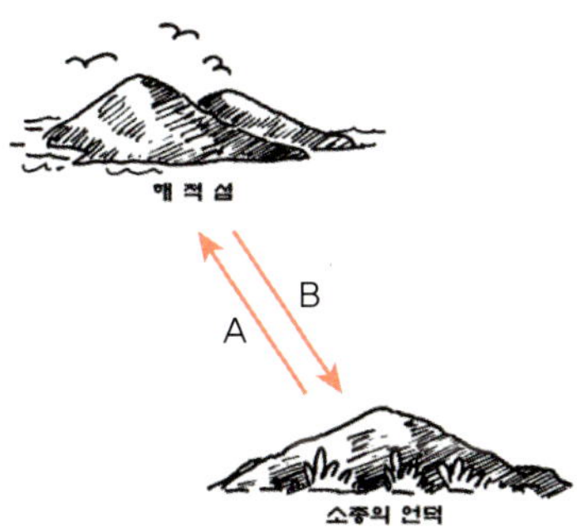

그림 3.15

학습자들이 발견한 반복되는 경로를 나열해 보고, 항로를 지도에 표시하지 않았다면 어떤 문제가 발생하게 되었을지 생각해보도록 질문합니다.

다음은 자신이 발견한 경로를 항해지도 뒷면에 기호로 표시하여 그려볼 수 있도록 합니다.

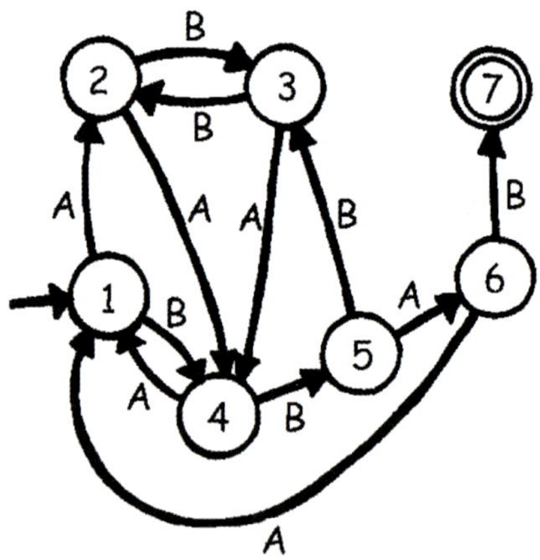

그림 3.16

각 섬은 숫자와 원으로 표시하고, 경로와 방향을 화살표와 알파벳으로 표시하도록 합니다.

기호로 표시한 그림을 보면서 각 섬에서 출발하는 화살표의 방향이 몇 개인지 확인하도록 하고, 자신이 그린 항해지도에서 발견하지 못한 경로를 채워 보도록 합니다.

만일, 자신이 방문하지 않았던 섬이 있다면 옆 친구와 항해지도를 비교하여 모든 경로를 완성할 수 있도록 합니다.

모든 활동이 마무리 되면, 오늘 수행한 활동이 포함하고 있는 컴퓨터과학 원리에 대해서 안내합니다.

심화 활동

1. 귀신의 섬에서 다른 섬으로 이동할 수 있습니까?

2. 항로 A만으로 모든 섬을 이동할 수 있습니까?

수업활용 예시 4 토론하기

1. 가장 빠른 항로는 무엇입니까?

2. 자신이 찾은 항로에 반복되는 항로가 있습니까?

3. 다음은 다양한 항로 지도를 간단하게 표시한 그림입니다. 보물섬에 도착하기 위해서 항해할 수 있는 항로는 어떤 것이 있습니까? 각 지도별로 최적 항로를 A와 B로 표시해 봅시다.

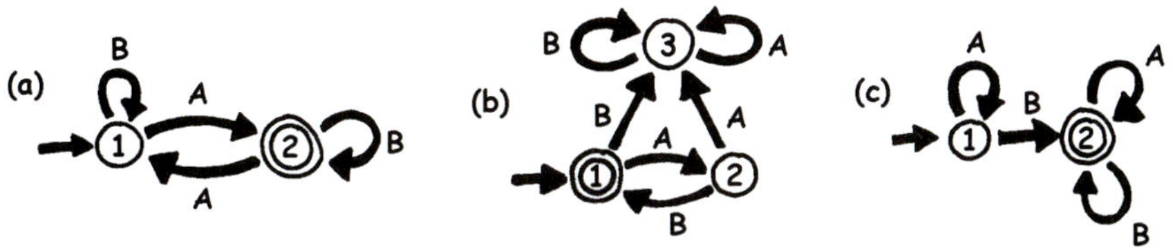

4. 지도를 기호로 표시한 것은 유한-상태 오토마타의 아이디어를 이용하면 다양한 게임과 퍼즐을 만들 수 있습니다. 아래 지도를 이용하면 임의의 경로를 선택해서 자연스러운 문장을 만드는 게임을 할 수 있습니다.

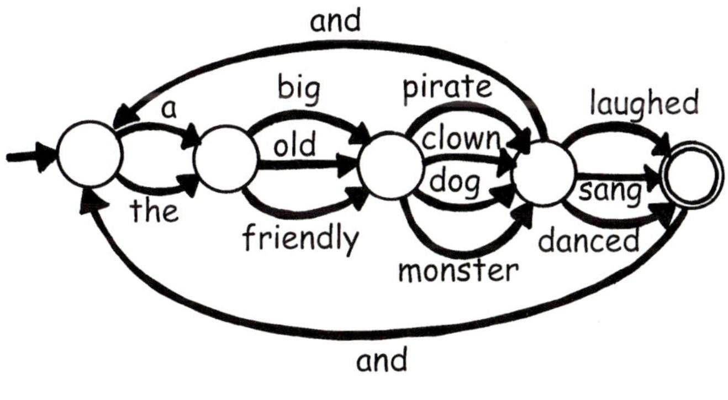

수업활용 예시 5 주의사항

이번 시간에는 보물찾기 활동을 통해 유한-상태 오토마타의 개념을 알아보았습니다. 일반적인 컴퓨터의 활용 과정에서 컴퓨터가 문자를 인식하고 처리하는 과정을 이해하는 것은 중요한 일이 아닐 수도 있습니다. 컴퓨터는 인간의 명령으로 구조화된 프로그램을 통해서 작동되며, 컴퓨터가 이러한 명령어를 이해하고 수행하는 과정에서 유한-상태 오토마타는 매우 중요한 개념입니다.

선생님들께서 본 활동을 수업에 활용하시기 위해서는 주의할 점이 있습니다.

첫째, 유한-상태 오토마타의 개념을 이해시키기 위한 활동으로 본 활동을 활용하는 것은 학습자들의 혼란을 유도할 수 있으며, 초·중등 수준이라면 대부분의 학습자들이 이해하지 못할 수 있다는 점입니다.

활동은 그 자체로써 컴퓨터과학 개념의 전달도 중요하지만, 학습자들의 컴퓨터과학에 대한 동기 유발 활동으로써의 역할도 매우 중요합니다.

본 활동을 적용하시고자 하는 선생님들께서는 '컴퓨터의 구성과 동작' 원리를 설명하기 위한 보조활동 수준으로 활용하시는 것이 좋을 수 있습니다. 즉, 컴퓨터가 명령어를 이해하는 원리를 이해시키고자 하는 목적으로 본 활동을 활용하시고, 필요하다면 마지막으로 유한-상태 오토마타에 대한 개념을 설명해 주실 수 있습니다.

둘째, 일부 학생만이 참여하는 활동이 아니라 모든 학생이 참여할 수 있는 활동 시간을 확보해주셔야 합니다. 활동을 관찰하는 것과 실제로 움직이며 활동을 수행하는 것은 매우 큰 차이가 있습니다. 보물찾기 활동의 경우 넓은 공간이 요구되므로 축소된 형태의 활동 수행이 용이할 수 있으나, 이는 활동의 목적 달성에 부정적인 영향을 미치게 될 가능성이 큽니다. 따라서 보물찾기 활동을 계획하셨다면, 충분한 공간을 확보하시고 모든 학습자들이 활동에 참여할 수 있는 기회를 부여해 주시는 것이 좋습니다.

셋째, 현실 세계의 예를 들어 본 활동이 가지고 있는 컴퓨터과학 원리에 대해서 설명해 주시고, 학습자들에게 비슷한 컴퓨터과학 기술 또는 원리를 찾아볼 수 있는 과제를 부여할 수 있습니다.

CS 핵심원리 : 유한 상태 오토마타

오토마타 이론(Automata theory)은 계산 능력이 있는 추상 기계와 그 기계를 이용해서 풀 수 있는 문제들을 연구하는 컴퓨터과학의 한 분야입니다. 여기서 말하는 오토마타는 자동화된 기계를 의미하며, 계산 능력이 있는 추상 기계의 대표적인 예로 컴퓨터를 들 수 있습니다.

일반적으로 컴퓨터과학 분야에서의 오토마타는 유한한 상태를 갖고 있으며,
입력 된 값에 따라 일정하게 상태를 전이하고, 그 값을 출력하게 됩니다.
오토마타 이론은 컴퓨터 구조 설계와 컴파일러 설계의 핵심으로 볼 수 있으며, 파싱 등의 중요한 요소로 볼 수 있습니다.

> 컴파일러란 컴퓨터에서 언어를 처리하기 위한 프로그램의 일종으로 C 언어와 같은 고급 프로그래밍 언어로 작성된 프로그램을 그와 의미적으로 동등하며 컴퓨터에서 즉시 실행될 수 있는 형태로 번역해 주는 프로그램을 뜻합니다.
> 파싱은 컴퓨터가 문자를 입력받고 출력하기 위해 문장을 판별하고 처리하는 전반적인 과정을 말합니다.

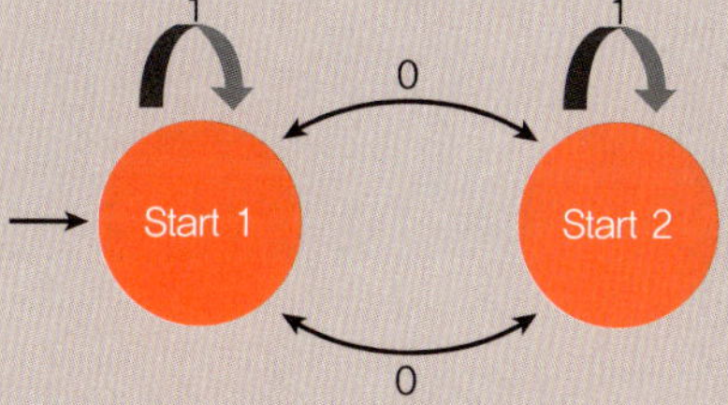

그림 3.17

그림 3.16에서 섬을 숫자와 원으로 표시하였는데, 이는 오토마타 이론에 근거한 표기 방법으로 볼 수 있습니다.
오토마타 이론 중 유한 상태 오토마타는 반드시 인식 가능한 유한 상태를 가지게 되며 컴퓨터 프로그램의 모든 절차는 유한 상태 오토마타로 표현할 수 있습니다.
유한 상태 오토마타의 예로는 ARS 자동응답 시스템을 들 수 있습니다.

ARS의 경우 프로그램 된 대로 사용자의 입력을 유도하며, 유도한 결과에 따라 원하는 서비스를 이용할 수 있습니다. 만일 허락된 경우의 수가 아닌 다른 번호를 눌렀을 경우에는 설계된 알고리즘에 따라 처음으로 돌아가거나 잘못 눌렀다는 멘트가 나오기도 합니다.

학습자들이 이해하기 쉬운 또 한 예는 컴퓨터 게임입니다.

대부분의 학생이 컴퓨터 게임은 프로그래밍된 결과물, 또는 프로그래밍된 가상 세계인 것을 알고 있을 것입니다.

RPG 게임

만일 자신이 캐릭터를 생성하여 퀘스트를 수행하는 등의 역할을 수행하는 게임을 해 본 경험이 있는 학생이라면 NPC가 마치 사람처럼 나와 대화하는 경우를 확인할 수 있었을 것입니다.

이러한 내용은 대화라는 상호작용이라기보다

유한 상태 오토마타에 근거한 프로그래밍 결과물로 볼 수 있습니다.

유한 상태 오토마타의 경우 프로그램을 설계하고 실행하는 데 반드시 필요한 컴퓨터과학 이론입니다.

유한한 상태의 경우의 수가 많으면 많을 수록 인공지능에 가까운 프로그램이 설계 될 수 있으며, 그만큼 많은 정보를 빠르게 처리한다면 보다 사람에 가까운 상호작용이 가능할 수도 있습니다.

해결 방법과 힌트

예비활동 1 : 간단한 보물지도

배는 해적섬에서 출발합니다. 항로 A로 가면 해적선은 난파만으로 이동합니다. 해적선의 이동경로를 지도에 표시해야 합니다. 도착한 난파만에서 항로 A를 선택하면 다시 해적섬으로 돌아가게 됩니다. 마찬가지로 해적선이 이동한 경로를 항로와 함께 지도에 표시합니다. 이번에는 해적섬에서 항로 B를 선택합니다. 해적선은 귀신의 섬으로 이동하게 되고, 귀신의 섬에 도착하면 더 이상 해적선이 항해할 수 없게 됩니다. 최종 기록된 지도는 아래와 같습니다.

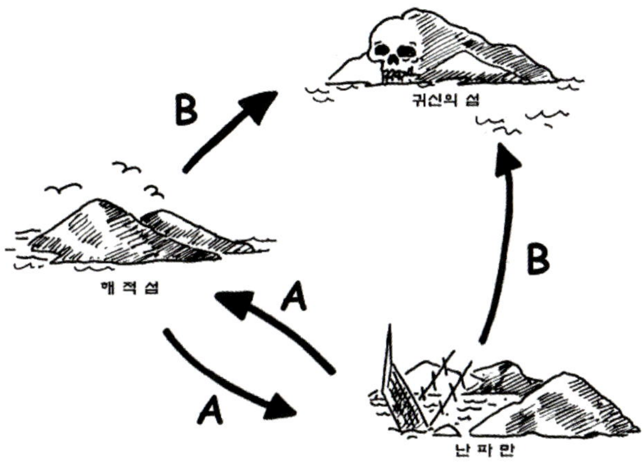

활동 1 : 보물찾기

- 가장 빠른 항로는 무엇입니까?

  BBAB

■ 모든 항로를 그려봅시다.

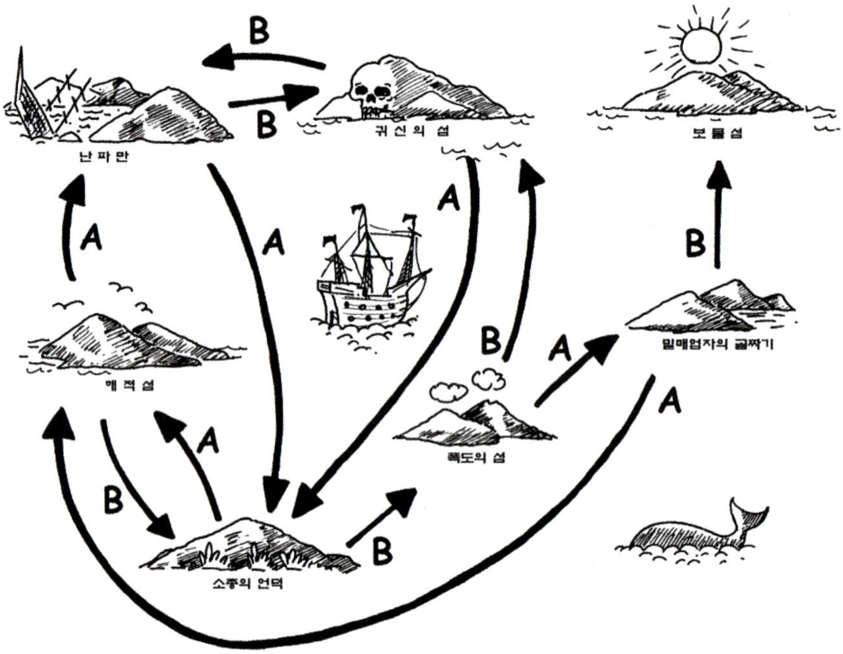

학습교구 : 간단한 보물지도

귀신의 섬

해 적 섬

난 파 만

학습교구 : 섬카드 (1/2)

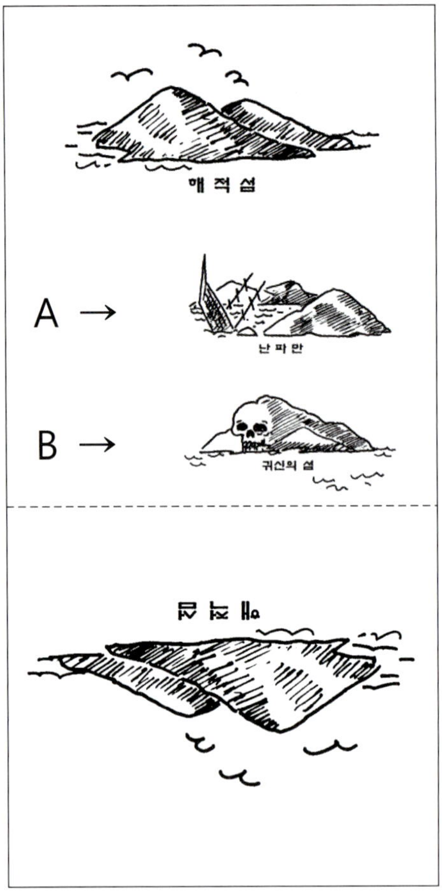

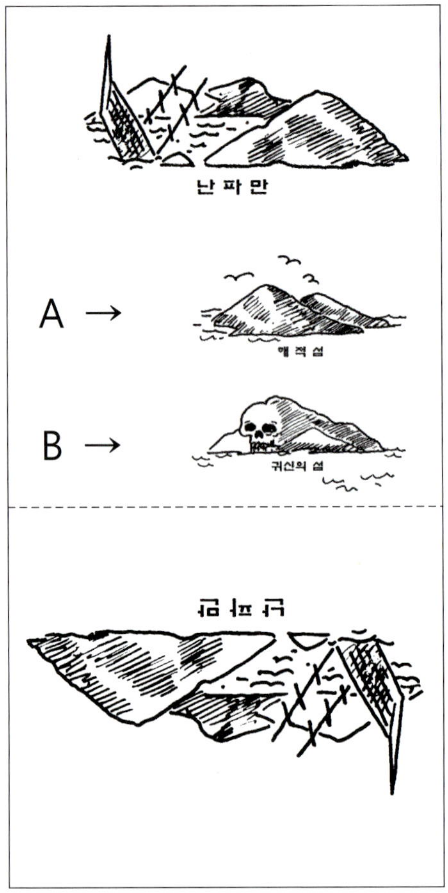

학습교구 : 섬카드 (2/2)

어떤 배도

귀신의 섬에 들어오면

항해 불가

학습교구 : 항로가 그려지지 않은 보물지도

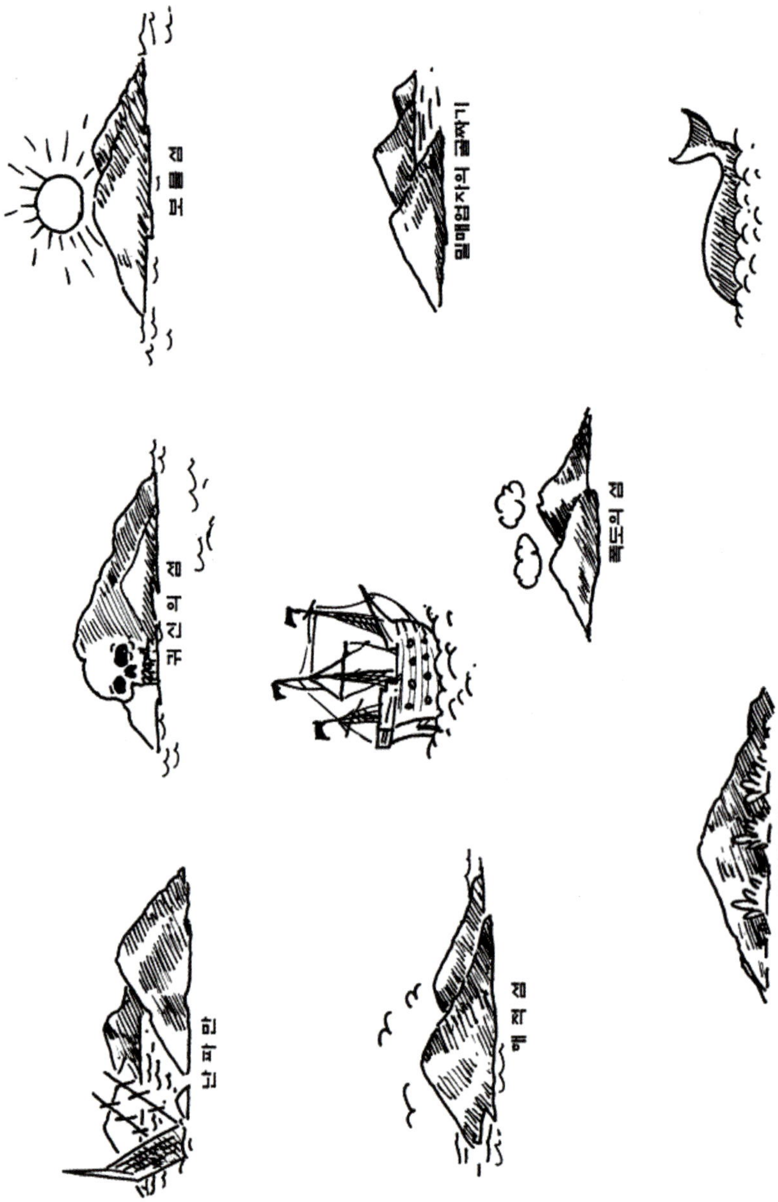

학습교구 : 섬 카드 (1/4)

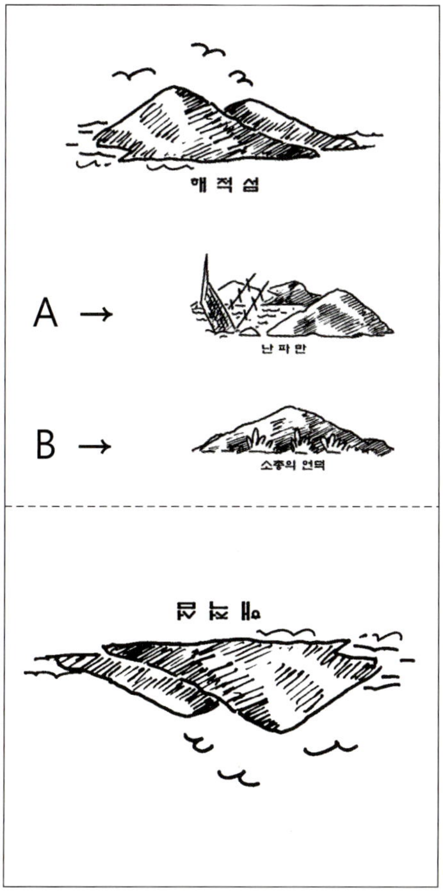

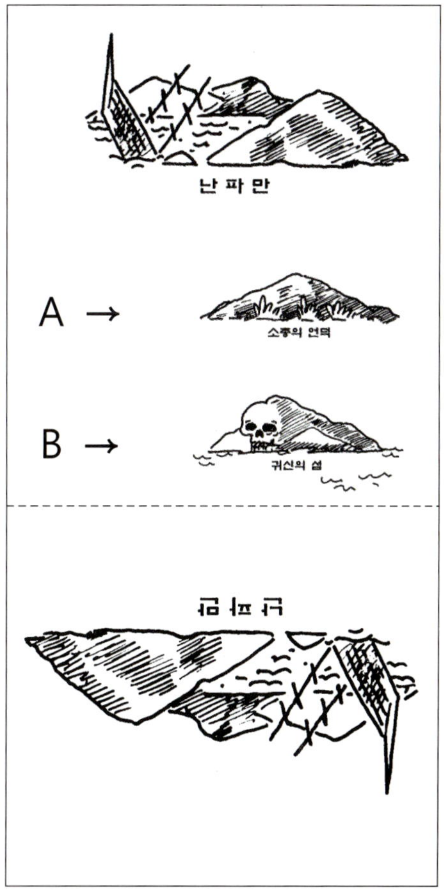

학습교구 : 섬 카드 (2/4)

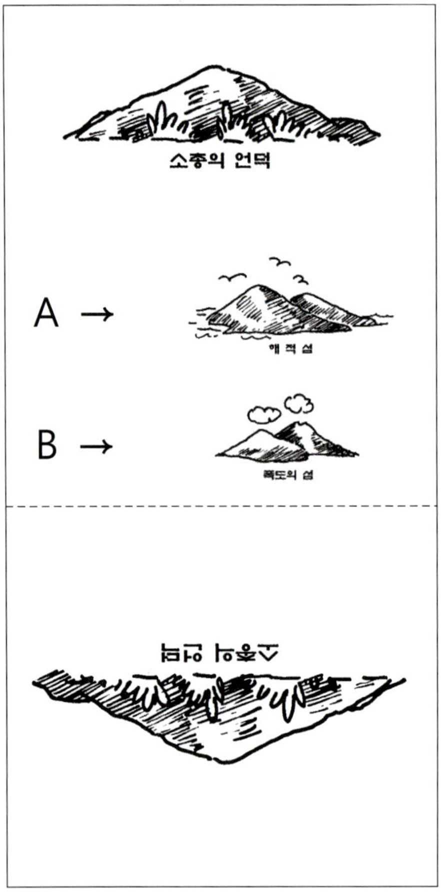

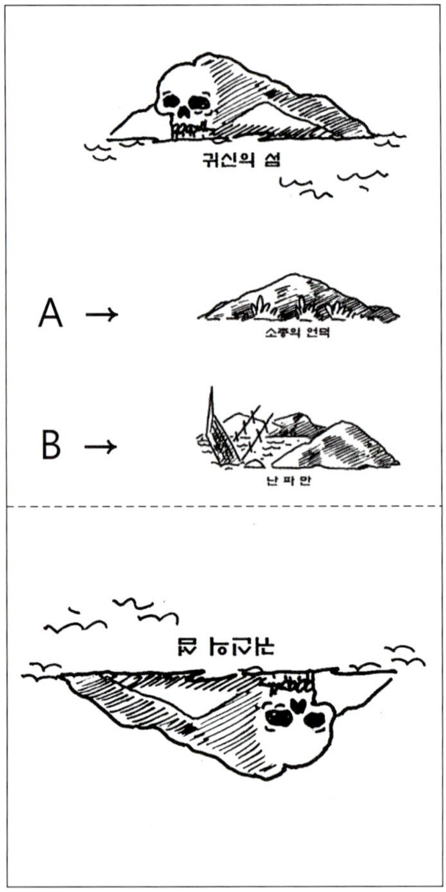

학습교구 : 섬 카드 (3/4)

폭도의 섬

A →

밀매업자의 골짜기

B →

귀신의 섬

밀매업자의 골짜기

A →

해적 섬

B →

보물섬

학습교구 : 섬 카드 (4/4)

보물섬

축하합니다!

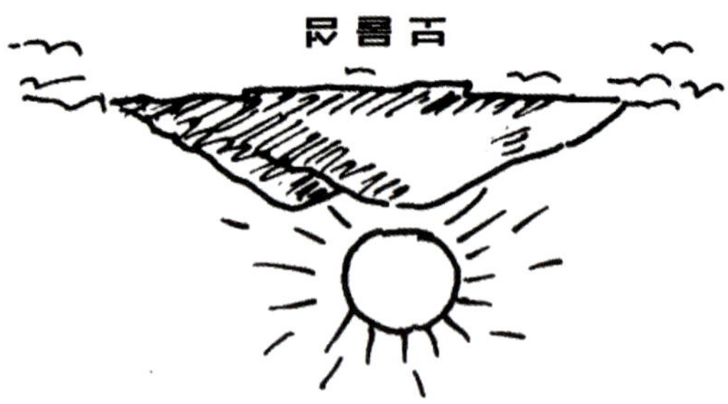

12 학습활동 행진 순서 — 프로그래밍 언어

_Programming Languages

요약

컴퓨터는 지켜야 할 제한된 명령어로 이루어진 "언어"로 프로그래밍됩니다. 프로그래밍의 어려운 요인 중 하나는 엉뚱한 결과를 초래할지라도 컴퓨터는 항상 명령문을 준수한다는 점입니다.

관련교과

■ 2015 중학교 정보 교육 과정

- 문제해결과정과 프로그래밍(핵심개념: 프로그래밍)

활동 및 수업활용 예시

■ 활동 1 : 명령대로 따라하기

- 학습교구 : 그림예제

▶ 심화활동

▶ CS 핵심원리 : 프로그램과 프로그래머

■ 활동 2 : 헤롤드 로봇

- 학습교구 : 헤롤드 로봇 설명서

▶ CS 핵심원리 : 프로그램 작성

* 자세한 준비물은 각 활동에 제시된 '준비물' 내용을 참고하세요.

활동 1 명령대로 따라하기

수업 설계하기

■ 학습목표

- 명령대로 그리기 활동을 수행할 수 있다.
- 프로그래머 활동을 수행할 수 있다.
- 컴퓨터 프로그램의 과학 원리에 대해서 설명할 수 있다.

■ 학습내용

- 명령대로 그리기 활동 준비 및 수행 절차
- 프로그래머 활동 준비 및 수행 절차
- 컴퓨터 프로그램에 대한 이해

■ 핵심키워드

프로그래머, 프로그램

용어정리

* **프로그램:** 컴퓨터에 처리시키는 작업의 순서를 명령어로 작성한 것을 말하며, 프로그래머가 알고리즘을 설계하고 프로그래밍 언어를 활용하여 작성한 형태입니다.

수업활용 예시

수업활용 예시 1 도입하기

일반적으로 컴퓨터 프로그래머라고 하면 어떤 이미지가 떠오르시나요?

밤늦은 시간까지 컴퓨터에 몰두하는 사람? 인조인간이나 로봇을 만드는 사람? 아니면 컴퓨터 천재?

프로그램 또는 프로그래머는 일상적으로 접하고 들을 수 있는 용어이지만, 실제 프로그램 또는 프로그래머에 대해서 제대로 알고 있는 사람은 많지 않습니다.

선생님의 학생들은 프로그래머에 대해 얼마나 알고 있을까요?

전 세계적으로 각광받는 직업이고, 언어를 뛰어 넘는 직업임을 학생들에게 알려주세요.

프로그램과 프로그래머의 역할을 정확히 설명해 보도록 하겠습니다.

컴퓨터 프로그램 또는 프로그램으로 불리고 있는 도구는 어떻게 만들어지는 것일까요?

컴퓨터는 하드웨어와 소프트웨어로 구성되어 있습니다.

프로그램은 소프트웨어에 속하며 다양한 유형으로 구분됩니다. 대표적인 컴퓨터 프로그램은 컴퓨터 구동에 필수적인 운영체제이며, 운영체제에서 실행하게 되는 거의 모든 소프트웨어를 프로그램으로 볼 수 있습니다.

프로그램을 구현하기 위해 반드시 필요한 것은 프로그래밍 언어입니다.

프로그래밍 언어는 매우 여러 가지가 있기 때문에

프로그래머의 취향이나 개발 목적에 따라 자유롭게 활용될 수 있습니다.

그림 3.18

'명령대로 따라 하기' 활동을 하면서 프로그램의 특징과 설계 원리에 대해서 알아보겠습니다.

'명령대로 따라 하기' 활동은 '프로그래머' 활동을 위한 예비활동으로 교사의 지시에 따라 학습자들이 그림을 완성하도록 하는 활동입니다.

그림 3.19

본 활동에 필요한 준비물은 다음과 같습니다.

교사가 준비할 것

준비물: 특정 이미지를 그리기 위한 순서화된 명령 2~3, 모범 답안(그림)

학습자가 준비할 것

준비물: 빈 종이, 펜

선생님께서 준비하셔야 하는 준비물은 특정 이미지를 그리기 위한 순서화된 명령 2~3가지와 모범 답안(그림)입니다.

학습자들은 빈 종이와 펜으로 활동을 수행합니다.

특정 이미지를 그리기 위한 순서화된 명령이란 다음과 같습니다.

예를 들어, 클립이라는 물건을 따라 그릴 수 있도록 순서화된 명령을 작성해 보도록 하겠습니다.

그림 3.20

1. 종이의 오른쪽 윗 부분에 큰 원을 그립니다.
2. 오른쪽 윗 부분의 큰 원 안에 작은 원을 그립니다.
3. 오른쪽 윗 부분 큰 원의 8시 방향에 사각형을 붙여서 그립니다.
4. 사각형 아래 기다란 직사각형을 붙여서 그립니다.

순서대로 그림을 표현한 명령어를 작성하시고, 모범 답안으로 클립 이미지를 준비합니다.

이렇게 순서화된 명령을 2~3가지 정도 준비하셔야 하는데 주의할 점이 있습니다.

학습자들의 동기를 유발하고 흥미를 유지하기 위해서는 쉬운 이미지부터 어려운 이미지로 활동을 진행하시는 것이 좋습니다.

쉬운 이미지의 경우 단순한 도형으로 구성된 이미지로 볼 수 있습니다.

그림이 자세할수록 어려운 이미지로 볼 수 있습니다.

선생님 활동

쉬운 이미지의 활동을 예로 들어보겠습니다.

선생님께서 한 번 명령에 따라 이미지를 그려보세요!

1. 종이의 한 가운데에 점을 그립니다.
2. 종이의 왼쪽 상단 모서리에서 시작하여 중앙의 점을 지나 오른쪽 하단 모서리에서 끝나도록 자를 이용하여 직선을 그려보세요.
3. 종이의 왼쪽 하단 모서리에서 시작하여 중앙의 점을 지나 오른쪽 상단 모서리에서 끝나도록 자를 이용하여 선을 그리세요.
4. 종이의 왼편 삼각형 중앙에 자신의 이름을 적어 봅시다.

자, 어떤 그림이 나왔나요?

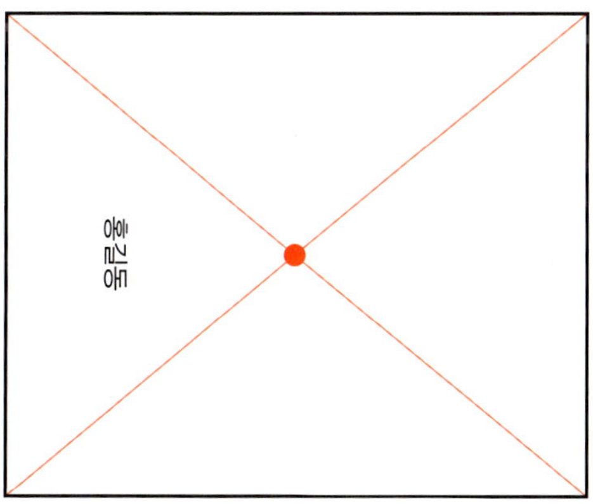

그림 3.21

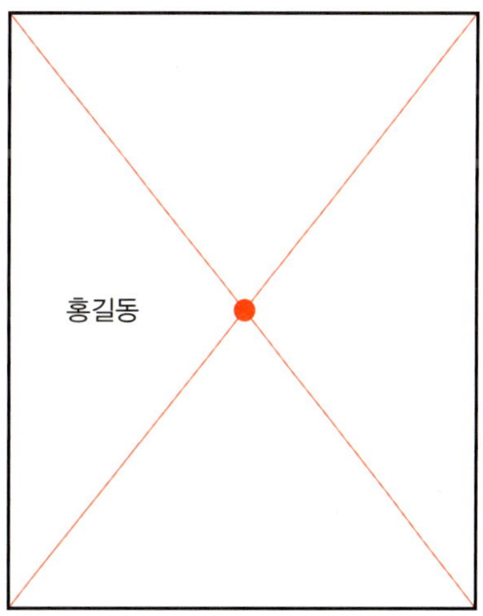

그림 3.22

선생님께서 그리신 그림과 화면의 그림을 비교해 보시기 바랍니다. 어떤 차이가 있으신가요?

아마도 이름을 작성한 위치와 방향이 약간씩 다르다는 것을 확인하실 수 있을 것입니다.

종이의 왼편 삼각형 중앙이라는 명령을 어떻게 이해했느냐에 따라 왼편 삼각형의 위치가 달라질 수도 있으며, 이름을 작성한 방향이 달라질 수도 있습니다.

선생님께서는 이처럼 4~5가지 명령으로 구성된 단순한 이미지부터 5~10가지 명령으로 구성된 복잡한 이미지까지 활동을 진행하실 수 있습니다.

본 활동을 수행하는 과정에 주의하실 부분을 간단히 말씀드리도록 하겠습니다.

TIP 본 활동은 학생들이 자리에 앉아 각자 수행하는 활동이므로, 최대한 옆 친구의 결과물에 영향을 받지 않도록 하는 것이 중요합니다.

본 활동을 통해서 같은 명령이라도 서로 다른 형태로 이해한다는 점을 인식하는 것이 중요하므로 최대한 옆 친구의 결과물을 보지 않고 진행할 수 있도록 지도해주세요.

선생님의 명령은 횟수를 정해서 불러주시는 게 좋습니다.

그림 3.23

예를 들어, 활동을 시작하기 전 이렇게 말씀해주실 수 있습니다.

하나의 명령대로 따라 하기 활동이 끝나면 각자 그린 그림을 친구들과 비교해보도록 합니다.

그리고 그린 결과물이 무엇인지 종이 하단에 적어보도록 합니다.

마지막으로 선생님은 모범 답안을 공개하고 명령의 어떤 부분이 잘 되었고, 어떤 부분이 잘못 되었는지 학습자들에게 질문합니다.

선생님께서 준비하신 활동을 마무리하면, 학습자들이 유사한 활동을 만들어 보게 하고 잘 구성된 명령지로 활동을 진행할 수 있습니다.

활동이 수업 시간 내에 이루어지기 힘들면 과제로 부여하실 수도 있습니다.

수업활용 예시 2 활동하기

이번에 알아볼 활동은 프로그래머 활동입니다.

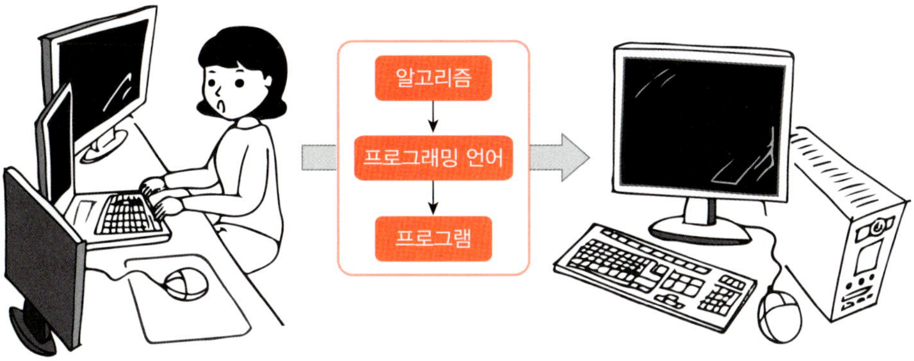

그림 3.24

프로그래머는 컴퓨터가 처리할 수 있는 알고리즘을 작성하고 프로그래밍 언어를 활용하여 알고리즘을 프로그램 형태로 구현하는 사람을 말합니다.

이처럼 프로그래머는 컴퓨터의 작동과 활용에 빠질 수 없는 사람이며 매우 중요한 위치에 있습니다.

프로그래머 활동을 통해 실제 프로그래머의 역할에 대해 이해하고 친숙해 질 수 있을 것입니다.

프로그래머 활동을 위한 준비물입니다.

교사가 준비할 것

준비물: 복잡한 이미지 2–간단한 이미지10개 × 2셋트

학습자가 준비할 것

준비물: 그림을 그릴 수 있는 빈 종이

본 프로그래머 활동은 두 가지 활동으로 구성됩니다.

첫 번째 활동은 프로그래머 역할을 하는 학습자 한 명이 복잡한 그림에 대해서 설명하

고, 나머지 학생이 설명을 듣고 그림을 재연하여 그립니다.

본 활동은 프로그래머 역할을 수행하는 학습자가 얼마나 잘 설명하느냐에 따라 결과물의 완성도가 매우 달라질 수 있습니다.

TIP 본 활동은 그림을 그리는 컴퓨터 역할을 수행하는 학습자들이 각자 한 번씩의 질문 기회를 가집니다.

선생님께서는 컴퓨터 역할을 수행하는 학습자들이 단 한 번만 질문할 수 있으므로 신중하게 생각해서 질문을 할 수 있도록 지도합니다.

그럼 세부적인 수행 절차에 대해서 알아보겠습니다.

그림 3.25

1. 본 활동을 위해서 선생님은 프로그래머 역할의 학습자 한 명을 결정합니다.
2. 선생님께서는 프로그래머 역할 학습자에게 이미지를 전달하시고, 설명을 위해 관찰할 시간을 3분정도 줍니다.
3. 선생님은 프로그래머 학생이 그림을 관찰하는 동안 간단한 규칙을 설명합니다.

규칙

(1) 프로그래머가 설명한대로 그림을 그립니다.

(2) 궁금한 점에 대해서 일인당 단 한 번의 질문 기회를 가집니다.

(3) 가장 정확한 그림을 빠르게 그리는 학습자가 승리합니다.

두 번째 활동은 경쟁 중심의 활동입니다.

학습자들을 두 팀으로 나누어 간단한 이미지를 어떤 팀이 빨리 그리는지 경쟁하도록 합니다.

본 활동은 학습자를 10명 이내의 두 팀으로 나누고 교사가 준비한 10개의 이미지를 프로그래머 역할 학습자가 설명하고, 컴퓨터 역할을 수행하는 학습자가 정확하게 그리는 활동입니다.

교사는 프로그래머 역할 학습자들 사이에 위치하여 설명대로 그림이 그려졌는지 통과 여부를 결정합니다.

본 활동의 구체적인 절차에 대해서 알아보도록 하겠습니다.

1. 학급의 인원수에 따라 두 팀으로 편성합니다.
2. 각 팀에서 프로그래머 역할을 수행할 학생 1명, 그림을 넘기는 역할을 수행할 학생 1명 총 2명을 선택합니다.
3. 그림 넘기는 역할 학습자를 교실 맨 뒤로 이동시키고, 프로그래머 역할 학습자를 교실 앞으로 위치시킵니다.

그림 3.26

4. 교사는 제한시간(3~5분)을 공지하고, 가운데 두 줄로 컴퓨터 역할을 수행할 학습자들을 위치시킵니다.

5. 한 명씩 프로그래머의 설명에 따라 그림을 그리고 교사의 판정을 받습니다.
6. 제한 시간 동안 더 많은 그림을 완성한 팀이 승리합니다.

본 활동은 스피드 게임과 같이 운영하는 게임으로 학습자들이 놀이를 즐기듯이 수행할 수 있는 활동입니다.

활동이 진행되는 과정에서 주의할 점

첫 번째 활동은 복잡한 그림을 한 명의 프로그래머가 다수의 컴퓨터에게 설명하는 형태이므로 지나치게 소란스럽게 질문이 오고 갈 경우 제대로 진행이 되기 어렵습니다.

따라서 선생님께서는 반드시 손을 들고 프로그래머가 지목한 학생이 질문을 하도록 지도해주십시오.

두 번째 활동은 교사가 준비한 이미지와 정확하게 일치하는 그림을 그리지 못하는 경우가 다수 발생할 수 있습니다. 이럴 경우 통과 여부에 대해 기본적인 가이드라인을 준비하시는 것도 도움이 됩니다.

만일 진행이 어려워 보이는 팀의 경우 어려운 그림은 통과 할 수 있도록 조절 하시고, 10장의 이미지가 너무 쉬운 이미지 또는 너무 어려운 이미지로 구성되지 않도록 해 주세요.

심화 활동

그림을 활용한 프로그래머 활동을 마무리 하셨으면, 심화활동으로 다양한 활동을 수행할 수 있습니다.

첫 번째 활동은 명령어를 활용하여 특정 위치로 이동하는 활동입니다.

그림 3.27과 같이 학습자들에게 특정 위치의 지도를 제시합니다.

그림 3.27

제시되는 지도는 축척에 따라 학습자들이 제공하는 명령어가 달라질 수 있습니다.

최근에는 다양한 지도 서비스에서 위성 지도를 제공하고 있으므로 위성 지도를 활용하실 수도 있습니다.

두 명의 학습자가 짝지어서 수행할 수 있는 활동입니다.

활동 절차는 다음과 같습니다.

1. 두 명의 학습자를 모둠으로 편성하고 특정 지역의 지도가 포함된 활동지를 줍니다.
2. 지도에서 목적지를 설정하도록 하고 설정된 목적지로 이동하는 방법을 명령어로 적어 보도록 합니다.
   [명령어 예시 : Xm(cm) 직진, 좌회전 90도, 우회전 45도]
3. 명령어를 완성하면 옆 친구와 바꾸어 풀어 보도록 합니다.
4. 명령어에 오류가 있거나 틀린 명령어를 수정합니다.

명령어
목적지

〈활동지〉

두 번째 활동은 종이학이나 종이배와 같은 작품 만들기 순서를 명령어로 표현해 보도록 하는 것입니다.

이 활동도 특정 위치로 이동하는 활동과 마찬가지로 두 명의 학습자가 서로 짝을 지어 수행할 수 있습니다.

수행 과정은 마찬가지로,

1. 두 명의 학습자를 모둠으로 편성하고 순서를 설명할 작품을 결정하도록 합니다.
2. 작품을 만드는 순서를 구체적으로 설명합니다.
3. 명령어를 완성하면 옆 친구와 바꾸어 어떤 작품을 만드는 명령어인지 풀어보도록 합니다.
4. 명령어에 오류가 있거나 틀린 명령어를 수정합니다.

명령어
목적지

〈활동지〉

수업활용 예시 3 주의사항

프로그래머 활동을 통해서 프로그래머와 프로그램의 원리에 대해서 알아보았습니다.

학습자들이 프로그래머를 통해서 연상하는 이미지는 공상과학 영화에서나 볼 수 있을 법한 판타지적인 이미지가 많을 수 있습니다. 즉, 로봇을 움직인다거나, 특정 프로그램을 해킹하여 건물에 침입하는 등 현실과 동떨어진 모습을 보여줍니다. 그러나 이러한 이미지들이 허황되고 포장된 이미지일까요?

미래의 IT 기술 및 환경은 우리가 생각하는 것 보다 빠르게 변하고 있기에 프로그래머가 어떤 모습으로 변화하게 될지, 어떤 역량을 펼치게 될지는 모르니까요.

그렇지만 학습자들이 프로그래머의 명확한 역할을 이해하고 주체적으로 IT를 활용할 수 있도록 하는 것은 컴퓨터교육 분야에서 매우 중요한 일입니다. 컴퓨터를 활용하여 스스로 문제를 해결한다는 것은 자기 주도적인 IT의 활용이기 때문입니다. 그러나 컴퓨터는 프로그래머의 명령에 절대적으로 복종하게 되므로 올바른 명령어가 입력되지 않을 경우 문제가 발생할 수 있습니다.

이번 활동을 통해서 선생님들께서 강조해주셔야 하는 내용은 다음과 같습니다.

IT가 중심이 되는 사회에서 주체는 컴퓨터가 아닌 컴퓨터를 사용하는 사람이라는 것입니다.

활동을 통해서 체험해 본 컴퓨터와 프로그래머 역할은 종속적인 관계가 될 수도 있으나 상호 보완적인 존재가 될 수도 있습니다.

따라서 컴퓨터를 사용하는 주체로서 주인의식을 가질 수 있도록 지도해주시기 바랍니다.

CS 핵심원리 : 프로그램과 프로그래머

컴퓨터는 프로그램이라 불리는 일련의 명령문에 따라 작동합니다.
프로그램은 특정한 목적을 가지고 수행되도록 작성되며, 이러한 프로그램을 작성하는 프로그래머는 프로그래밍 언어를 활용합니다.

프로그래밍 언어는 제한된 명령문의 집합으로 구성되어 있으며 컴퓨터가 해야 하는 일을 컴퓨터가 이해할 수 있는 형태로 전달 할 수 있습니다.
학습자들이 일반적으로 괴리감을 느끼는 부분이 바로 이 부분입니다.

학습자들이 활용하는 컴퓨터는 마이크로소프트(MS)사의 윈도우와 같은 그래픽 유저 인터페이스(Graphic User Interface : GUI)로 구성되어, 직관적인 명령어로 실행되게 됩니다.
즉, 내가 생각한 바를 컴퓨터가 바로 알아듣는다고 충분히 착각할 수 있는 상황입니다.

이 상황에서 선생님께서는 간단하면서 복잡한 질문을 던지실 수 있습니다.

"과연 컴퓨터는 인간의 말 또는 언어를 알아 듣는가?"

선생님께서는 어떻게 생각하시나요?

프로그래머는 앞선 활동에서 경험한 것처럼 원하는 컴퓨터 동작을 위하여 명령어를 정확히 기술할 수 있도록 숙달되어야 합니다.
인간의 경우 질문을 하는 등 수행하는 동작에 대한 궁금증을 표시하고 스스로 수정해 나갈 수 있지만, 컴퓨터는 터무니없는 명령이라 할지라도 그대로 실행하기 때문입니다.
즉, 인간의 말을 알아듣는다는 표현이 적절하지 않다고 생각하실 수 있을 것입니다.

말을 알아듣는다는 것은 단순히 명령어를 이해하는 것을 넘어서 명령어의 옳고 그름을 판단할 수 있고 생각할 수 있는 능력이 필요하기 때문입니다.
이렇게 선생님께서는 프로그래머의 중요성을 강조하실 수 있습니다.

또한 활동과정에서 나타났던 문제 상황(오류 상황)을 떠올리면서 프로그램 에러에 대해 설명하실 수 있습니다.
일반적으로 프로그램의 경우 작은 에러라 할지라도 큰 문제점을 발생시킬 수 있으므로 프로그램을 정확하게 에러 없이 작성하는 것은 매우 중요합니다.
학습자들이 명령에 따라 그림을 그리는 중에도 프로그래머가 정확히 설명하지 못한 경우, 어떤 문제점이 발생하였는지 상기시켜 주시면 좋습니다.

그리고 프로그램의 경우 이러한 문제점을 해결하기 위해서 다양한 검토 방법이 적용되고, 지속적인 수정 보완이 이루어지게 됩니다.
이러한 수정 보완 즉, 디버깅 활동은 학습자들이 수행한 심화활동 과정에서 자연스럽게 이루어졌던 활동으로 프로그래머의 필수적인 프로그램 작성 과정으로 볼 수 있습니다.

학습교구 : 그림 예제

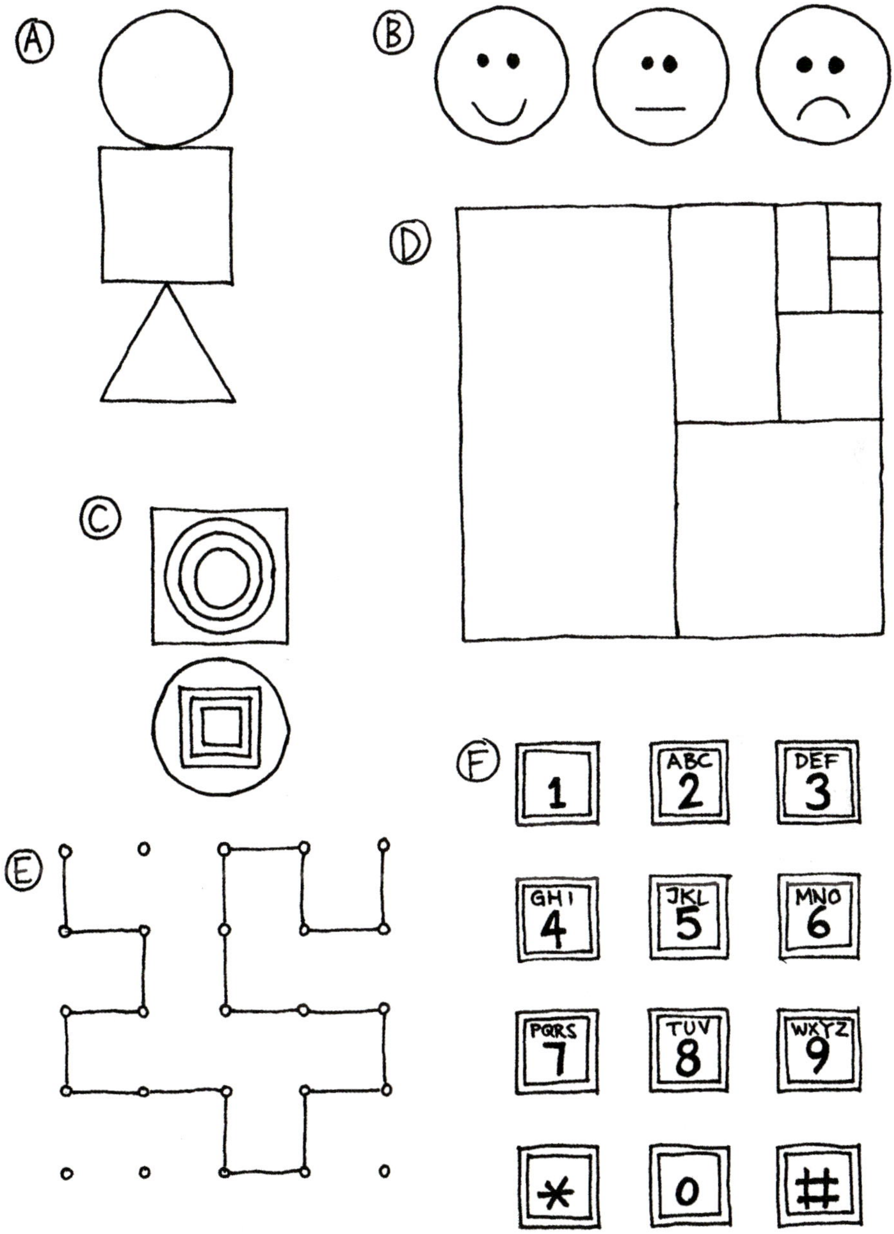

활동 2 헤롤드 로봇

수업 설계하기

■ 학습목표

- 로봇이 이해할 수 있는 프로그램의 특성을 설명할 수 있다.
- 효과적인 헤롤드 로봇 활동 수업을 진행할 수 있다.

■ 학습내용

- 헤롤드 로봇으로 탑 쌓기
- 헤롤드 로봇으로 샌드위치 만들기
- 샌드위치를 만드는 헤롤드 로봇 프로그램 만들기

■ 핵심키워드

로봇

용어정리

* 로봇(Robot): 로봇은 사람과 유사한 모습과 기능을 가진 기계, 또는 무엇인가 스스로 작업하는 능력을 가진 기계를 말합니다. 제조공장에서 조립, 용접, 핸들링 등을 수행하는 자동화된 로봇을 산업용 로봇이라 하고, 환경을 인식하고 스스로 판단하는 기능을 가진 로봇을 '지능형 로봇'이라 부릅니다. 사람과 닮은 모습을 한 로봇을 '안드로이드'라 부르기도 합니다. 그리고 다른 뜻은 형태가 있으며, 자신이 생각할 수 있는 능력을 가진 기계라고도 합니다.

수업활용 예시

수업활용 예시 1 도입하기

우리 주변에는 많은 로봇들이 사용되고 있습니다.

최근에는 인간 모양의 로봇도 개발되고 있고, 카페나 식당에서 서비스 제공을 목적으로 사용되고 있습니다. 손님이 오면 자동으로 메뉴판을 가져다 주고, 주문을 받고, 음식이 나오면 음식을 가져다 줍니다. 또한, 행사장에서 안내를 하는 로봇도 활용되고 있습니다.

서빙 로봇

http://visitbeijing.or.kr/bbs_detail.php?bbs_num=2301&tb=board_news

http://kr.aving.net/246345

공장에서는 이미 다양한 형태의 산업 로봇을 만들어서 활용하고 있습니다.

커다란 창고에서 물건을 옮기는 작업에 사람 대신 로봇이 움직이고 있습니다.

특히 반복적인 작업이나 정확도를 요구하는 분야나 사람이 일하기 어려운 분야에서는 산업 로봇을 많이 사용하고 있습니다.

산업 로봇

http://news.donga.com/View?gid=8392449&date=20070105

http://techholic.co.kr/archives/25749

이렇게 다양한 분야에서 활용되는 로봇이 언젠가는 우리의 집에서도 사용될 날이 곧 다가올지 모릅니다. 그런데 로봇은 어떻게 움직이는 걸까요?

사람처럼 알아서 생각하고 움직이는 걸까요?

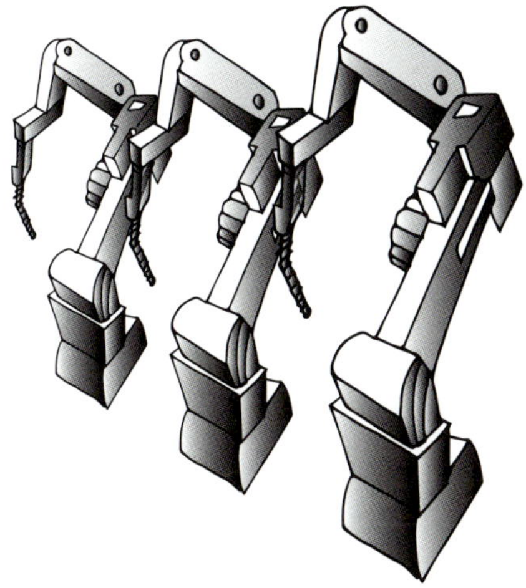

http://csunplugged.org/wp-content/uploads/2015/03/Harold-the-Robot.png1296103290

헤롤드 성의 성주는 헤롤드 로봇을 이용하여 높은 탑을 세우려고 합니다.
그런데 약간의 문제가 있네요.
여러분이 그 문제를 해결해 주세요.

수업활용 예시 2 활동하기

이번 활동은 헤롤드 로봇으로 탑을 쌓는 활동입니다.

❶ 활동 1(헤롤드 로봇으로 탑 쌓기)

교사가 준비할 것

준비물: 쌓아올릴 수 있는 나무 블럭이나 작은 물건들, 헤롤드 로봇 설명서

시나리오

당신은 헤롤드 성의 성주 입니다.

헤롤드 성의 성주는 대대로 헤롤드 로봇을 가지고 있습니다. 헤롤드 로봇은 어떤 물체도 들어올릴 수 있고, 무엇이든 시킨 일은 척척 잘 해내는 로봇입니다.

헤롤드 로봇은 시킨 일을 열심히 하지만 단점이 있다면, 기억력이 부족하다는 것입니다. 그리고 명령이 매우 구체적이지 않으면 이해하지 못한다는 점입니다.

당신은 외부의 적으로 부터 헤롤드 성을 지키기 위해 멀리 볼 수 있는 높은 탑을 세워야 합니다. 당신은 커다란 돌을 직접 옮길 수는 없지만, 헤롤드 로봇은 쉽게 옮길 수 있습니다.

자, 이제 헤롤드 로봇을 시켜 높은 탑을 세워 봅시다!

활동 순서는 다음과 같습니다.

1. 2명의 학생이 한 모둠을 이루도록 구성합니다. 한 명은 성주 역할을 하고 한 명은 헤롤드 로봇 역할을 합니다.
2. 헤롤드 로봇 역할을 하는 학생에게만 "헤롤드 로봇 설명서"를 제공하고, 성주 역할을 맡은 학생에게는 보여주지 않습니다.
3. 모둠별로 쌓아올릴 수 있는 물건을 5개씩 나눠줍니다. 성주의 목표는 헤롤드 로봇에게 명령을 내려 5개의 물건을 모두 쌓아올리는 것입니다.
4. 모둠별로 활동을 시작합니다. 성주는 헤롤드 로봇에게 물건을 쌓아 올리기 위해 명령을 내립니다. 헤롤드 로봇은 자신이 가진 "헤롤드 로봇 설명서"를 보고 이해할 수 있는 명령어가 포함되어 있으면 그대로 수행하고, 로봇이 알지 못하는 명령어가 포함되어 있는 경우에는 어떤 작업도 수행하지 않습니다. 대신 머리를 부여잡고 흔듭니다.
5. 첫 번째 활동이 끝나면 성주와 헤롤드 로봇 역할을 바꿔서 다시 활동을 수행해 봅니다.

TIP 헤롤드 로봇 역할을 맡은 학생들은 반드시 "헤롤드 로봇 설명서"를 보고 거기에 있는 명령어만 이해해야 합니다. 학생들이 그것과 상관없이 다른 학생이 요구하는 대로 움직이지 않도록 설명해야 합니다.

수업활용 예시 3 토론하기

헤롤드 로봇으로 탑 쌓기 활동이 끝나면, 학생들과 다음 질문에 대해 토론해 봅시다.

1. 헤롤드 로봇에게 어떤 명령을 하니 로봇이 움직였나요? 반대로 어떤 명령에 대해서는 로봇이 움직이지 않았나요?

"오른손을 움직여서 물건 들어올리기", "왼손에 든 물건을 앞으로 움직여서 내리기" 등의 단순한 명령들에는 제대로 로봇이 동작했을 것입니다.

하지만 "세 개의 물건을 집어 앞에다 순서대로 쌓아올리기" 같은 복잡한 명령들에는 반응하지 못했을 것입니다. 로봇이 이해하고 수행할 수 있는 명령어는 매우 단순합니다. 단순한 작업이 반복된다고 해서 그것을 한번에 동작할 수는 없습니다.

단지 빠르고 정확하게 수행할 뿐입니다.

2. 로봇에게 어떻게 명령을 내려야 작업을 정확하고 빠르게 수행할 수 있을까요?

기본적으로 로봇이 이해할 수 있는 명령어만 이용하여 명령을 내려야 합니다.

그리고 수행해야 할 작업을 적절히 나눠서 로봇이 동작할 수 있는 기본적인 단계로 쪼개야 합니다. 높은 탑을 쌓기 위해서는 로봇이 물건을 들고, 이동해서, 내리는 작업을 반복 수행합니다. 더불어 동일하게 반복하는 작업을 수행할 수 있는 방법이 헤롤드 로봇에게 포함되면 명령을 훨씬 수월하게 내릴 수 있을 것입니다.

> 뒤로 이동하기 → 물건 들기 → 앞으로 이동하기 → 물건 내리기 → 뒤로 이동하기 → 물건 들기 → 앞으로 이동하기 → 물건 내리기 → …

이런 작업은

> 뒤로 이동하기 → 물건 들기 → 앞으로 이동하기 → 물건 내리기 → 앞의 명령을 10번 반복하기

이런 식으로 명령을 내릴 수 있습니다.

3. 헤롤드 로봇이 많은 명령어를 기억할 수 있다면 좋을까요?

꼭 그렇지만은 않습니다.

많은 명령어를 기억한다면, 명령을 내리는 입장에서는 다양하고 편리한 명령어를 사용할 수 있습니다. 하지만 로봇 입장에서 기억해야 할 명령어가 많다면 그만큼 저장 기억의 부담과 함께 어떤 명령을 수행해야 할지를 검색하는 데 많은 시간이 걸립니다. 따라서 사용자와 로봇 모두에게 효율적인 명령어 기억 크기를 정하는 것이 중요한 문제입니다.

수업활용 예시 4 샌드위치 만들기

이번 활동은 헤롤드 로봇으로 샌드위치를 만드는 활동입니다.

❷ 활동 2-1(헤롤드 로봇으로 샌드위치 만들기)

> **교사가 준비할 것**
> **준비물:** 빈 종이(학생 당 1장씩), 샌드위치용 빵, 땅콩버터잼, 과일잼, 숟가락, 나이프

준비할 수 있는 샌드위치 재료에 따라 활동 진행시 샌드위치 만드는 방법을 알맞게 설명할 수 있습니다.

시나리오

헤롤드 성이 수년간 적의 침입을 막아내고 평화로운 시대가 왔습니다. 성 주민들이 모두 모여 축제를 열기로 하였습니다.

성주인 당신은 성 주민들이 모두 먹을 수 있는 샌드위치를 만들려고 합니다. 물론 성주가 직접 샌드위치를 만들지는 않습니다.

부엌에는 하루종일 일해도 지치지 않는 헤롤드 로봇이 있습니다. 이번에는 주방에서 일하는 헤롤드 로봇에게 샌드위치를 만드는 작업을 시켜 봅시다.

활동 순서는 다음과 같습니다.

1. 교사가 헤롤드 로봇의 역할을 수행하고 반 학생들이 모두 성주가 됩니다.
2. 반 학생들에게 종이를 한 장씩 나눠주고, 샌드위치를 만들기 위한 재료 및 조리 도구와 샌드위치 만드는 방법을 설명합니다.
   a. 부엌에는 샌드위치용 빵, 땅콩버터잼, 과일잼, 숟가락, 나이프가 있습니다.
   b. 샌드위치를 만드는 방법은 빵 하나에 땅콩버터잼을 나이프로 떠서 바르고, 그 위에 과일잼을 숟가락으로 떠서 바르고, 빵으로 덮습니다.
3. 가장 먼저 해야 할 일을 종이에 적게 합니다. 그리고 성주인 학생 한 명으로 부터 명령을 받습니다.
4. 헤롤드 로봇인 교사는 다음 사항에 유의하여 질문 또는 작업을 수행합니다.
   a. 헤롤드 로봇은 빵, 땅콩버터잼, 과일잼, 숟가락, 나이프가 무엇인지 모릅니다. 단지 모양을 보고 무엇인지 파악할 수 있습니다. "나이프를 잡습니다"라고 명령하면 "나이프가 무엇인가요?"라고 물어봐야 합니다.
   b. 로봇의 특정 부위 명칭과 이동 위치 등을 정확히 명령받아야 합니다. "팔을 앞으로 움직이세요"라고 명령하면 "왼쪽 팔인가요 오른쪽 팔인가요?"라고 물어봐야 합니다. 또한 정확히 몇 미터 또는 몇 초 동안 움직이는지도 알아야 합니다.
5. 헤롤드 로봇의 질문에 따라 성주인 학생들이 자신의 명령어를 매번 고치도록 합니다.
6. 정해진 시간 안에 샌드위치를 완성합니다.

수업활용 예시 5 샌드위치 콘테스트

이번 활동은 헤롤드 로봇이 샌드위치를 빨리 만들 수 있는 프로그램을 만드는 활동입니다.

❸ 활동 2-2(샌드위치 콘테스트!)

교사가 준비할 것

준비물: 4절지 정도의 큰 종이, 샌드위치용 빵, 땅콩버터잼, 과일잼, 숟가락, 나이프

시나리오

헤롤드 성주는 헤롤드 로봇으로 축제에서 주민들이 먹을 샌드위치를 만들다 보니, 어떻게 하면 샌드위치를 보다 정확하고 빠르게 만들 수 있을까 하는 고민이 생겼습니다.

성주는 신하들을 소집하여, 누가 가장 정확하고 빠르게 헤롤드 로봇이 샌드위치를 만들 수 있는 프로그램을 작성하는지 콘테스트를 열기로 했습니다.

활동 순서는 다음과 같습니다. (각 단계별로 움직이는 모습을 보여주기)

1. 5~6명이 한 모둠이 되도록 구성합니다.
2. 모둠별로 시작과 끝이 표시된 종이를 나눠 줍니다.
3. 헤롤드 로봇이 샌드위치를 만들 수 있도록 프로그램을 작성합니다. 작성하는 방법은 다음과 같습니다.
   A. 시작에서 출발하여 끝으로 연결되어야 합니다.
   B. 작업 순서는 화살표로 표시합니다.
   C. 반복되는 작업은 자기 자신으로 화살표를 표시하고 반복 횟수를 작성합니다.
   D. 조건에 따라 작업 단계가 분기 되거나, 조건이 만족할 때까지 이전 단계를 반복할 수 있습니다.
4. 작성한 프로그램을 평가합니다.
   A. 2개의 모둠이 서로 작성한 프로그램을 교환합니다. 그리고 난 후 상대방 모둠이 작성한 프로그램에 따라 샌드위치를 만듭니다.
   B. 샌드위치를 만들 때는 "헤롤드 로봇 설명서"에 맞게 작업을 수행해야 합니다.
   C. 평가항목은 한 개의 샌드위치를 제대로 만드는지와 얼마나 빠른 시간 내에 만드는지를 평가합니다.

콘테스트가 끝난 후, 가장 효율적인 프로그램이 무엇인지, 그리고 왜 효율적인지에 대해 토론해 봅시다.

헤롤드 로봇이 이해할 수 있는 명령어를 사용하고, 로봇이 쉽게 이해할 수 있도록 작업 단계를 적절하게 구분한 프로그램이 가장 효율적인 프로그램이 될 것입니다.

수업활용 예시 6 주의사항

헤롤드 로봇 활동은 헤롤드 로봇을 이용하여 탑을 쌓거나 샌드위치를 만들도록 명령을 내리는 활동입니다.

목적 달성을 위해 고려할 점

본 활동의 목적은 헤롤드 로봇에게 명령을 내리는 과정을 통해 로봇이 명령을 수행하는 방식을 이해하는 것입니다.

학생 또는 교사가 직접 로봇이 되어 활동해야 하기 때문에 로봇의 입장에서 활동을 수행하는 것이 무엇보다 중요합니다.

특히 사람이 이해하고 행동하는 방식과 로봇이 이해하고 행동하는 방식을 명확히 구분할 수 있도록, 활동이 끝난 후에 비교하는 설명을 해 주면 좋습니다.

활동 진행 과정에서 고려해야 할 점

본 활동을 진행하기 위해 고려해야 할 점은 2가지가 있습니다.

첫째, 로봇 역할을 명확히 수행해야 합니다. 내가 알고 있는 내용이라도, 로봇 설명서에 없는 명령이 오면 이해할 수 없고 동작하지 않아야 합니다. 학생들이 이 과정을 명확히 이해할 수 있도록 안내해야 하며 필요한 경우 교사가 먼저 시범을 보일 수 있습니다. 또는 활동 1과 활동 2의 순서를 바꿔서 진행해도 좋습니다.

둘째, 샌드위치를 직접 만드는 것이 좋지만, 준비물을 준비하기 어려운 경우 꼭 음식이 아닌 다른 주제를 선정해도 좋습니다. 특히 어린 학습자들이 사용하기에 적절한 도구가 포함되도록 해야 합니다.

수업 설계

헤롤드 로봇 활동 수업은 1차시~2차시 분량으로 계획할 수 있습니다.

1차시 분량으로 진행할 경우, 활동 1-헤롤드 로봇으로 탑 쌓기나 활동 2-헤롤드 로봇으로 샌드위치 만들기 활동을 선택해서 진행할 수 있습니다.

차시별 수업 내용 예시

1차시

- 도입
- 헤롤드 로봇으로 탑 쌓기 활동 진행
- 토론하기
- 수업 정리하기

2차시

- 도입 및 지난 시간 회상
- 헤롤드 로봇으로 샌드위치 만들기 활동 진행
- 샌드위치 콘테스트 활동 진행
- CS 원리 설명
- 수업 정리하기

정리하기

- **헤롤드 로봇**

헤롤드 로봇 활동은 헤롤드 로봇을 이용하여 탑을 쌓거나 샌드위치를 만들도록 명령을 내리는 과정을 통해 로봇이 명령을 수행하는 방식을 이해하는 것입니다.

한 명은 로봇 역할을 수행하고 다른 한 명은 로봇에게 명령을 내리는 역할을 수행합니다.

로봇은 기억하고 이해할 수 있는 명령어가 제한되어 있어서 로봇이 알지 못하는 명령을 받으면 로봇은 동작하지 않습니다.

헤롤드 로봇이 제대로 동작하기 위해서는 로봇이 이해할 수 있는 명령어를 사용해야 하며 작업 수행 과정을 정교하게 구분해야 합니다.

참고문헌

1. 로봇, https://ko.wikipedia.org/wiki/로봇
2. 프로그래밍 언어, https://ko.wikipedia.org/wiki/프로그래밍_언어
3. 프로그래밍 언어, https://namu.wiki/w/프로그래밍%20언어
4. Harold the Robot : http://csunplugged.org/harold-the-robot-2/
5. Engineering Processes: Making a PB&J Sandwich, http://www.bu.edu/gk12/tyler/lessons/PBJ/PBJ.htm
6. CISC, https://ko.wikipedia.org/wiki/CISC
7. RISC, https://ko.wikipedia.org/wiki/RISC

CS 핵심원리 : 프로그램 작성

우리가 생각하는 컴퓨터와 실제로 동작되는 로봇(또는 컴퓨터) 간에는 많은 차이가 있습니다.

컴퓨터(또는 컴퓨터와 유사하게 많은 기능을 가지고 있는 요리 로봇)는 사람들이 흔히 알고 있는 상식을 알지 못합니다.

만약 "팔을 움직여라"라고 로봇에게 명령을 내린다면, 로봇은 "팔 움직이는 것을 멈춰라"라는 명령을 받을때 까지 계속 팔을 움직입니다.

사람은 쉽게 이해하는 명령인 "팔을 움직여서 물건을 옮겨라"를 로봇이 수행한다면 "어느쪽 팔을?", "얼마만큼 움직여서?", "어디에 있는 어떤 물건을? 근데 물건은 뭐지?", "어디로 옮기지?" 등에 대한 정보가 없기 때문에 로봇이 동작하지 않을 것입니다.

따라서 로봇은 매우 특별하고 정교한 명령어가 필요합니다.

"땅콩버터잼을 열어라"라고 명령하면 알아듣지 못하고, "팔을 1미터 앞으로 이동시켜라", "땅콩버터잼의 뚜껑을 잡고 시계 반대방향으로 180도 돌려라"라고 명령해야 합니다.

로봇이 수행하는 좋은 "프로그램" 또는 프로세스는 반드시 발생할 수 있는 모든 가능성을 고려해야 합니다.

헤롤드 로봇이 샌드위치를 만들도록 시키기 위해 평소에는 오른쪽에 있던 땅콩버터잼을 사용하도록 프로그램을 작성했는데, 누군가가 땅콩버터잼을 왼쪽으로 옮긴다면 어떻게 될까요?

이런 경우에는 "팔을 오른쪽으로 이동하여 땅콩버터잼의 뚜껑을..."이 아닌 "팔을 앞으로 이동시킨 후 좌우로 이동하면서 땅콩버터잼을 찾은 다음..."처럼 명령을 내려야 합니다.

컴퓨터 프로그램을 작성하는 프로그래머는 다양한 상황을 고려하여 "만약에 ...라면", "그렇지 않다면..." 식의 다양한 조건문을 사용합니다.

학습교구 : 헤롤드 로봇

1. 헤롤드 로봇 설명서

헤롤드 로봇이 이해하고 수행할 수 있는 명령어 목록
방향 : 왼쪽 / 오른쪽 / 위 / 아래 / 앞 / 뒤
팔 : 왼쪽 / 오른쪽
손 : 왼손 / 오른손
움직이기 : 팔을 주어진 방향으로 이동하기
멈추기 : 팔을 멈추기
들어올리기 : 손 아래에 있는 물건을 집어서 원래 위치로 올리기
내리기 : 손에 들고 있는 물건을 그 위치의 아래로 내려놓기

헤롤드 로봇이 동작할 수 있는 명령과 동작할 수 없는 명령 예
"오른손을 오른쪽으로 움직여서 물건 들어올리기" → ○
"왼손을 앞으로 움직여서 물건을 내리기" → ○

"세 개의 물건을 집어 앞에다 쌓아올리기" → ×
"뒤에 있는 물건을 가져와서 알아서 쌓기" → ×

2. 헤롤드 로봇 프로그램 작성 설명서

A. 시작에서 출발하여 끝으로 연결되어야 합니다.

B. 작업 순서는 화살표로 표시합니다.

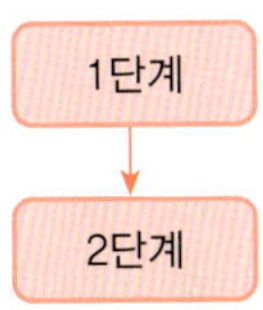

C. 반복되는 작업은 자기 자신으로 화살표를 표시하고 반복 횟수를 작성합니다.

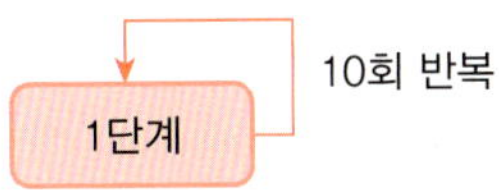

D. 조건에 따라 작업 단계가 분기 되거나, 조건이 만족할 때까지 이전 단계를 반복할 수 있습니다.

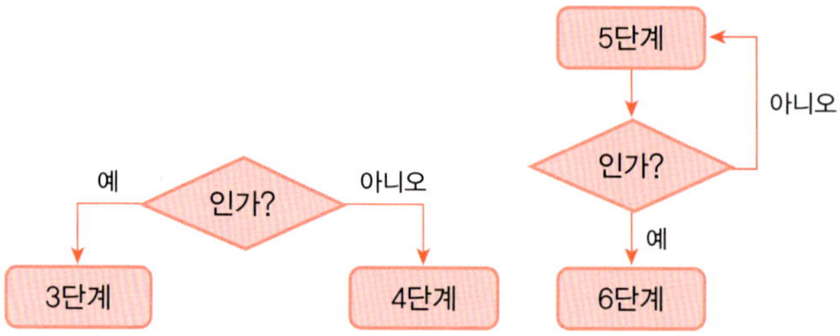